Volker Zuber

Was uns bewegt

Antworten auf die
großen Fragen des Lebens

Herausgegeben von Günter Kusch

Mit einem Nachwort von Peter Dabrock

Butzon & Bercker

„Orientierung durch Diskurs"

Die Sachbuchsparte bei Butzon & Bercker, in der dieser Band erscheint, wird beratend begleitet von Michael Albus, Bruno Kern, Tobias Licht, Susanne Sandherr und Marc Witzenbacher

Bibliografische Information der Deutschen Nationalbibliothek

Die Deutsche Nationalbibliothek verzeichnet diese Publikation in der Deutschen Nationalbibliografie; detaillierte bibliografische Daten sind im Internet über http://dnb.d-nb.de abrufbar.

Das Gesamtprogramm
von Butzon & Bercker
finden Sie im Internet
unter www.bube.de

ISBN 978-3-7666-2548-9

Inhalt

Was unser Leben prägt

Zeit und Lebenszeit

Unsere Wirklichkeit

Was wir fühlen

Das Leben deuten

Über den Tod hinaus

Vorwort

Sie haben ein Buch vor sich, liebe Leserin, lieber Leser, das mitten aus dem Leben gewachsen ist. Gleichsam aus unserem Bewusstsein, unserem Ich, mit dem wir die Welt betrachten und deuten, mit dem wir sie denken und fühlen. Darum möchte dieses Buch die Welt im Ganzen anschauen und sich nicht in eines ihrer religiösen oder naturwissenschaftlichen, philosophischen oder psychologischen Schubfächer zurückziehen. Wir leben in allen Bereichen gleichzeitig und spielen jeden Tag neu in dieser, unserer Welt die Hauptrolle. Dabei stoßen wir an Grenzen mit unseren Gedanken und Gefühlen. Und auch diese werden in vielerlei Weise in diesem Buch aus unserer internen Sicht beleuchtet und nicht verdrängt. Jede Grenze weist auf ein Dahinter.

Wir selber machen auf unserem Lebensweg unsere eigenen, oft sehr persönlichen Deutungsversuche. Meine werde ich Ihnen aus meinen Erfahrungen, Erlebnissen und vielen Gesprächen heraus anbieten, um sie damit wieder zu eigenem Nachdenken und zu eigenen Schlussfolgerungen zu inspirieren. Vorsichtig, aber ehrlich werden wir darüber nachdenken, ob wir auch in unserer Welt immer wieder ein kleines Fenster finden können, das sich einen Spalt zur Transzendenz öffnen könnte und uns so eine Antwort auf den tieferen Sinn unseres Lebens schenken kann. Ich persönlich bin davon überzeugt und werde das anhand von unterschiedlichsten Erfahrungen begründen.

Allein die Kapitelüberschriften zeigen die Vielfalt unseres Lebens, seiner Grenzen und unserer Suche nach dem tieferen Sinn unseres großartigen Lebens mit seinen vielen Facetten: Es ist das Beste, das es gibt – denn es gibt kein anderes!

Aber dass es überhaupt dieses bunte Dasein gibt, ist das größte Wunder, das alle anderen erstaunlichen Dinge bei Weitem übertrifft. Leider haben wir uns so sehr daran gewöhnt, dass es uns gar nicht mehr auffällt.

Nach dem Lesen dieses Buches werden wir – so hoffe ich – dafür sensibler werden. So soll es auch eine Reise durch unser bewegtes Leben sein, bodenständig von unten her gesehen und nicht nur aus der Studierstube der Wissenschaft. Darum fehlen auch ständige Verweise auf Quellen. Denn das Buch soll nicht nur zum Nachdenken inspirieren, sondern gleichzeitig auch ein spannendes, unterhaltsames Lesevergnügen sein. Wer möchte, kann jederzeit seinen durch das Buch inspirierten Fragen, mit Hilfe der heutigen Medien weiter nachgehen. Denn unser Leben ist in stetiger Bewegung.

Allen, die mich dazu bewegt und unterstützt haben, dieses Buch zu schreiben, sei hier noch einmal herzlich gedankt! Mein ganz besonderer Dank gilt meiner Lektorin Dr. Christine Hober für die hervorragende Zusammenarbeit und die äußerst einfühlsame Auswahl und Zusammenstellung aus einem Materialfundus, der mehrere Bücher füllen könnte. Ohne sie gäbe es das Buch nicht so, wie Sie es jetzt lesen können.

Volker Zuber, Fürth im Juli 2018

Hinführung

„Panta rhei" – alles fließt. Die Formel des griechischen Philosophen Heraklit passt nicht nur hervorragend zum Titelbild. Sie trifft auch inhaltlich für das vorliegende Buch zu. Wer darin blättert, wird mitgerissen und ist hingerissen von einer erfrischenden Fülle von Gedanken. Die Welt bewegt sich beständig fort und verändert sich. Aber auch der Mensch ist einem steten Wandel unterlegen. Wir sind deshalb Suchende, unser Leben lang, immer auf der Spur von Wahrheit und letzter Sicherheit. Doch gibt es diese?

Goethe, der in seinen frühen Weimarer Jahren gerne nachts und unbekleidet in der Ilm zu baden pflegte, hielt es in seinem Gedicht „Dauer im Wechsel" fest:

„Gleich mit jedem Regengusse

Ändert sich dein holdes Tal

Ach, und in dem selben Flusse

Schwimmst du nicht zum zweitenmal."

„Panta rhei" – alles fließt. In vielerlei Hinsicht steht der Fluss mit seinen beiden Ufern, die es zu erreichen gilt, auch für den Übergang zu neuen Entwicklungsstufen. Der Mensch, als Suchender, bleibt nicht auf einer Stufe stehen, sondern gewinnt immer wieder neue Erkenntnisse. Auch dazu dient dieses Buch, das mit seinen unzähligen Blickwinkeln auf unser Dasein schaut. Naturwissenschaftliche, psychologische, philosophische und theologische bzw. religionswissenschaftliche Aspekte werden in ungewohnter Weise miteinander verwoben.

„Panta rhei" – last but not least ist der Fluss einfach ein wunderbarer Ort der Erholung: zum Spazieren, Picknicken, Spielen oder Angeln. Auch das passiert, wenn man in dem Buch blättert. Man kann es sofort von vorne bis hinten durchlesen. Oder man bleibt an einer Überschrift oder einem bestimmten Kapitel hängen. Dadurch, dass der Autor schwierige Themen in einer bildreichen, lebensnahen und verständlichen Form darlegt, wird das Lesen jedenfalls immer zum Genuss. Man lehnt sich zurück, lässt sich inspirieren und eigene Erfahrungen mit einfließen, um sich letztlich eine eigene Meinung oder ein persönliches Urteil zu bilden.

Die Kapitel dieses Buches sind aus sehr erfolgreichen Vorträgen des Verfassers entstanden, die ich zum Teil miterlebt habe. Immer wieder war ich fasziniert, wie anschaulich, oft überraschend und doch sachlich Volker Zuber Lebenserfahrungen in wohlgeformte Sätze verwandelt. Immer wieder gelingt es ihm, festgefahrene Denkstrukturen zu durchbrechen. Als kritischer Denker nimmt er seine Zuhörer in einen Dialog mit hinein, der durchaus auch spirituelle Öffnung aus unterschiedlicher Perspektive ermöglicht.

Auch wenn der Verfasser seine persönliche, christlich geprägte Weltsicht nicht versteckt, inspiriert er den Leser doch, seine eigene zu suchen, zu finden oder mit einem Fundament zu versehen. Auf diese Weise ist das Buch eine äußerst vielfältige und spannende Reise auf der Suche nach dem Sinn des Lebens, nach der Zufriedenheit in seinem Verlauf und nach der uns alle bewegenden Frage, ob es hinter dem Horizont des Lebens noch weitergeht. So ist das Ganze im gewissen Sinn eine Reflexion unseres Lebens, in dem jede und jeder von uns eine Hauptrolle spielt.

„Panta rhei", alles ist im Fluss. Um den Lesefluss nicht zu beeinträchtigen, wurde in dem Buch auf Quellenangaben verzichtet. Erfrischende Lektüre statt wissenschaftlicher Wogen – wer mehr sucht, wird in den modernen Medien fündig. So bleibt mir zum Schluss der Wunsch, dass dieses Buch mit seiner Fülle von Gedanken viele interessierte Leser und Leserinnen findet. Es bietet nämlich noch mehr als Heraklits Formel: Man kann nicht nur zweimal, sondern immer wieder tief darin eintauchen – und das mit Gewinn.

Ihr Günter Kusch

Was unser
Leben prägt

Zeit und Lebenszeit

Was ist Zeit?

*D*ie Zeit gibt es eigentlich gar nicht. Das einzige, scheinbar alles verbindende, ist die einseitige Richtung der Zeit. Mit anderen Worten: Niemand wird plötzlich wieder jünger.

Zeit hat auch etwas mit Raum und Geschwindigkeit zu tun. Das spiegelt sich nicht nur in der Physik wider, sondern auch in unserer Seele. Die Sprache verrät es. Wir sagen zum Beispiel: „Die Zeit verging wie im Fluge!", andererseits aber auch „Die Zeit kroch nur so dahin". Manchmal schlagen wir die Zeit sogar tot und dann trauern wir ihr zuweilen wieder nach. Wenn wir feststellen: „Wie die Zeit doch vergeht!", wird uns bewusst, wie unser Leben mit der Zeit vergeht.

In der Physik scheint das Phänomen Zeit sich unserem Verstand völlig zu entziehen. Das lässt sich mit der knappsten Beschreibung der Einsteinschen Relativitätstheorie verdeutlichen: „Zur gleichen Zeit können an zwei verschiedenen Orten zwei Menschen eine unterschiedliche Zeit erleben." Dieses Paradox aufzulösen, stößt auch bei den klügsten Menschen an gewisse Grenzen.

Im ganz normalen Alltag jedoch betrachten wir die Zeit als unseren Besitz. Wir sagen: „Wir haben Zeit" oder „Wir haben keine Zeit". Wenn wir lange darüber nachdenken, geht uns vielleicht viel Zeit verloren. Da scheint die Zeit schon fast wie eine Ware. Auch das gehört zu unserem Lebensgefühl. Meist unbemerkt geschieht auch hier etwas Eigenartiges: Die physikalische Relativität der Zeit scheint sich in unser subjektives Zeitempfinden einzuschleichen: Noch nie hatte der Mensch so viel freie Zeit wie heute und noch nie fühlte er sich so gehetzt und hatte so wenig Zeit wie heute.

Dazu ein einfaches Rechenexempel: Etwa 77 Jahre ist die zu erwartende Lebenszeit. Abgesehen davon, dass wir 26,9 Jahre schlafen, davon gut 5 Jahre träumen, bleiben uns im Leben immer noch etwa 16 Jahre Freizeit. Dagegen beträgt unsere Lebensarbeitszeit nur noch 8,2 Jahre. Noch vor weniger als einem halben Jahrhundert war die durchschnittliche Lebenserwartung kaum 70 Jahre, der Urlaub betrug meist nicht mal zwanzig Tage und die Wochenarbeitszeit deutlich über 40 Stunden. So hat sich unsere Freizeit fast verdoppelt und trotzdem klagen die meisten Menschen: „Ich habe keine Zeit!" – und hetzen weiter. Die Lebensgeschwindigkeit scheint die Zeit schneller ablaufen zu lassen, obwohl wir mehr Zeit zur freien Verfügung haben.

Schließlich gibt das Phänomen Zeit uns weitere verwirrende Fragen auf, wie: Wo ist die Zeit von gestern hin? Sie droht im Nichts zu verschwinden. Oder: Wo ist die Zeit von morgen, die heute scheinbar noch gar nicht existiert? Wirklich greifbar scheint nur der Augenblick. Aber den gibt es ja eigentlich auch nicht, da die Zeit doch ständig im Fluss ist! Interessant erscheint hier Albert Einsteins (1879–1955) Aussage: „Die Unterscheidung zwischen Vergangenheit, Gegenwart und Zukunft ist nur eine Täuschung, wenn auch eine hartnäckige."

Vielleicht kommen wir hier wenigstens der religiösen Seite der Zeit näher, dem, was wir Ewigkeit nennen. Denn wir alle schweben irgendwie und irgendwo im Fluss der Zeit, ohne ihren Grund berühren zu können. Begeben wir uns trotzdem auf Spurensuche: In der physikalischen, biologischen, kulturellen, psychologischen und religiösen Zeit.

Die physikalische Zeit

In der Physik hat die Zeit nur eine entfernte Ähnlichkeit mit der, die wir subjektiv empfinden. Darum kann man sich das Ganze auch nur schwer vorstellen. Die sogenannte Einsteinsche Zeit fließt zum Beispiel nicht von einer Vergangenheit in eine Zukunft, sozusagen immer mit der Pfeilrichtung nach vorne. Außerdem ist sie von Raum und Bewegung abhängig. Am deutlichsten wird das mit der Feststellung, dass in einem Raum, in dem es nur ein Teilchen gäbe, das völlig unbewegt wäre, auch keine Zeit existieren würde. Zeit und Bewegung stehen in einem relativen Verhältnis zueinander.

Dazu sei folgendes Beispiel erzählt: Zwei Flugzeuge wurden in Richtung Osten bzw. Westen mit je zwei Atomuhren um die Erde geschickt. Zwei weitere Atomuhren befanden sich in der Universität von Washington. Wenn Einstein Recht hätte, müssten alle drei Cäsiumuhren inklusive der Kontrolluhren eine andere Zeit aufweisen. Normalerweise dürfte es in Millionen von Jahren nur geringste Abweichungen geben. Nach vierundzwanzig Stunden verglich man alle drei Uhren miteinander. Die größte Differenz unter ihnen betrug 273 Nanosekunden. Es gab sogar einen Ost-West Unterschied, der sich durch die Drehung der Erde erklären lässt. Vergleichbare Experimente im europäischen Kernforschungszentrum bei Genf haben diese wunderliche Gegebenheit bestätigt.

Das wirkt okkult und wirft die Frage auf: Werden vielleicht doch irgendwann einmal Reisen in die Zukunft oder Vergangenheit möglich? Nach den neuesten Forschungsberichten gibt es Teilchen, die jetzt schon solche Reisen unternehmen, die sogenannten Müonen. Diese subatomaren Partikel entstehen in der oberen Atmosphäre und haben eine unglaublich schnelle Zerfallszeit. Ihre Halbwertzeit beträgt nur zwei Mikrosekunden, ihre Geschwindigkeit kann nicht höher als die des Lichtes sein. So stürzen sie der Erde entgegen, müssten aber nach etwa einem Flugkilometer in Elektronen zerfallen sein. Doch dann geschieht das Wunder: Nach zwanzig weiteren Flugkilometern melden sie sich mit einem deutlichen Knack in jedem Geigerzähler. Diese Unmöglichkeit lässt sich nur durch ein Phänomen klären: Die Dehnung der gleichsam persönlichen Zeit des Müons gegenüber dem Wissenschaftler am Boden, der dieses Teilchen sichtbar oder hörbar machen kann. Andernfalls käme es nie bei ihm an, weil es viel zu weit weg von seinem Startpunkt wäre.

Deutlicher lässt sich die Relativität der Zeit nicht erklären. Stephan Hawking (1942–2018) meinte dazu: „Es sieht so aus, als hätte jeder Beobachter sein eigenes Zeitmaß, seine eigene Uhr je nach Ort und Geschwindigkeit im Raum."

Konkret vorgestellt zeigt also zu einem bestimmten „Jetztzeitpunkt" ein Zeitmesser gerade 19.00 Uhr an und der andere in einer Raumstation zum Beispiel erst 18.00 Uhr. Wenn man sich das nach menschlicher Logik als gleichzeitig vorstellt, was ja nicht so schwierig ist, kann man das gedanklich noch nachvollziehen. Doch die Vorstellung, dass dieses irdische 19.00 Uhr-Jetzt aus der Sicht der Raumstation noch in der Zukunft liegt, die nach menschlicher Vorstellung noch gar nicht existiert – diese Vorstellung lässt unsere kleinen grauen Zellen durchbrennen!

Jeder Ort hat im Raum seine Zeit. Da diese Zeit nun von der jeweiligen Geschwindigkeit im All auch noch abhängt, wird die Sache noch relativer. Allein wenn wir bedenken, dass wir gerade in diesem Moment mit gut 1000 Stundenkilometer um den Mittelpunkt der Erde rasen und gleichzeitig mit unserem ganzen Planeten mit 107.228 Stundenkilometer um die Sonne und diese wiederum mit 790.000 Stundenkilometer um den Kern unserer Milchstraße jagt und letztere selbst mit etwa 900.000 Stundenkilometer unterwegs im All ist – ja dann darf einem schon ein wenig schwindlig werden.

Insofern können wir festhalten, dass Raum, Geschwindigkeit und Zeit, Zukunft und Vergangenheit vielleicht doch etwas ganz anderes sind, als wir es uns immer vorstellen. Das kann Konsequenzen für unser Weltbild haben, nicht zuletzt auch für unser religiöses.

Die biologische Zeit

Wir wollen uns nun kurz jener Zeit widmen, die ich als biologische Zeit bezeichne. Mit drei Beispielen möchte ich die biologische Zeit erklären. Einmal mithilfe unseres Bewusstseins, das den Augenblick braucht, dann anhand unserer inneren Uhr und schließlich mit dem ungeklärten Phänomen des Alterns. Wir wissen, dass die Zeit fließt und es den Augenblick eigentlich gar nicht gibt. Um aber einen Standpunkt zu finden, von dem aus man sich orientieren kann, konstruiert unser Gehirn ein Zeitfenster. Ohne dieses könnten wir nicht unterscheiden, ob etwas schon gewesen ist oder erst gleich kommen wird. Dieser Augenblick dauert genau drei Sekunden. Im Grunde genommen ist jeder von uns alle drei Sekunden ein neuer Mensch. Alle drei Sekunden macht sich unser Gehirn einen neuen Reim auf die Wirklichkeit und auf das eigene empfundene Ich. Was sich innerhalb dieses Zeitfensters ereignet, erleben wir deutlich und lebhaft als „jetzt". Der Rest verliert sich sehr schnell in den vagen Spuren der Erinnerung. Und oft ist mehr als wir meinen sofort wieder vergessen. Das wird Ihnen leider beim Lesen dieser Lektüre auch so gehen. Auch beim Hören und Sehen spielt dieses biologisch angelegte Fenster eine große Rolle.

Kommen wir zum zweiten Beispiel: Der Mensch hat eine innere Uhr. Diese ist sehr vielseitig. Sie lässt uns auf die Minute genau aufwachen, wenn wir es uns vornehmen und kann andererseits auch einen ganz persönlichen Rhythmus entstehen lassen. Diesen nennt man auch biologischen Rhythmus. Bei Versuchen mit tagelang freiwillig eingeschlossenen Personen hat sich zum Beispiel ein 25-Stunden-Tag herausgestellt.

Aber auch sonst besteht unser ganzer Körper aus eigenen Zeiten, vom Menstruationszyklus der Frau bis zum Herzschlag und Kreislaufsystem, das bei entsprechender Veränderung auch unser subjektives Zeitempfinden beeinflussen kann. Das hat auch etwas mit unserer Körpertemperatur zu tun. Theoretisch würde bei einem bewussten Kaltblütler seine persönliche Zeit anders ablaufen. Oder erst recht beim Grönlandhai, der über 400 Jahre alt werden kann und erst mit 150 in die Pubertät kommt.

Ebenso hat man festgestellt, dass auch die menschlichen Organe eine innere Uhr mit einem entsprechenden Stundenplan haben: Um ein Uhr ist besonders die Leber aktiv. Um fünf Uhr ist die Stunde der Hormone, wie zum Beispiel die des Sexualhormons. Um 18 Uhr dagegen ist es Zeit für das Wachstumshormon. Da wächst der Bart besonders schnell. Auch besondere Herzempfindlichkeiten am frühen Morgen und die Fieberschübe am frühen Abend haben mit diesem biologischen Zeitrhythmus etwas zu tun. Ebenso wie die sogenannte Unterscheidung von „Lerchen" und „Eulen", das heißt von Menschen, die entweder morgens früh oder abends spät am aktivsten sind.

Mit dieser überall gegenwärtigen Uhr, die wir jedoch im Alltag kaum beachten, mag auch der Alterungsprozess zu tun haben, unser drittes Beispiel. Bis heute ist im Grunde ungeklärt, warum die Zellen plötzlich mit ihrer exakten Reproduktion der eigenen Nachfolgezwillinge aufhören. Damit beschleunigt sich das, was wir altern nennen. Hinzu kommt, dass beim Alterungsprozess sich nicht nur die biologische, sondern auch die psychologische Zeit ändert. Denn das ist uns allen sicher schon aufgefallen: Kindheit und Jugend dauern fast genauso lange wie der Rest des Lebens – zumindest subjektiv gesehen. „Ja, wie schnell doch die Zeit vergeht", ein Satz, den ich viel häufiger von älteren Menschen höre als von jüngeren. Damit berühren wir schon die psychologische Zeit.

Die psychologische Zeit

Jeder Mensch erlebt seine Zeit. Also ist Zeiterfahrung etwas sehr Subjektives. Im Unterschied dazu steht die immer genauer gewordene öffentliche Darstellung der Zeit, meist durch von atomarer Genauigkeit gesteuerte Funkuhren. Aber was diese anzeigen, ist nicht das gleiche, was ich je und je empfinde. Mein Zeitempfinden hängt nämlich nicht von irgendwelchen Zeitmessgeräten ab, sondern vor allem von meiner Grundveranlagung, meiner jeweiligen Stimmung und meinem Alter.

Gerade zum Thema Altern hat sich der Psychologe C. G. Jung (1875–1965) viele Gedanken gemacht. Er hat das Leben mit der Besteigung eines Berges verglichen. Mühselig beginnt man am Anfang mit den ersten Steilhängen. Dabei ist man guten Mutes und voller Tatendrang, auch wenn es noch langsam vorwärts geht. Doch dann bekommt man Übung und nähert sich immer schneller dem Hochplateau. Das zehrt aber an den Kräften. Schließlich steht man wieder am Abhang und es geht die gleiche Strecke sehr rasch – manchmal fast im Laufschritt – wieder hinunter, bis ins dunkle Tal. Und ehe man sich versieht, ist man dort angelangt.

Jung schreibt dazu in seinem Aufsatz „Seele und Tod": „Man lebt nicht ewig. Wir wissen es. Aber wissen wir es wirklich? Wenn man allein ist und die Nacht so dunkel, da spürt man manchmal nur noch seine Gedanken, die die Jahre zusammenzählen, als eine lange Reihe, welche erbarmungslos und unerbittlich immer kürzer wird. Langsam aber unaufhaltsam kommt das Ende der Reihe näher, jene schwarze Wand, die alles endgültig verschlingen könnte. Da fallen alle Lebensweisheiten in sich zusammen – und Angst fällt über den Schlaflosen wie eine stickige Decke."

Noch etwas prägt unser Zeitempfinden. Es ist eine einfache Rechnung: Bin ich zehn Jahre alt, bedeutet ein Jahr immerhin zehn Prozent meines ganzen Lebens, meiner Biografie. Bin ich 65 Jahre alt, entspricht ein Jahr nur noch gut eineinhalb Prozent meiner gesamten Existenz. Das ist dann, relativ gesehen, ein deutlich geringerer Zeitabschnitt. Da bleibt nur eines: Carpe diem – nutze den Tag, die Stunde, die Minute.

Zeit ist knapp. Aber gerade das versetzt uns in eine subtile Hektik, die alles noch viel schlimmer macht. Am Ende haben wir nämlich wirklich keine Zeit, weil wir uns gar nicht erst die Ruhe geben, sie auch in Besitz zu nehmen. Wir jagen, bevor wir sie eigentlich eingenommen haben, schon der nächsten Minute oder Stunde hinterher. Heutzutage bietet sich uns eine Vielzahl von Möglichkeiten, das Leben zu gestalten, die wir jedoch gar nicht alle wahrnehmen können. Wir müssen mit der Kunst der persönlichen Entscheidung leben. Viele Menschen tun sich schwer damit. Deshalb sagt sich heute „Ja, das will ich!" leichter als „Ohne mich, nein danke".

Das fängt schon im Kleinen an: Wenn wir einen Schluck Kaffee trinken, lesen wir die Zeitung und haben dabei längst vergessen, wie der Kaffee eigentlich schmeckte. Da wir aber zur gleichen Zeit Radio hören, ist uns schon entgangen, was wir gerade gelesen haben. Dass wir dabei auch noch in unser Marmeladenbrötchen gebissen haben, ist uns völlig entgangen. Am Ende haben wir weder was vom Kaffee, noch erinnern wir uns an den interessanten Artikel und wir haben sogar vergessen, auf welcher Straße der angesagte Stau nun wirklich war.

Schon Blaise Pascal (1623–1662) sagte seinerzeit: „Die Menschen treiben sich immer in Gegenden herum, in denen sie gar nicht existieren." – also noch nicht oder nicht mehr. Ich glaube, dieses Lebensblitzlicht ist gar nicht so übertrieben. Wir sollten also die Achtsamkeit für den Augenblick wieder lernen. Denn er ist wirklich das einzige, was wir haben. Die Zukunft ist noch nicht da und die Vergangenheit hat sich unserem Zugriff schon längst wieder wie ein glitschiger Fisch entzogen.

Bei einem achtsamen Umgang mit diesem Lebensfluss mag es uns vielleicht sogar gelingen, unsere persönliche Zeit etwas zu verlängern. Nicht nur weil wir gesünder leben, sondern weil wir dann die Zeit als etwas länger empfinden können. Wir nehmen sie so wirklich wahr und übergehen sie nicht einfach. Die subjektive Zeitdauer ist abhängig von der Erfahrung, die wir in ihr gemacht haben. Ereignisse, die uns stark berühren und die unsere volle Aufmerksamkeit erhalten, vergehen im Moment zwar schnell, erhalten aber im Rückblick einen großen Zeitplatz in der Seele. Denken wir nur an die Kindheit oder an einen gelungenen Urlaub, ein schönes Fest oder ein beruflich wichtiges Ereignis im Leben.

Mit in Hetze oder auch in Langeweile verbrachten Stunden stehlen wir uns letztlich das Gefühl einer langen Lebenszeit. Denn solche Stunden verschwinden beinahe vollständig aus unserem Zeitbewusstsein, unserem Gedächtnis. Sie verkürzen so indirekt unser Leben. Das, was uns an Lebenszeit bewusst bleibt, sind wir selbst, ist unsere Biografie.

Die kulturelle Zeit

Im Folgenden wollen wir einen Aspekt der Zeit betrachten, der sich nicht so offensichtlich zeigt, wie das bisher betrachtete. Immer wenn sich die Zeit einem besonderen Datum wie zum Beispiel Silvester nähert, bewegt das uns Menschen und weckt neue Wünsche, Hoffnungen, befeuert aber auch den Aberglauben. Ganz besonders deutlich zeigte sich dieses immer wiederkehrende Phänomen bei der Jahrtausendwende vor nicht einmal zwei Jahrzehnten. Ähnlich soll es bei der Milleniumswende vor tausend Jahren gewesen sein, dabei wussten zu dieser Zeit die wenigsten Menschen überhaupt, welches Jahr gerade war. Zu dieser Zeit gab es außerdem überall auf der Welt regional verschiedene Kalender. Eine universal messbare Zeit wie es sie heute gibt, ist eine Errungenschaft der Moderne. Diesem Gedanken möchte ich mich noch einen Augenblick zuwenden.

Das Leben wurde noch im vorletzten Jahrhundert ganz anders wahrgenommen. Die Zeiten richteten sich nach der Natur. Nur wenige Menschen hatten eine Uhr oder einen Kalender, Sonne und Kirchenglocken reichten aus. Die Menschen damals hatten viel mehr Zeit für ihre Verrichtungen – und das obwohl das Leben kürzer war. Denn alles ging viel langsamer. Am deutlichsten wird das mit der Vorstellung, dass zum Beispiel eine Reise von München nach Augsburg wohl zwei Tage in Anspruch genommen hat und nicht nur eineinhalb Stunden, wie heute. Aber nicht nur die Geschwindigkeit von Auto, Bahn und Flugzeug bestimmt unser Leben, sondern auch der immer schneller werdende Informationsfluss. Eine Nachricht über die Kontinente brauchte vor 150 Jahren oft noch Monate. Heute geht so etwas in einer Sekunde.

Nun könnte man behaupten, auf diese Weise viel Zeit zu sparen – das Gegenteil ist aber der Fall. Man spricht diesbezüglich neuerdings auch von der Evolution der Zeit. Wir zerhacken parallel zur Lebensgeschwindigkeit die Zeit in immer kleinere und genauere Stücke. Oft geht es auch im Alltag schon um Sekunden. Und der Handel an der Börse wie die Leistungen beim Sport werden schon längst in Millisekunden gemessen. Das bringt eine große Gefahr mit sich, die von uns meistens nicht bewusst wahrgenommen wird: Es wird auf diese Weise in den entsprechenden Zeitraum immer mehr regelrecht hineingestopft. Das wirkt sich schließlich auch auf die biologische Uhr des Menschen aus. Er schläft weniger, wirkt nervöser und hektischer. Das berühmte Wort Stress wurde erst Ende der fünfziger Jahre erfunden. Und der Herzinfarkt nimmt trotz aller Gesundheitsinformationen weiter zu. Auch das Burnout Syndrom ist eine Krankheit unserer Zeit.

Wie paradox das ganze eigentlich ist, lässt sich an folgenden Zahlen ablesen: 1910 standen dem Durchschnittsmenschen neben den Sonntagen etwa noch fünf freie Tage zur Verfügung. Sonst bestand der Tag aus mindestens 12 Stunden beruflicher Tätigkeit und noch etlichen weiteren Stunden des maschinelosen Waschens, Saubermachens und Kochens, mal ganz abgesehen von der Fortbewegung und dem Einkaufen. 1940 gab es immerhin zehn Tage Urlaub bei einer 45 bis 50 Stunden zählenden Arbeitswoche, 1970 dann 21 Tage und 1998 schließlich 34 Tage Urlaub bei einer ca. 38,5 Stundenwoche. Dazu verdient man erheblich mehr Geld als früher. Hinzu kommt, dass ein gern genutzter früherer Eintritt in die Rente und die höhere Lebenserwartung die berufliche Arbeitszeit auf achteinhalb Jahre reduziert. Die verbleibende Zeit bestimmen wir mehr oder weniger selber. Wenn man dann noch Hausarbeitszeit und Schlafenszeit usw. abrechnet, bleiben immer noch 15,6 Jahre zur völlig freien Verfügung. Früher waren das weniger als drei Jahre im Leben eines Menschen.

Dennoch stellen Sozialpsychologen fest, dass der Mensch in seiner hunderttausendjährigen Geschichte noch nie so gehetzt war, wie in Nordeuropa und Nordamerika, obwohl er noch nie so viel Zeit für sich hatte wie heute. Ja, der Mensch läuft mit seiner Zeit Amok. Die letzten freien Minuten möglichen Abschaltens raubt uns inzwischen der ständige Blick aufs Smartphone.

Dass es in anderen Erdteilen noch anders zugeht, mag uns ein letztes Beispiel verdeutlichen. Die Zeit wird in anderen Kulturen auch anders wahrgenommen und anders eingeteilt. Wenn wir Urlaub im Orient oder in Afrika machen, spüren wir das sehr deutlich und wundern uns deshalb, dass dort nicht alles im Chaos versinkt. Eine weltweite Untersuchung hat ergeben, dass Geschwindigkeit in den verschiedenen Ländern und Kulturen unterschiedlich empfunden wird. Nur wenn jemand von außen hereinkommt, empfindet er es als langsam oder als hektisch. Tokio würden wir Deutschen als hektisch empfinden und Mombasa als langsam. Selbst die allgemeinen Bewegungen und der Sprechrhythmus unterscheiden sich entsprechend.

Eine weitere neue Erkenntnis kommt hinzu: Wissenschaftler haben festgestellt, dass in europäisch geprägten Ländern ein eher horizontales Zeitempfinden herrscht. Das heißt, wir teilen unsere Zeit auf einer Zeitstrecke hintereinander ein, eben wie in einen Terminkalender. In orientalisch geprägten Ländern herrscht ein eher vertikales Zeitempfinden. Das ist offensichtlich der Grund dafür, dass uns dort manches so chaotisch vorkommt, obwohl es am Ende doch irgendwie funktioniert. Wenn Zeit auf diese Art empfunden wird, geschieht vieles, was wir hintereinander machen würden, gleichsam nebeneinander. Man beginnt etwas, ohne es zu Ende zu bringen und fängt gleichzeitig etwas Neues an, dann folgt eine Pause und das zuerst begonnene wird zu Ende gebracht, während das danach begonnene wiederum erst halbfertig ist. Ein solches paralleles Empfinden ist uns fremd, deshalb verurteilen wir eine solche Haltung oft vorschnell als faul und undiszipliniert. Interessant scheint mir die Frage, welches Verhalten gesünder und zufriedenstellender ist. Aber lassen wir diese Frage einfach im Raum stehen und wenden uns nun der religiösen Zeit zu.

Die religiöse Zeit

Sie prägt uns mehr als wir denken. Durch unsere christlich-jüdische Tradition haben wir ein zielgerichtetes Denken. Die Zeit reicht vom Anfang der Schöpfung bis hin zur Wiederkunft Christi, zum Eschaton, wie es der Theologe ausdrückt.

Im Buddhismus–Hinduismus sieht das ganz anders aus. Dort gilt das Jetzt und die Zeit wird nicht so sehr von einem Anfang zu einem Ende linear fließend gesehen. Und doch durchdringt alle Religionen der Welt die intuitiv immer wieder auftauchende Frage vom Zeitlichen und vom Ewigen. Ist das Ewige eine endlose Zeit (da assoziieren viele eher Langeweile) oder geht es hier um etwas ganz anderes?

„Alles hat seine Zeit", steht im Buch Kohelet im Alten Testament, leben und sterben – aber dann? Im 90. Psalm lautet ein Vers: „Tausend Jahre sind vor dir wie ein Tag, der gestern vergangen ist oder wie eine Nachtwache." Und bei Jesaja (55,8f.) heißt es schließlich: „Meine Gedanken sind nicht zu messen an euren Gedanken und meine Möglichkeiten nicht an denen von euren Möglichkeiten. So hoch der Himmel über der Erde ist, so hoch reichen meine Gedanken hinaus, über alles, was ihr für

möglich haltet."Ein weiser Satz und wenn wir an das vorher über-
legte denken, wirkt dieser Satz noch einmal ganz anders, ganz
modern: Tausend Jahre sind bei mir wie bei dir ein Tag. Ich erinnere hier an meine Ausführungen weiter oben zur physikalischen und psychologischen Zeit.

Ich möchte mit einem weiteren Beispiel unsere Aussagen be-
leuchten: Wenn die frühen Christen und Paulus von der Naherwartung Christi redeten und ihr Leben darauf ausrichteten, so
gilt das gleiche heute noch für uns. Denn zum Zeitpunkt unseres
Todes verlassen wir diesen Raum und damit diese Zeit. Und der
Todeszeitpunkt des Menschen liegt heute wie damals genauso
nah oder genauso fern vom jeweiligen Augenblick unseres Lebens. So liegt zwischen uns und Christus nicht ein doppeltes
Jahrtausend, denn dieses zählt nur in dem Raum, in dem wir uns
heute noch befinden.

Manchmal stelle ich mir unser Universum wie eine große
Kugel vor, in der wir leben. Wir innen empfinden alle diesseitigen Vorgänge als hintereinander stattfindend, aus Gottes
Sicht aber, der sich gleichsam außerhalb dieser Kugel befindet,
ist alles, was in ihr geschieht gleichzeitig. Mit unserem Tod verlassen wir diese Kugel und kommen in eine andere Dimension,
außerhalb von dem Raum und der Zeit, die wir jetzt empfinden.
Aber nichts von der gewesenen Zeit wird verloren sein. Und darauf kommt es an. Jeder Tag ist vielleicht wie ein Kalenderblatt,
das wir hier hintereinander aufreihen. Wenn wir nun diesen irdischen Raum verlassen, ist es vielleicht so, als wenn alle Blätter,
Lebenstage quasi übereinander liegend, sozusagen auf den Punkt
gebracht sind.

Lebenszeiten

*E*s ist wirklich erstaunlich, mit wie viel äußerst verschiedenen Denkweisen der Mensch in seinem Leben konfrontiert wird und wie er diese, zumindest in einem gewissen Maß, übernimmt und sich vielleicht hinterher darüber wundert. Nun sind es aber nicht nur die gesellschaftlichen Gegebenheiten, die uns verändern, sondern auch unser ganz persönlicher Lebenszyklus. In unseren verschiedenen Alterszyklen entwickeln sich unterschiedliche Wahrnehmungen der uns umgebenden Welt einerseits, aber auch bezüglich der persönlichen Selbstwahrnehmung andererseits. Es ist wissenschaftlich belegt, dass unser gesamtes Leben einem beinahe geheimnisvollen Siebener-Rhythmus unterliegt: ungefähr alle sieben Jahre tritt eine gewisse Zäsur ein. Das kommt auch in manchen volkstümlichen Sprichwörtern zum Ausdruck, wie bei der Rede vom verflixten siebten Ehejahr. Als weiteres Beispiel mag eines der bekanntesten gesamtdeutschen Lieder gelten: „Über sieben Brücken musst du gehen ..." Dieser Rhythmus birgt etwas Geheimnisvolles in sich, nicht umsonst gehört die Zahl sieben auch biblisch zu den heiligen Zahlen. Diese Frequenz beginnt schon bei der Schöpfung in den symbolischen sieben Tagen bis hin zum göttlichen siebenarmigen Leuchter, um nur zwei Beispiele zu nennen. Bis heute spiegelt sich das auch in der Sieben-Tage-Woche. Doch in der Regel fällt uns das gar nicht mehr auf.

Wenn wir uns unseren Entwicklungsrhythmus etwas genauer anschauen, endet das Kleinkindalter spätestens mit sieben und mit Eintritt in die Schule. Mit 14 stehen wir auf dem Höhepunkt der Pubertät und mit 21 wurde man früher volljährig. Ende zwanzig ist dann der Eintritt ins Erwachsenenleben in der Regel vollzogen, die Ausbildung beendet, eine Familie – oft auch mit dem ersten Kind – gegründet. Dann beginnt meist die Weichenstellung für eine Karriere und allmählich stellt sich die

Wahrnehmung des Älterwerdens und möglicher gesundheitlicher Einschränkungen ein. Wer dann seinen Lebensinhalt noch nicht gefunden hat, wird es schwer haben. Mit Ende 40 steigt die Scheidungsrate an – dahinter steht oft die Angst, im Leben etwas zu verpassen. Es folgen die Jahre, in denen man sich der Begrenztheit des Lebens deutlicher bewusst wird. Die Zeit vergeht schneller als früher. Die Vergangenheit ist mit Ende 50, wenn man in die eigene Jugend zurückblickt, eigentlich schon sehr weit weg und irgendwie auf einmal doch auch wieder ziemlich nah. Das Zeitempfinden ist jedenfalls ein ganz anders als mit etwa 20 Jahren.

Für manche Menschen wird die Frage nach Sinn und eigener Spiritualität wieder wichtiger, da man nun endgültig weiß, dass die längste Zeit des Lebens vorüber ist. Auch der Eintritt ins Rentenalter macht einem das besonders bewusst. So wie es im 90 Psalm heißt: „Unser Leben währet 70 Jahre und wenn's hoch kommt so sind's 80. Doch es geht schnell vorbei, als flögen wir davon!" Es folgt der Abschnitt der letzten Lebensphase mit all ihrer Neuorientierung, bevor schließlich möglicherweise ein Allerletztes folgt. Diese Zeit ist bei vielen Menschen vor allem durch Einschränkungen bestimmt, die man sich für sich persönlich nicht wünscht. Selbst wenn wir sie bei anderen beobachten oder miterleben, fragen wir uns: Mir selber soll es mal so gehen? Kaum vorstellbar!

Vielleicht ist es eine Beruhigung, dass wir irgendwie in die unterschiedlichen Lebenszeiten hineinwachsen. Doch unseren ganz persönlichen Umgang damit kann uns keiner abnehmen. Wir müssen immer wieder von neuem eine Koalition mit dem Leben eingehen.

Lebenswahrnehmungen

*W*ir haben festgestellt, dass die unterschiedlichsten Lebensabschnitte ein bestimmter Rhythmus durchzieht, dem wir alle unterworfen sind. So wie eine ganze Gesellschaft eine Melodie hört und jeder sie dann mit seiner Stimme irgendwie mitsingt, ohne sich dessen immer gleich bewusst zu sein. Genauso tanzen wir jeweils im Schritt unseres Alters durchs Leben. Und je und je verändert sich dabei der jeweilige Rhythmus und mit ihm unsere Tanzschritte.

Natürlich lebt jeder sein ganz individuelles Leben, das an vielen Stellen mit keinem anderen vergleichbar ist. Diesem Aspekt wollen wir uns nun noch im vorletzten Abschnitt unseres Kapitels kurz zuwenden. Und wir wollen dabei den Mut haben, uns auch die Chance der persönlichen Veränderung zu gönnen, unabhängig davon, was andere über uns denken.

Selbstwahrnehmung und Fremdwahrnehmung sind zwei Wahrnehmungsweisen, die zwar verschieden sind, aber auch eng miteinander verknüpft sein können. Zwischen diesen beiden müssen wir das Leben meistern. Oft sind es die kleinen, manchmal nur seelisch anstrengenden Wahrnehmungen des alltäglichen Lebens und von uns selbst. Wir müssen immer neu lernen, mit diesen umzugehen.

Dafür gibt es hunderte Beispiele, die Sie genauso kennen wie ich. Da kann es, älter werdend, den erstaunlichen Moment geben, wo wir uns morgens im Spiegel anschauen und erstaunt feststellen: Wer ist denn das, der da heute dort rausschaut! Soll ich das etwa sein? Da irrt sich der Spiegel wohl diesmal. Auf jeden Fall fällt uns auf, dass die Seele nicht mehr so sehr wie früher mit ihrer äußeren Hülle harmoniert. Wie finde ich hier den richtigen und auch realisierbaren Weg, damit umzugehen, ohne dass daraus eine chronische Belastung wird?

Ich möchte hier nur beispielhaft auf vergleichbare Wahrnehmungen aufmerksam machen, die Teil unserer täglichen Lebensbewältigung sind. Beruhigend scheint, dass es allen Menschen so geht, auch wenn wir oft solche Empfindungen vor anderen verstecken und für uns behalten. Das ist übrigens auch eine Erfahrung, die wir erst lernen müssen, in der wir sie durchleben.

Das spiegelt sich zum Beispiel auch darin, dass wir jeweils in einer bestimmten Altersgruppe leben, der wir uns intuitiv zugehörig fühlen. Die meisten Freunde teilen unser Alter mit plus – minus sieben Jahren. Natürlich gibt es auch Ausnahmen. Aber manchmal schauen wir – oft übrigens leicht überheblich – auf andere Altersgruppen herab: Die Jüngeren sind noch unerfahren oder werden manches erst begreifen, wenn sie in unser Alter kommen. Die Älteren sind eben schon ein bisschen weltfremd oder in ihren Jahren stecken geblieben, eher zurück- als vorwärtsblickend. Bei all diesen sehr subjektiven Wahrnehmungen vergessen wir meistens, dass wir ja selber eines Tages zu dieser Gruppe gehören werden oder einmal dazu gehörten.

Deshalb sollte eine der wichtigen Leitlinien in unserem Leben sein, tolerant, achtsam und mit Respekt anderen Menschen gegenüber zu treten, die gerade einen anderen Lebenszyklus durchwandern, als wir selber es gegenwärtig tun. Eine respektvolle Wahrnehmung der verschiedenen Alterszyklen wird auch dadurch erleichtert, wenn wir die Existenz des Menschen in unserer Wahrnehmung nicht nur auf das irdische Leben begrenzen. Wenn wir tatsächlich nur auf diese Zeit angewiesen wären, wäre jeder Zeitabschnitt in seinem Vorübergehen noch gewichtiger und dadurch auch erdrückender in seinen unwiderruflichen Anforderungen.

Wenn wir den jeweiligen Altersgruppen – gerade im Seniorenbereich bis hin zur Pflegebedürftigkeit – auch als Jüngere offen, freundlich und interessiert begegnen, können wir am besten lernen, uns angstfrei und gelassen in unserem eigenen Altersabschnitt heimisch zu fühlen und entsprechend auf unseren nächsten zuzugehen. Denn Lebenskrisen treten besonders häufig beim Sprung in eine andere Altersgruppe auf.

So stellt sich uns schließlich die Frage: Was kann uns auf unserem Weg durchs Leben hier helfen? Vielleicht ein Lebensfaden ...

Lebensfaden

Meine Frau sagte einmal zu mir, dass ihr das Kirchenjahr mit zunehmendem Alter immer besser gefiele. Im Kirchenjahr spiegelt sich das Bleibende und sich doch immer wieder Erneuernde. Die Advents- und Weihnachtszeit, Karneval, dann die Fasten- und Passionszeit, Ostern, Pfingsten, über die sich anschließende fest-arme, aber dafür durch die Sonne bestimmte Sommerzeit, bis hin zum Erntedankfest und schließlich im November die Erinnerung an die Menschen, die vor uns schon den Weg aus dieser Welt hinausgegangen sind. Wer gelernt hat, die kirchlichen Festzeiten für sich lebendig werden zu lassen, hat hier einen roten Faden, der sich durch das ganze Leben zieht. Es ist ein Faden, in dem sich ja auch die Höhen und Tiefen des eigenen Lebens widerspiegeln können.

Gleich welche Veränderungen stattfinden, das Kirchenjahr und seine Botschaft bleiben – jahrein, jahraus. Im Kirchenjahr darf ich im Laufe meines Lebens immer wieder neu Anregungen für meinen Glauben und für meine Spiritualität entdecken. So kann schließlich der persönliche Glaube eine beschützende und wärmende Decke werden gegenüber all den Stürmen des Lebens. Denn Kirche und Glaube beschäftigen sich intensiv mit einem Abschnitt unseres Daseins, der deutlich gewichtiger noch ist als das derzeitige Leben. Wir können es wenden wie wir wollen, eine Tatsache bleibt: Wir werden viel länger tot sein, als das wir hier auf der Erde leben. Der Glaube kann uns die Angst vor dieser Wahrheit nehmen und die Angst davor etwas zu versäumen.

Das kann uns zugleich die Angst vor dem Älterwerden nehmen. Denn wenn die Ziele des irdischen Lebens erreicht sind, stehen wir dennoch nicht ziellos da. Wir wenden uns einem Neuen zu, das uns still, aber tragend schon das ganze Leben begleitet hat.

So kann ich aus meiner Erfahrung sagen, dass ehrlich gläubige Menschen, die nicht identisch sein müssen mit sonntäglichen Kirchgängern, mit unglaublicher Gelassenheit auf ihre letzte irdische Minute zu leben können. Und zwar, ohne dabei ihre gegenwärtige Zeit abzuschreiben. Im Gegenteil, sie haben genug Energie dafür, sie bis zur Neige auszukosten, eben weil sie nicht mit Ängsten und Sorgen verbraucht wird.

Wenn wir selber eine solche Lebenshaltung erreicht haben, liegt allerdings ein langer Weg hinter uns, ein Weg, in dem auch die eigene Spiritualität ihren Platz gefunden hat. Diese schöne und tragende Lebenserfahrung kann unserem Leben einen tiefen Sinn schenken und sie verhindert gleichzeitig, dass wir ins Bodenlose fallen.

Unsere Wirklichkeit

Die reale Wirklichkeit, in der wir leben

*D*ie Dinge, so wie sie wirklich sind, werden wir nie erfassen können. Wir können uns ihnen höchstens annähern. Diese Erkenntnis fasste der Physiker und Begründer der Quantenphysik Max Planck (1858–1947) so zusammen: „Alle Vorstellungen, die wir über die äußere Welt entwickeln, sind letztlich nur Reflexionen über unserer eigenen Wahrnehmungen". Die buddhistische Variante behauptet sogar, dass unser Leben letztlich nicht mehr als ein persönlicher Traum sei.

Tatsächlich hat die Quantenphysik nachgewiesen, dass unsere Vorstellungen in einem äußerste eigenartigen Wechselverhältnis gegenüber unserer Umwelt stehen und so unseren Realitätsbegriff erschüttert. Der Physiker Hans-Peter Dürr (1929–2017) meint darum: „Im Grunde gibt es die Materie gar nicht, jedenfalls im geläufigen Sinn. Es gibt nur Beziehungsgefüge, ständigen Wandel, Lebendigkeit. Wir tun uns schwer, uns dies vorzustellen. Primär existiert nur Zusammenhang, das Verbindende ohne materielle Grundlage. Wir könnten es auch Geist nennen. Etwas, was wir nur spontan erleben und nicht greifen können. Materie und Energie treten erst sekundär in Erscheinung – gewissermaßen als geronnener, erstarrter Geist." Man könnte sagen: In gewisser Weise wird die Materie durch unseren Geist beeinflusst. Durchschreiten wir nun einmal kurz die Räume unserer Wirklichkeit.

In der Regel leben wir die Wirklichkeit einfach, ohne darüber nachzudenken, weil sie meistens funktioniert. Das fängt bei ganz normalen Naturgegebenheiten an und hört beim kleinen technischen Luxus des Lebens auf. Aber was an Wunderlichem, selbst von Fachleuten oft nicht Verstandenen, dahinter steckt, darüber wird kaum nachgedacht.

Ein banales Beispiel kann dies verdeutlichen: Auf dem Marktplatz von Quito in Ecuador genießt nach dem Mittag ein junger Mann in Ruhe seinen Espresso. Dabei holt er sein Handy aus der Tasche, drückt ein paar Nummern in sein winziges Gerät. Es vergeht gerade mal eine halbe Minute. Da hört man ihn sagen: „Guten Abend Mutti, wie geht's?" Was ist geschehen? Ein simples Telefonat, aber was passiert eigentlich dabei? Ein zartes und doch unglaublich starkes Signal, höchst kompliziert und doch auch ganz einfach, verlässt dieses Handflächen große Kästchen und umhüllt in Mikrosekunden gleichsam die ganze Erde. Es sucht sich unter Milliarden von Möglichkeiten selbstständig sein Ziel und baut zudem eine dauerhafte Verbindung auf.

So etwas passiert ständig milliardenfach unsichtbar um uns herum. Auch hier und jetzt. So, als gäbe es diesen riesigen Raum gar nicht. Entfernungen werden hier in Sekundenschnelle überwunden und man kann sich über das Nachtmagazin in Deutschland schon nach dem Mittagessen in Südamerika unterhalten.

Die Vorstellung dieser so unglaublichen und schnellen Raumüberwindung ist etwas sehr subjektives und unterliegt unserem persönlichen Blickwinkel. Denn wir könnten genauso behaupten, das alles spielt sich in einem kleinen einfachen Mikrokosmos unserer Welt ab. Die Welt, in der wir leben, hat eigentlich ganz andere Dimensionen. Wenn wir die Größe der Erde mit dem uns umgebenden Kosmos ins Verhältnis setzen, entsteht in unsrem Kopf wahrscheinlich ein Knoten.

In Bildern gesprochen hieße das: Wenn die Sonne so groß wie ein Kürbis wäre, würde die Erde in Kirschkerngröße etwa einen halben Kilometer entfernt diese umkreisen. Bis zum nächsten Kürbis allerdings sind es in unsrer Modellgröße dann schon knapp 60 000 Kilometer. Eine Ansammlung solcher Kürbissonnen empfinden wir trotz der riesigen Entfernungen bei einem Blick in den nächtlichen klaren Himmel wie eine Dampfwolke – das ist die unsere Milchstraße. Von solchen Milchstraßen gibt es wieder über 100 Milliarden.

Um uns die Menge dessen, was wir nachts über uns sehen oder erahnen, deutlicher zu machen, verteilen wir einfach einmal ein Sandkorn für jede Sonne. Wenn wir wirklich jeder Sonne unserer Welt ein Sandkorn schenken würden, reichten allerdings alle Strände unsrer Erde nicht aus. Dieses Unvorstellbare verdrängen wir gleich wieder aus unserem Bewusstsein und beschäftigen uns lieber mit unseren eigenen Problemen und Vorstellungen, indem wir diese zu ganzen Milchstraßen aufblähen.

Betrachten wir noch die kleineren Räume: Woraus besteht eigentlich der Stuhl, auf dem sie vielleicht gerade sitzen? Eigentlich besteht er aus fast nichts. Hier spiegelt sich genau das wider, was wir gerade über die Sonnen und ihre großen Abstände zueinander erfahren haben.

Aus unserer menschlichen Sicht besteht auch jeder Gegenstand zu weit über 90 Prozent aus leerem Raum und die Abstände der einzelnen Teilchen, wie zum Beispiel Elektronen und Protonen usw. sind schier unendlich. Nur die für uns nicht wahrnehmbare unglaubliche Bewegung und wechselseitige Energie des Ganzen lässt uns den Stuhl als festen Gegenstand erscheinen.

Wenn der Raum nie durch sich selber definiert wird, sondern nur mit Hilfe der ihn umgebenden Teile, steckt in ihm eine Art Geheimnis unserer begrenzten Dimension. Mit nur zwei Beispielen möchte ich unser verwirrendes Bilderbuch schließen.

Bei einem Blick in unseren Körper entdecken wir zum Beispiel Kohlenstoffatome und Neuronen. Hätten die Kohlenstoffatome einen Durchmesser von einem Kilometer, wären die Neuronen so groß wie der Mars und ähnlich weit entfernt. Solche Dimensionen gibt es wie im Kosmos auch in uns selbst. Dabei ist alles relativ und abhängig vom Standpunkt des Betrachters. Wären wir ein denkendes Darmbakterium in unserem Darm, würde unser Körper für dieses der ganze Kosmos sein. Wenn wir eine menschliche Zelle betrachten, finden wir in ihr den zartesten Faden, den wir kennen. In dieser organischen Verbindung steckt unser ganzes Ich. Es ist der DNA-Faden mit unserem genetischen Code.

Wenn ich nun Ihren Faden aufdröseln würde, bis er sich spannt und Sie dann einladen würde, mit mir in einem Flugzeug – damit es schneller geht – an ihm entlang zu fliegen. Sie würden zu Lebzeiten das Ende ihres eigenen Fadens nicht erreichen, da er ist über 200 Milliarden Kilometer lang ist!

Das ist die reale Wirklichkeit in der wir leben, die scheinbar ohne unser Zutun perfekt funktioniert. Wir geben unserer Umgebung Namen und machen sie dadurch für uns griffig. Unser Gehirn oder unser Geist – böse gesagt – unsere Einbildung, nimmt der Welt das Unbegreifliche. So formen wir sie mit unseren Worten und Begriffen und ordnen sie damit in Fächer und Schachteln ein, mit denen wir gut leben können.

Die Wechselwirkung zwischen Innen und Außen

Ein Physiker sagt: „Materie ist eine Form stark gebündelter Energie. Wird diese Energie freigesetzt, bleibt von dem, was wir Materie nennen, nichts weiter übrig. Materie ist somit mehr ein Zustand als eine Substanz." Das heißt, auch wir bestehen eher aus einem Zustand als aus einer Substanz. Da es dabei um uns selber geht, haben wir nicht die Möglichkeit dieses aus einer Distanz zu betrachten. Daher nehmen wir auch nicht wahr, dass jeder Tisch in rasanter Bewegung ist und nur deshalb der Raum, aus dem er eigentlich besteht, nicht in sich zusammenbricht und von einer scheinbar festen Masse nur noch ein Punkt bliebe, sozusagen ein kleines „schwarzes Loch".

Alles, was wir wahrnehmen, entsteht letztlich aus der gegenseitigen Wechselwirkung zwischen unserem Inneren und dem, was uns von außen berührt. Wie letztlich ein digitales Funksignal an sich nichts mehr gemein hat mit dem farbigen Bild auf einem Fernsehschirm. Doch darüber denkt in der Regel kein Mensch nach und wir glauben, so wie wir die Dinge sehen, hören, fühlen und denken können, so wären sie eben. Das ist ein großer Irrtum. Sie sind so nur für uns Menschen. Doch auch die Wahrnehmung der einzelnen Menschen kann höchst unterschiedlich sein. Die Menschen im Mittelalter beispielsweise lebten auf Grund ihrer Weltdeutung nicht auf der Erde, auf der wir heute leben. Und zukünftigen Menschen wird es ähnlich gehen.

Für uns heißt das: Unser Universum entsteht vor allem in unserem Kopf, angeregt durch Impulse von außen. Jeder von uns ähnlich und doch auf seine ganz subjektive Weise. Das fordert Respekt und Toleranz gegenüber der Verschiedenheit des Lebens.

Die Erfindung der Wirklichkeit

*W*as wir wahrnehmen, wird aus zahlreichen gefilterten Signalen in unserem Kopf zusammengesetzt. Neben der Filterung und Auswahl vollzieht sich ebenso schnell eine meist unbewusste Wertung der Dinge, durch den Instinkt oder den Verstand gesteuert. Manches empfinden wir als eklig, anderes als schön. Einige dieser Empfindungen sind global ähnlich, viele von unserer Kultur abhängig.

In den vergangenen Jahrhunderten begann der Mensch zunehmend seiner Umgebung wissenschaftliche Konzepte überzustülpen. Bestimmte Vorgänge wurden kategorisiert, um so wiederkehrende Erscheinungen beschreiben zu können. Versuche, die immer funktionierten, wenn man sie wiederholte, hielt man schließlich für wissenschaftlich bewiesen und hinterfragte sie kaum mehr. Das wissenschaftliche Dogma sagt schließlich aus: So ist es richtig. Diese Dogmen nennt man Paradigmen oder Axiome. Auf diesen baut sich die Wissenschaft bis heute auf. Dabei sind sich Wissenschaftler heute nicht sicher, ob Zahlensysteme schon in der Natur selber liegen oder ob wir Menschen ihr diese einfach übergestülpt haben, ohne es recht zu merken.

Wie schnell man sich hier aber irren kann macht ein ganz banales Beispiel deutlich: In der gerade beschriebenen Form kann man von einem ganz bestimmtem Standpunkt aus, der Jahrhunderte auch gültig war, wissenschaftlich beweisen, dass die Sonne morgens auf- und abends untergeht. Dass das ein Irrtum ist, hat sich noch nicht in unserer Sprache niedergeschlagen. So scheint es nicht ausgeschlossen, dass sich viele gegenwärtige Deutungen der Natur ebenfalls eines Tages als Irrtum herausstellen könnten.

Vielleicht ist das, was wir erkennen können, nur ein winziger Ausschnitt aus einem viel höher dimensionierten Gebilde, dass viel mehr Realitäten und Möglichkeiten enthält, als es unser kleiner Verstand überhaupt erfassen kann. Vielleicht existiert ja über unserem zeitgebundenen Sein und Empfinden ein großes „Jetzt", ein alles umfassender „Raum"?

Wir können nur daraus lernen, dass unsere Deutung der Natur eben nur eine subjektive Deutung und Teilwahrheit ist. Sie kann sich ändern und erweitern und spiegelt immer auch etwas von uns selber wider, weist aber damit gerade auch auf etwas Höheres, außerhalb unseres subjektiven Gemäldes von der Wirklichkeit.

Doch welche Konsequenzen ziehen nun Spitzenphysiker aus den Beobachtungen der Quantenwelt, aus der sich die ganze Realität letztlich zusammensetzt? Die so genannte orthodoxe Quantenphysik, von Niels Bohr (1885–1962) und Werner Heisenberg (1901–1976) begründet, stellt fest: Es gibt keine Realität, nur Beobachtungsdaten. Wenn ein Zustand nicht beobachtet wird, existiert er auch nicht. Die Wirklichkeit besteht aus Möglichkeiten, einer Art pulsierendem Feld. Erst durch meine geistige Hinwendung erstarrt es gleichsam, wird zu einer gewissen Realität. So wie ein Foto von einer Gewehrkugel, die sonst in ihrer Geschwindigkeit von uns nicht wahrnehmbar ist, nur in ihrer Bewegung existiert.

Der Quantenspezialist John von Neumann (1903–1957) folgerte daraus: Die Welt entsteht erst so, wie sie ist, in unserem Gehirn durch Beobachtung, Deutung und Wahrnehmung. Das macht letztlich ihre so genannte Unschärfe aus, also die Vielfalt von Möglichkeiten. Dieser Gedanke veranlasste Einstein, der auch Probleme mit der Quantenphysik hatte, zu der bekannten drastischen Bemerkung: „Wenn ich den Mond nicht anschaue, existiert er also nicht!"

Die einzige andere, neuere Deutung des ganzen Systems der Quanten, wäre die Viele-Welten-Theorie. Das heißt, es gibt schier unendlich viele Welten, in denen parallel letztlich alles möglich ist und die in geheimnisvoller Weise miteinander kommunizieren. Quanten stehen nachweislich in einer beinahe mystischen Kommunikation zueinander über Zeit und Entfernung hinweg. Wie, das weiß keiner. Dieser Überzeugung steht auch der bekannte Physiker Stephen Hawking nahe.

So glauben viele Wissenschaftler heute, dass die Wirklichkeit aus eben diesen vielen Teilchen besteht, die in einer nachweisbaren, aber nicht erklärbaren Weise sinnvoll miteinander verbunden sind. Der Mensch mit seinem Geist ist hier mit eingebunden.

An dieser Stelle spüren wir deutlich die Überschneidung von Naturwissenschaft, Philosophie und Religion. Das entspricht meiner These von einer harten und einer weichen Wirklichkeit. Die harte Wirklichkeit besteht aus faktischen Gegebenheiten und hat meist eine rein materielle Struktur, die weiche Wirklichkeit besteht vor allem aus der subjektiven Empfindung und Deutung. Im Gegensatz zur Vermutung der meisten Menschen ist es aber gerade nicht die harte naturwissenschaftliche Wirklichkeit, die unser Leben bestimmt, sondern die weiche:

Das beginnt damit, wie mir etwas schmeckt oder ob etwas für mich gut riecht oder auch gut klingt und hört nicht damit auf, ob ich einen bestimmten Menschen liebe oder einen anderen gar nicht leiden kann. Diese Wirklichkeit lässt sich oft nicht begründen, sie ist aber so wie sie ist und vertritt dadurch eine Wahrheit des Seins, auch wenn diese nicht beweisbar ist. In diesem Sinne gehört auch die Religion zur weichen Wirklichkeit. Sie ist ebenfalls nicht beweisbar und unterliegt einer starken, oft sehr subjektiven Deutung. In der Psychologie heißt es: „Bei manchen Erscheinungen, was die Spiritualität des Menschen angeht, lässt sich nicht mehr unterscheiden, ob es sich um etwas Verrücktes handelt oder um eine wirkliche Erleuchtung. Aber kaum etwas anderes bestimmt so intensiv und nachhaltig das Leben des Menschen wie seine Religion." Der Philosoph Arnold Toynbee (1889–1975) meinte dazu: „Niemand unter denen, die heute leben, weiß genug, um mit Gewissheit sagen zu können, ob eine Religion bedeutender oder wahrer ist als eine andere."

Das einzig Objektive an der Religion ist anscheinend die Vorgabe, dass der Mensch von Natur aus religiös ist und ihm eine religiöse Deutung der Wirklichkeit schon in die Wiege gelegt wird. Seit es Menschen gibt, gibt es Religion – unser so genanntes modernes, stark naturwissenschaftlich geprägtes Weltbild ist dagegen nur ein Wimpernschlag in der gesamten Menschheitsgeschichte. Und niemand kann wissen, ob dieses moderne Weltbild eines Tages wegen seiner deutlich begrenzten Sichtweise nicht doch nur eine Randnotiz der sehr dynamischen Weltgeschichte bleiben wird.

Allerdings kann man auch bei der religiösen Deutung der Wirklichkeit eine sehr interessante Entwicklung feststellen: Denn auch hier vollzieht sich zunächst unbemerkt eine Art theologischer Evolution. Am Anfang stand die Vergötterung der Natur, deren Geheimnisse man als solche noch wahrnahm. Später wurden die Gotteskräfte von der Natur getrennt und in den Himmel verlegt, der gefüllt war mit den unterschiedlichsten Gottheiten. Schließlich verschmolzen alle jenseitigen Kräfte zu einer: Der Monotheismus als Kennzeichen von Judentum,

Christentum und Islam wurde geboren. Auch im moderneren hinduistischen Denken heißt es: Gott hat viele Namen, aber letztlich ist er immer der gleiche.

Hinzu kommt, dass der Glaube an Gott immer durch zeitabhängige Sprachformen eingeengt wird, deren Deutung einer beständigen Wandlung unterliegt. Begriffe werden gleichsam in vielfacher Hinsicht codiert. Hinter ihnen steckt weit mehr als das bloße Wort. Nur wer in einer Religion lebt, wird den tieferen und erweiterten Sinn ihrer Worte begreifen können. Das Bilderverbot der Bibel will uns diesbezüglich gerade sagen, wir sollen Aussagen, Worte und Begriffe nicht mit Gott selbst und dem Himmel verwechseln – das gilt auch für codierte Begriffe.

Zusammenfassend kann man sagen: Der Mensch hat von vornherein ein metaphysisches Grundbedürfnis gerade bezüglich einer Welt, die er nicht mit seinen Sinnen oder seinem Geist so ohne Weiteres wahrnehmen kann. Die Erfahrung dieser äußerst subjektiven Realität hat in erster Linie eine Erlebnisseite, also keine statistisch greifbare. Und doch gehört gerade sie zu den tiefsten Realitäten, die der Mensch erfahren kann. Ein Vergleich mit der letztlich unfassbaren und doch tiefen und realen Liebe zwischen zwei Menschen kann das gut verdeutlichen. Auch Liebe kann man letztlich nicht wirklich beschreiben, sondern man muss sie selber erleben.

Die unmittelbare Gotteserfahrung, die zum Beispiel die großen Religionsstifter überfiel, ist gleichsam ein ihnen plötzlich widerfahrendes Erlebnis, das ihre subjektive Welt auf anstrengende Weise veränderte. Im Monotheismus wurde das Erlebte in Worte gegossen, was eigentlich unmöglich scheint. Denn Worte sind begrenzt und eingeengt, sie erstarren zum Gesetz und das Heilige, Dynamische verflüchtigt sich gleichsam, wie ein ätherisches Öl oder der Alkohol aus dem Wein. Was bleibt ist oft etwas Schales, Abgestandenes.

Mit verheerenden Folgen, es wird schließlich um die Interpretation einzelner Worte gestritten, gleichsam um Punkt und

Komma. Die Worte werden dann zu einer künstlichen, menschlich konstruierten Realität und verdrängen das Göttliche.

So kam und kommt es zu Religionskriegen um denselben Gott, der Abraham und Mose inspirierte und sich als Gott des Friedens und der Liebe besonders in Jesus vergegenwärtigte. Doch der absolute, unwandelbare Gott kann eben nicht in sich ständig wandelnden Kulturen aufgehen, die die Worte je und je anders interpretieren. Die Ewigkeit kann man eben nicht in der Zeit festnageln. Leben, auch heiliges, bedeutet letztlich Dynamik und Bewegung also einen stetig neuen Dialog.

Wir haben festgestellt, dass die Welt nicht einfach so ist wie sie ist. Wir nehmen sie aus einem sehr subjektiven und begrenzten Blickwinkel wahr. Wir müssen entscheiden, welcher für uns selbst ausschlaggebend oder letztlich dominierend ist. Dabei können wir naturwissenschaftliche oder religiöse Sichtweisen bevorzugen. Natürlich kann man auch beide miteinander in Beziehung setzen. Wer aber die Fähigkeit hat selbstkritisch diesen unbequemen Gedankengang zu Ende zu denken, muss das Relative an beiden zugeben.

Und trotzdem wird niemand bewussten und unbewussten Deutungen entgehen. So muss und soll es auch sein. Denn wir alle leben in einer ganz praktischen, uns ständig prägenden Wirklichkeit. Und so bestimmt letztlich der Geist des Menschen zu einem weit überwiegenden Teil die praktische Realität unseres ganz normalen Lebens.

Eines steht unbestreitbar fest: Worauf ich meinen Focus richte, das bestimmt meine Realität – auch unabhängig aller faktischen Daten und Berechnungen.

Die gesellschaftliche Wirklichkeit

W ie offen und veränderlich unsere Wirklichkeit und damit unsere subjektive Realität ist, zeigt, wie sehr wir gesellschaftlichen Einflüssen unterliegen. Spannend daran ist, dass wir persönlich diese Tatsache kaum wahrnehmen.

In diesem Zusammenhang erscheint mir die Feldforschung von Rupert Sheldrake (*1942) interessant, der schon im letzten Jahrhundert von einem morphogenetischen Feld, einem die Gesellschaft formenden gemeinsamen Bewusstsein spricht.

Folgendes Beispiel mag dies illustrieren: Wie kommt es, dass ich ein Kleidungsstück, dass ich vor ein paar Jahren noch unheimlich schick fand, jetzt als lächerlich einstufe und mir kaum mehr vorstellen kann, dass ich mich darin wohl gefühlt haben soll.

Vergleichbare Veränderungen unserer Sicht- und Handlungsweisen zeigen sich auch im Blick auf Fragen der Ökologie, der Globalisierung oder Digitalisierung. Bestimmte Einstellungen zur Realität können auch lange nachwirken, wie beispielsweise auf dem Gebiet der ehemaligen DDR. Nach einer langjährigen Studie der UNO vor einigen Jahren befindet sich in den neuen Bundesländern das areligiöseste Gebiet weltweit. Die Verdunstung religiöser Fragestellungen wird noch Jahrzehnte andauern.

Gerade letzteres Beispiel zeigt, wie stark wir durch unsere Gesellschaft beeinflusst werden. Die Wahrnehmung von Wirklichkeit ist durch eine unbewusste kollektive Gleichschaltung derart prägend, dass wir sie eigentlich gar nicht zugeben möchten. Das würde zu sehr den Verlust von vermeintlicher Freiheit bedeuten. Wir sprechen hier von einer so genannten fluiden Gesellschaft. Alles ist im Fluss. Es vollzieht sich ein ständiger Wertewandel, vom Menschen selbst erfunden.

Hier sehe ich die Aufgabe herauszufiltern, was in sich einen transzendenten und damit bleibenden Wert hat. Religionen sind in diesem Zusammenhang von größtem Interesse: Vielleicht schält sich langsam die Qualität dieses menschheitsumspannenden Phänomens heraus.

Lebenskunst: Die Gestaltung der Realität

*W*ie oft ist mir aufgefallen, dass Menschen, die ängstlich und voller Vorbehalte durchs Leben gehen, auch ständig mit Belastendem konfrontiert werden und sich somit dauernd in ihrer Sichtweise bestätigt fühlen. Wir nennen diese Menschen gerne Pechvögel. Genauso gibt es Menschen, die hoffnungsvoll und zuversichtlich durchs Leben gehen, viel riskieren und in ihrer Sichtweise ebenso bestätigt werden. Es sind oft Menschen, die intensiv an ihre Ziele glauben, wie Künstler, Wissenschaftler oder Journalisten, aber auch Menschen wie ich und du. Möglicherweise liegt in unserem Denken und Fühlen doch eine größere Macht, als wir allgemein glauben. In seinem Buch „Die Entstehung der Realität" bestätigt Jörg Starkmuth diese Vermutung:„Unser aktueller Bewusstseinszustand bestimmt die Wahrscheinlichkeit der Ereignisse in der unmittelbaren Zukunft. Die scheinbar zufälligen Ereignisse in unserer erlebten Realität sind letztlich das Ergebnis unserer Bewusstseinsausrichtung." In der Bibel finden wir diesbezüglich genügend Hinweise. Sie kulminieren in dem bekannten Satz von Jesus: „Wenn ihr genug Glauben hättet, könntet ihr zu dem Berg sagen, er soll sich von hier nach dort begeben!"

Das mag überspitzt formuliert sein und vor allem gleichnishaft, aber letztlich kann niemand von uns beurteilen, wie viel Kraft und Glaube verborgen in uns zu wirken vermag. Unzweifelhaft scheint mir, dass jemand, der sein Leben von seiner

Grundausrichtung her religiös gestaltet, auch eine Antenne für das Besondere bekommt. Er wird mit der Zeit erleben, dass seine Gebete mehr als nur Worte sind und sein Leben sich verändern kann.

Das heißt, worauf ich meinen Focus richte, das bestimmt meine Realität – auch unabhängig aller faktischen Daten und Berechnungen. Um in die Tiefe der Realität zu dringen kenne ich nur einen Schlüssel: Das ist die Religion. Natürlich gibt es verschiedene Schlüssel – mein Schlüssel ist der christliche Glaube. Dieser hat im Laufe meines Lebens mindestens dieselbe Realität gewonnen wie naturwissenschaftlich nachweisbare Daten.

Die eine Betrachtungsweise der Wirklichkeit analysiert die Vielfalt und Art der Farbe, mit der unser Lebensbild gemalt wurde. Die andere Sichtweise der Realität betrachtet das Gemälde als Ganzes und versucht herauszubekommen, was dieses Bild uns sagen will. Ich halte letztere für die wichtigere und auch sinnvollere. Denn ich gehe ja auch nicht in eine Galerie, um mich mit den chemischen Daten der Farben zu beschäftigen, sondern um mir von den Bildern etwas erzählen zu lassen. Denn jedes Bild spiegelt eine Wirklichkeit wider, die dahinter steckt und die eine Absicht des Künstlers spürbar werden lässt.

Ich bin also gewissermaßen in der Komposition des Gemäldes dieser Welt enthalten und habe darin wohl auch ein wenig die Freiheit, mit zu malen. Und zwar mit den Farben, die der Künstler mir schenkt. Ich muss sie nur benutzen. Dann bekommt mein Leben Farbe und bleibt nicht grau.

Was wir fühlen

Angst – eine Ermutigung

Angst – was ist das?

*I*rgendwo hat jeder Angst und doch lässt sie sich schwer beschreiben.

Im Wort Angst steckt das lateinische Wort angustae, was so viel heißt wie Enge, Schlucht, Nadelöhr. Hier wird ein Gefühl umschrieben, was einen bei großer Angst packen kann: Es zieht einem förmlich die Brust zusammen. Auch Vorboten von Herzinfarkten können sich so äußern. Diese sind immer mit großem Angstgefühl verbunden.

Während ich Angst habe, geschieht etwas mit mir, das ich nicht mehr im Griff habe. Gerade das kann dann einen Teufelskreis in Gang bringen: Eine immer größer werdende Hilflosigkeit verstärkt die Angst. Wenn uns das Unfassbare erfasst, gleitet uns der Boden unter den Füßen weg.

Die Angst, die wir von der Furcht unterscheiden können, ist oft auch eine tiefe innere Unruhe vor einer schwer bestimmbaren Gefahr. Eine Art Ahnung gegenüber etwas Bedrohlichem. Es kann auch die Sorge vor Veränderung in unserem Leben sein. Im Gegensatz zur Angst richtet sich die Furcht auf etwas ganz bestimmtes: Ich fürchte mich zum Beispiel vor einem zähnefletschenden Hund oder vor dunklen Gestalten in der Nacht oder vor der Diagnose, auf die ich im Krankenzimmer warten muss. Die Furcht ist somit eine besondere, konkretere Unterabteilung der Angst. Der Schreck hingegen ist etwas unmittelbar Konkretes, Plötzliches.

Angst erzeugt Unsicherheit, sie berührt mein Selbstwertgefühl. Das ist vermutlich eine der Ursachen, warum die meisten Menschen kaum über ihre Ängste reden. Angst klingt nach Scheitern. Angst hat etwas Umfassenderes, was den Menschen selbst betrifft und nicht ein bestimmte Ereignis. Oft kann dann die Angst vor etwas schlimmer sein, als das Geschehen selbst. Angst ist häufig mit dem Eintritt in einen neuen Lebensabschnitt verbunden. Es ist die Angst vor etwas Unbekanntem, Ungewissen, das in sich selber überhaupt nicht furchtbar sein muss. Hier spüren wir etwas von den tiefsten Wurzeln der Angst: Es ist die Befürchtung, irgendetwas geschieht mit mir, ohne dass ich es noch überblicken kann, verändern oder manipulieren könnte. Selbst unsere Sprache verschleiert die bittere Wahrheit: Wir sagen „Ich habe Angst", aber eigentlich hat die Angst uns!

Wenn sich mir die Gegebenheiten entziehen, gerate ich in einen Strudel wie bei einem schnell fließenden Fluss. Am Ende werde ich ertrinken, weil mir die Luft ausgeht. So ist schließlich der Grund jeglicher Angst die Selbstauflösung, der Tod. Es ist der Verlust von allem, was ich habe und bin. Diese Sorge begleitet den Menschen seit Urzeiten und hat mit dem Wissen um den eigenen Tod zu tun.

Die sinnvolle Angst

Irgendwie macht uns die Angst manchmal gleichsam an. Das beginnt schon in der Kindheit. Wie gerne bin ich da doch Geisterbahn gefahren. Ein Teil sträubt sich zwar in uns, aber ein anderer Teil zerrt uns regelrecht dorthin. Das Ganze scheint besonders gut, wenn die Gruseleffekte möglichst echt sind und wir uns tatsächlich erschrecken, weil wir etwas Unerwartetem begegnen, etwas Unbekanntem.

Eine Mutprobe bestanden zu haben, setzt in uns Endorphine frei, die ein äußerst befriedigendes Gefühl hervorrufen. Überhaupt entstehen solche Glücksgefühle zumeist aus der Spannung einer überwundenen Gefahr. Genauso wie wir die Wärme eines

Raumes besonders wohlig empfinden, wenn wir aus der Kälte kommen. Es hat seine Wirkung, auch wenn wir das Ganze nur im Kopf erleben. Weiterhin ist die Angst eine grundsätzliche Triebkraft im Leben. Ein Motor der uns vorwärts treibt, um nicht in einer bestimmten Trägheit hängen zu bleiben.

Eine hochinteressante Untersuchung des deutschen Neurologen und Psychotherapeuten Browin Bandelow beschreibt in seinen Büchern „Woher Ängste kommen und wie man sie bekämpfen kann" und „Vom schwierigen Glück berühmt zu sein", welche Rolle die Angst bei berühmt gewordenen Künstlern für ihre Karriere spielt. Besonders diese Menschen haben eine ungeheure Angst nur mittelmäßig zu sein. Diese Sorge treibt sie dann zu Höchstleistungen an. Darum stößt man unter diesen Persönlichkeiten auch häufig auf hochgradige Egozentriker, Narzissten, Borderliner und Paranoiker. Nur mit einem gewissen Grad von Verrücktheit sind solch überdurchschnittliche Leistungen zu vollbringen.

Das führte den Angstforscher zu dem bekannt gewordenen Satz: „Erst ist man verrückt, dann wird man berühmt – nicht trotzdem sondern gerade deswegen!"

Die Angst als Gegenpol der Lust treibt die Menschen mit aller Kraft dazu, ihr zu entkommen, um wieder im Zentrum der Lust zu landen. Das äußert sich auch im sogenannten Lampenfieber, unter dem auch manche große Künstler bis an ihr Lebensende zu leiden haben. Aber gerade das treibt sie dann wieder zu Höchstleistungen an.

Aber ein Seiltanz bleibt es allemal: Der Schritt vom Antriebsimpuls der Angst bis zum Gelähmtsein durch die Angst ist minimal.

Was hat das nun mit uns selber zu tun, wo doch kaum einer von uns so eine verrückte Berühmtheit ist – man möchte fast „Zum Glück!" sagen? Diese Untersuchung zeigt jedem, dass wir auch in unserer kleinen Welt von einer inneren, eigentlich aber gesunden Angst getrieben werden, ohne dass uns das immer bewusst ist. Die Angst nicht gut genug zu sein, die Angst in der Mittelmäßigkeit zu versinken, die Angst abgehängt zu werden, ist ein starkes Motiv, so aktiv wie möglich seine Fähigkeiten zur Vollendung zu bringen. Allerdings spürt man dabei auch immer wieder seine Grenzen. Das macht die Sache nicht einfacher. Aber gerade durch starke Impulse merken wir erst, dass diese Grenzen oft weiter draußen liegen, als wir im Allgemeinen annehmen. So wächst gerade in Notlagen ein Mensch in der Regel weit über sich hinaus. Ein schöner, bildreicher Ausdruck – wir erweitern gleichsam unsere Welt, die wir für kleiner hielten.

Das heißt bei Unfällen, familiären Katastrophen, Krankheiten, oder plötzlichen Ereignissen im Urlaub oder im Beruf können uns Energien und Kräfte zufließen, die wir vorher in uns gar nicht vermutet haben. Wenn Sie einmal über sich selber nachdenken, fällt Ihnen bestimmt auch ein Geschehnis im eigenen Leben dazu ein. Solche Erfahrungen schenken Kraft für Kommendes und lassen uns reifen.

Die grundlegende Ursache für solche Fähigkeiten ist immer wieder die Angst selbst. Es ist die Angst, die Dinge nicht mehr in den Griff zu bekommen, zu versagen, und sich damit auch von der gewohnten Umgebung verabschieden zu müssen. Letztlich ist die Angst auch eine Überlebenshilfe. Verlören wir sie, wären wir möglicherweise schon nicht mehr am Leben, weil unsere Aufmerksamkeit gegenüber Gefahren stark nachlassen würde. Darum kaufen wir uns zum Beispiel auch Fahrradhelme. Angst sollte nicht nur bekämpft, sondern auch akzeptiert werden, um eines guten Lebens willen.

Denn sie gehört letztlich zu unserer guten biologischen Lebensausstattung. Das zeigt u. a. die Funktion körpereigener Botenstoffe, die in bestimmten Situationen automatisch freigesetzt werden. In Momenten der Bedrohung wird bekanntlich Adrenalin ausgeschüttet, das uns dann durch die Adern schießt und uns zu schnelleren und stärkeren Reaktionen veranlasst.

Lust und Angst als zwei Pole können sich gegenseitig verstärken. Aber gerade das macht auch ihren Reiz aus. Dadurch vermeiden wir, gelangweilt durchs Leben zu schlendern. Jede Entwicklung, jeder Reifungsschritt ist mit Angst verbunden. Alles Neue, Unbekannte, beinhaltet zugleich den Reiz des Neuen und die Lust auf das Erlebnis – wie aber auch die Angst davor. Die Angst verhilft uns nicht in unserer Entwicklung zu stagnieren und im Leben dann irgendwo stecken zu bleiben.

Darum sollten wir mit unserer Angst eine große Koalition eingehen, um dann zusammen mit ihr unser Leben regieren zu können. Entsprechend äußerte sich der Schweizer Schriftsteller Max Frisch (1911–1991) „Die Krise ist ein produktiver Zustand. Man muss ihr nur den Beigeschmack der Katastrophe nehmen."

Angst heute

Das Gefühl der Angst erleben wir sehr vielschichtig: Vom befriedigenden Schauer, der einem Kind eine zarte Gänsehaut verursacht, wenn es einen gruseligen Film schaut, bis hin zur zermürbenden Furcht vor dem Ergebnis der ärztlichen Untersuchung, nachdem bei uns ein Geschwür diagnostiziert wurde.

Die Angst kann auch etwas weniger Individuelles sein und ein allgemeines und manchmal auch chronisches Gefühl beschreiben. Sie ist dann eine eher versteckte Empfindung, die uns durch Jahre begleiten kann. Wir haben dann ein Gefühl, das wir mit vielen anderen Menschen um uns herum teilen. Der Wissenschaftsjournalist Rolf Degen sagte einmal: „Jede Zeit hat ihre eigene Angst." Als Beispiel mag ein kurzer Blick in die Geschichte dienen. Eine der Beweggründe für die Reformation war Luthers Suche nach einem gnädigen Gott. Er hatte ebenso wie seine Mitmenschen ungeheure Angst vor einem allzu strengen und strafenden Gott. Der zu dieser Zeit übliche Ablasshandel gründete auf nichts anderem als der Furcht, für seine Sünden in der Hölle schmoren zu müssen. Dahinter steckte ein Angstpotenzial, das heute kaum einer mehr wirklich nachvollziehen kann.

Auch heute zeigt die Angst ihre beiden Gesichter. Sie kann Energie für eine rettende Veränderung schenken, wie auch eine lähmende Erstarrung verursachen, die in wirtschaftliche, kulturelle und seelische Rezession führt. Ein Merkmal unserer Gesellschaft ist, dass noch nie so viele Menschen so viel zu verlieren hatten wie heute. Der Luxus, in dem wir Leben, ist uns zur Selbstverständlichkeit geworden und die Besitzstandwahrung ein offenbar ehernes Menschenrecht. Das erzeugt Stress. Wir sind uns eben immer selbst die Nächsten und ständig dabei unseren Besitz zu verteidigen. Das macht Angst, Angst vor Verlust. Umso mehr wir haben, umso größer wird die Angst. Diese Angst kann sich in übermäßigen Konsum von Alkohol oder anderer Drogen zeigen, aber auch in Steuerhinterziehungen oder exzessiven Reisen. So wird unsere Angst aus drohenden Verlusten genährt.

Als letztes schließlich und vielleicht schon eine Folge dessen und Ausdruck der sich weltweit steigernden Angst, gesellt sich seit einigen Jahren noch eine unbestimmte Terrorangst pseudoreligiösen Auswuchses hinzu. Diese hat die Angst vor Kriegen, wie etwa in der zweiten Hälfte des letzten Jahrhunderts, längst vom ersten Platz verdrängt. Der zukünftige Kampf um Platz eins auf diesem Gebiet vollzieht sich wohl zwischen religiösen Fundamentalismus, Umweltkatastrophen und Cyberkriminalität. All das hat eine Eigendynamik die schwer zu bremsen ist.

Formen der Angst

Ich möchte an dieser Stelle einen kurzen Blick auf unsere grundsätzlichen Charakterzüge werfen, die in uns bestimmte Ängste fördern oder uns gegenüber anderen Dingen wieder eine gewisse Gelassenheit schenken können.

Wenn man sich dessen bewusst ist, kann man auch achtsamer und dadurch geschützter mit den unterschiedlichsten Anforderungen, die das Leben an uns stellt, umgehen. Denn wenn wir den Dingen ins Gesicht sehen, verlieren sie an Macht über uns. Ferner wird auch unser Selbstbewusstsein gefestigt und dadurch eine der wohl am meisten verbreiteten Grundformen der Angst in ihre Schranken gewiesen: Nämlich die Angst nicht genügend geliebt zu werden.

In „Grundformen der Angst" schreibt der bedeutende Psychoanalytiker Fritz Riemann (1902–1979): „Es bleibt wohl eine Illusion ohne Angst leben zu können. Sie gehört zu unserer Existenz und ist eine Spiegelung unserer Abhängigkeiten und des Wissens um unsere Sterblichkeit. Wir können nur versuchen eigene Gegenkräfte zu entwickeln: Mut, Vertrauen, Erkenntnis, Macht, Hoffnung, Demut, Glaube und Liebe. Diese können uns helfen, Angst anzunehmen und uns mit dieser auseinanderzusetzen."

Riemann teilt die Menschen in vier Hauptgruppen ein – entsprechend ihren angeborenen oder sehr früh erworbenen Charaktergrundzügen. Wenn wir diese kennen, wird uns deutlicher, was wir als bedrohlich erfahren, weil es unseren ureigenen Grundempfindungen zuwiderläuft.

Nach Riemann gibt es schizoide, depressive, zwanghafte und hysterische Persönlichkeiten. Meine folgenden Gedanken sind inspiriert von den Erkenntnissen Riemanns. Seine Struktur verwende ich als ein Mittel sich selber vielleicht in einigen Überlegungen, die nun folgen, zu finden, um mit den eigenen Ängsten gleichsam ins Gespräch zu kommen. Wenn wir uns selber besser verstehen, werden wir auch die Kraft haben, mit unseren Ängsten umgehen zu können.

Kaum ein Mensch erfüllt nur die Merkmale eines Typs, jeder von uns trägt mehrere Schattierungen in sich. Aber manche kommen stärker zum Vorschein als andere. Sie können sich auch widersprechen.

Die *schizoide Persönlichkeit* hat es schwer Gefühl und Verstand in Einklang zu bringen. Darum fürchtet sie sich vor überschwappenden Gefühlen, die sie rational weder einordnen noch steuern kann. Dieser Persönlichkeit fällt es schwer, offene Zuneigung zu zeigen oder gar in Liebe aufzugehen. Die Liebe eines anderen droht sie zu verschlingen. Hier zeigt sich die Sorge die Dinge nicht mehr unter Kontrolle (des Verstandes) zu haben. Der Abstand gegenüber anderen Menschen muss gewahrt bleiben, weil zu viel Nähe als gefährlich wahrgenommen wird. So wird zum Beispiel ein Händedruck eher rasch vollzogen.

Im Gegenteil dazu hat die *depressive Persönlichkeit* Angst verlassen zu werden. Diese Verlustangst führt manchmal zu Scheinlösungen, weil sie eher um jener Sorge willen, als um eines anderen Menschen willen vollzogen werden. Dieser Persönlichkeitstyp ist einerseits sehr opferbereit, neigt aber auch dazu, sich der Meinung anderer schnell anzupassen. Geborgenheit erfahren und schenken wollen, kann für das Gegenüber dann manchmal zu bedrückend werden. Die depressive Persönlichkeit läuft Gefahr zu sehr zu klammern – aus Angst in einen Abgrund der Einsamkeit zu fallen. Harmonie und Ausgleich spielen eine große Rolle und alles, was das stört, macht Angst. Um das zu verhindern, ist das Einfühlungsvermögen dieses Persönlichkeitstypen, der immer geliebt werden möchte, sehr ausgeprägt.

Die *zwanghafte Persönlichkeit* hat vor allem eine Grundangst vor Vergänglichkeit. Das kann schon eine Veränderung auf dem Schreibtisch sein, bis zu einer neuen Orts- oder Berufswahl. Auch ein Partnerwechsel wird ihr überdurchschnittlich viel zu schaffen machen. Diese Persönlichkeit trägt ein hohes Sicherheitsdenken in sich und meidet möglichst jedes Risiko. Dabei ist sie andererseits sehr verlässlich. Bei unvorhergesehenen Ereignissen gerät sie schnell in Panik. Einmal getroffene Entscheidungen gelten erst einmal als unumstößlich, weil jede Änderung eine Selbstbedrohung bedeuten würde. Ferner gehören Pünktlichkeit, Ordnung und Sparsamkeit zu einem Menschen dieser Wesensart.

Die *hysterische Persönlichkeit* schließlich fürchtet sich nun wiederum vor zu viel Regeln und Ordnung, weil sie sich dann wie eingesperrt vorkommt. Sie plant wenig und liebt Freiheit und Spontaneität. Alles, was sie daran hindert, nimmt sie als bedrohlich wahr. Sie wechselt zuweilen mühelos die Partner und trägt auch in sich selbst keine klare Identität. Darum kann sich ihre Meinung schnell ändern. Bei zu viel Einengung flüchtet sie schon mal in eine Krankheit. Lebensfreude, Flirt und Rausch sind ihr keineswegs fremd. Suchtgefahr, auch Geltungssucht, als Flucht vor Zwängen ist hier nichts Ungewöhnliches. Dafür ist solch ein Mensch nicht nachtragend und vergisst auch schnell erfahrenes Unrecht.

Wird man sich darüber klar, welche der beschriebenen Merkmale auf einen selber zutreffen, kann man eigene Strategien entwickeln, um Angsterfahrungen zu vermeiden oder sich ihnen ewusst und mutig zu stellen.

Umgang mit der Angst

Im Folgenden möchte ich kurze Anregungen zum Umgang mit der Angst geben. Vieles ergibt sich schon aus dem bisher Reflektierten. So ist es zunächst am wichtigsten, sich selber der Angst zu stellen und diese sich einzugestehen. Das ist in den meisten Kulturen der Menschheit ein Problem, das folgenden anthropologischen Hintergrund hat: Wenn der Feind die Angst seines Gegners spürt, hat er ihn – durch das Gefühl der Stärkere zu sein – quasi schon besiegt. Diese archaische Muster prägen uns bis heute und hindern uns oft daran, uns unsere Angst einzugestehen. Dabei zeugt es gerade von Mut, sich und anderen eingestehen zu können, das man Angst hat. Entsprechend wächst uns durch mutiges Handeln neuer Mut und neue Kraft zu.

Denn das Verdrängen der Angst macht sie stärker, sie wird chronisch und kann schließlich Auslöser verschiedenster Krankheitssymptome werden. Das beginnt mit Hautkrankheiten und Schlafstörungen und endet nicht selten mit einem Herzinfarkt. Und noch schlimmer: Aus verdrängter Angst können Terror und Kriege entstehen.

Ein guter Umgang mit der Angst bedeutet, sie nicht zu leugnen, sondern sie anzuerkennen, sie zu respektieren. Erst wenn ich der Angst ins Gesicht schaue, verliert sie etwas von ihrem Schrecken. Praktisch heißt das, gleichsam mit mir selber darüber zu reden, das Geschehen fest ins Auge zu fassen, die Gründe zu erkennen, die Folgen wahrzunehmen, meine Reaktionen, schon bevor sie eintreten, vorauszusehen. Außerdem ist es wichtig, die Sicht anderer Menschen darüber kennen zu lernen. Man wird über die Solidarität anderer und ihrer oft ähnlichen Erfahrungen neue Kraft bekommen, wie auch über die Erkenntnis, dass andere Menschen mir Angst machende Erlebnisse völlig angstfrei und gefahrlos durchleben können.

Überhaupt schenkt mir der offene Austausch Vertrauen und dadurch auch ein höheres Selbstwertgefühl. Neues Grundvertrauen und erfahrbare Geborgenheit können wachsen. Denn die unverarbeitete Angst kann schlimmer sein, als das, wovor wir eigentlich Angst haben, wenn es denn wirklich geschieht.

Das ganze lässt sich dann auch noch mit sportlichen Aktivitäten unterstützen. Denn wenn der Körper agiler wird, wächst parallel dazu meistens auch die seelische Kraft.

Letztlich ist jeder zuerst selber gefragt, sich seiner Angst zu stellen und sich gegebenenfalls persönliche oder je nachdem auch professionelle Hilfe zu holen. Eine Lösung gibt es fast immer.

Angst aus christlicher Perspektive

In der Bibel wird in ungewöhnlich offener Weise über Angst gesprochen. In den Psalmen wird sie sehr häufig zum Thema gemacht, ausgesprochen und vor Gott offen gelegt. Aber auch im

Neuen Testament wird immer wieder die Angst der Menschen beschrieben, nicht zuletzt die der Jünger während des Passionsgeschehens. Der Höhepunkt diesbezüglich ist wohl die Schilderung der Angst von Jesus, der gleichsam vor Furcht gegenüber dem Bevorstehenden Blut schwitzte.

Diese offene Beschreibung der menschlichen Angst, sogar bei Jesus, dem Sohn Gottes, zeigt uns: Der Glaube und das Vertrauen in Gott kann den Menschen sehr mutig und offen machen. Es ist gleichsam eine Ermutigung gegenüber der eigenen Angst. Die Angst kann dann nicht mehr zur Existenzbedrohung werden. Gott ist in der Bibel nun eine Größe, die nicht als ein Gegner auftritt. Auch wenn sie dunkle und für den Menschen völlig ungreifbare Seiten hat wie das Schicksal überhaupt. Darum wird auch immer wieder die Angst des Menschen gegenüber Gott zur Sprache gebracht. Besonders im Buch Hiob, aber auch an vielen anderen Stellen: thematisiert wird das Gefühl des Ausgeliefertseins. Das spiegelt sich noch im Begriff der Gottesfurcht, deren Wurzel die Erkenntnis unserer eigenen Unvollkommenheit ist. Niemand ist fehlerlos, immer wieder geht etwas schief in unseren Leben. Das verunsichert – gerade auch gegenüber Gott, vor dem wir möglicherweise unser Leben verantworten müssen. Nach menschlichem Ermessen kann das in vieler Hinsicht nur seinen Zorn verursachen. Gerade bei den hohen Idealen, die uns besonders auch im Neuen Testament ans Herz gelegt werden.

Nun zieht sich aber durch die Bibel ein Akzent, der über allem steht. Er ist für uns nicht leicht nachvollziehbar, weil wir anders sind und anders handeln. Paulus beschreibt ihn knapp in dem Satz: „Nun aber bleiben Glaube, Hoffnung, Liebe. Aber die Liebe ist die Größte unter ihnen." (1 Korinther 13,13)

Es mutet fast merkwürdig an, dass gerade in einem Glaubensbuch die Liebe noch vor den Glauben gestellt wird, dieser sich also immer an ihr messen lassen muss. Bei Johannes heißt es dann: „Gott ist Liebe. Wer in der Liebe bleibt, bleibt in Gott und Gott in ihm." (1 Johannes 4,16)

Plastisch wird es im Gleichnis Jesu von jenem jungen Mann, der nach seinem völligen Versagen nach Hause zurückschleicht, bevor er verhungert wäre. Und sein Vater umarmt ihn trotzdem liebevoll. Weil er zurückfand, richtet er ihm sogar ein großes Fest aus.

Das kann nur eine grenzenlose Liebe vollbringen, eine Liebe, die in ihrem Handeln nicht mehr die Fehler und Schwächen des anderen akzentuiert, sondern diese gleichsam durch ihre Kraft tilgt. Das ist übermenschliches Handeln und Denken. Darum trauen sogar manche Christen dieser Konsequenz nicht so ganz, da ihnen ein solches Handeln als eine Zumutung erscheint.

Gott lässt sich aber nicht vermenschlichen. Gerade hier offenbart sich das Göttliche, die bedingungslose Liebe in einer Form, zu der wir Menschen im Allgemeinen nicht fähig sind. Gott steht in einer Weise über den Dingen, die wir nur in äußerster Schlichtheit berühren können. Dann aber auch ganz zärtlich: Da darf zuerst das Herz sprechen und nicht der Verstand: Jesus hat uns erlaubt Gott Vater, ja Papa, Abba zu nennen.

Das beschreibt zugleich eine Beziehung, die über allen Taten steht. Denn ein wirklich liebender Vater wird hinter seinem Kind stehen – auch wenn es ihn enttäuscht hat. Jesus will uns begreifbar machen, dass wir von Gott adoptiert wurden, gleichsam ein Stück seiner selbst sein dürfen.

Wenn wir uns das klar machen, dann kann hier einer Grundangst des Menschen der Wind aus den Segeln genommen werden: Nämlich der Angst nicht genug geliebt zu werden.

Darüber hinaus findet der gläubige Mensch hier noch ein mindestens genauso gewichtiges Element für seine Lebensstabilität: Ihm wird zugesagt, dass der Tod nicht der letzte Vorhang seiner Existenz ist. Schließlich ist der andere Grundpfeiler der Angst der Existenzverlust, der Tod.

So darf man sagen: Wenn du Gott zum Freund hast, wirst du am Ende jede Angst besiegen können. Und du wirst dich getragen fühlen, wie in der Geschichte von den Lebensspuren im Sand an der Seite von Jesus: wenn nur noch eine Spur zu sehen ist, trägt dieser dich in deiner Not auf seinen Schultern.

Neid – das versteckte Gefühl

*I*n meinem Lexikon der Psychologie (Hgg. W. Arnold, H. J. Eysenk, R. Meili) las ich im zweiten Band unter dem Stichwort „Neid": „Neid ist der Wunsch, ein anderer möge über bestimmte Attribute im geringeren Maß verfügen, als man selber. Im Besonderen kann es genügen, dass man selbst über das gleiche Attribut bestimmt oder der andere das seinige verliert."

Mehr stand dort nicht und mir kam es so vor, als ob der Neid sich selbst in einem psychologischen Lehrbuch zu verstecken scheint. Wir wollen versuchen ihn zu finden und uns selber dabei vielleicht auch etwas näher zu kommen.

Woher kommt eigentlich dieses scheinbar so nutzlose und uns doch immer wieder bestimmende negative Gefühl? Welcher Dämon steigt da eigentlich aus der Tiefe unserer Seele empor und wie sollen wir ihm begegnen? Haben wir selber dabei eine Chance?

Was, wenn mein Neidgefühl offenbar würde? Mit Verständnis könnte ich nicht rechnen, obwohl viele Menschen in unserer Gesellschaft Neid aus eigener Erfahrung kennen. Denn Neid gilt als Stigma des zu kurz Gekommenen, Hinterhältigen, Intriganten.

Neid ist nicht nur eine Erscheinungsform unserer modernen Gesellschaft, er plagt die Menschheit schon so lange es sie gibt. Schon Herodot (ca. 490–420) wusste: „Neid lässt die Seele welken bis sie vertrocknet stirbt." Der Kirchenvater Augustinus (354–430) drückt seine Wahrnehmung gut 600 Jahre später in folgendem Bild aus: „Wie das Eisen vom Rost, so wird der Neider von seiner Leidenschaft zerfressen."

Später führt die katholische Kirche den Neid in der Gruppe der Todsünden auf, in Luthers kleinem Katechismus befassen sich sogar gleich zwei Gebote mit ihm. So wird dem Neider auch noch die Erlösung genommen. Aber bliebe der Himmel da nicht am Ende leer?

Das versteckte Gefühl in mir

Wir werden entdecken, dass Neid viele Schattierungen hat. Meist sicher eher belastende, wie folgendes Beispiel zeigt: Ein guter Freund hat einen Riesenerfolg. Doch man kann sich nicht richtig mitfreuen. Man lächelt gequält und gratuliert. Sich bloß nichts anmerken lassen, heißt die Devise. Wir halten uns selber für gestört: Es ist doch dein bester Freund! Warum gönnst Du ihm diesen Erfolg nicht einfach? Aber gar nichts scheint hier einfach, wenn der Neid aus der Tiefe meiner Seele aufsteigt.

Soll ich ihm das ehrlich offenbaren? Das geht auf keinen Fall. Das wäre die reinste Kapitulation. Was denkt der dann von mir!

Und so schließt sich der Teufelskreis: Der Neid bleibt eingesperrt in meiner Seele und kann sich dort erst recht austoben. Neid ist ein noch größeres Tabu als es früher die Sexualität war.

Wir rümpfen die Nase über die anderen und tun so, als ob wir nichts damit zu tun hätten. Aber wer steht dem Neider bei? Er stünde alleine da und würde, sollte er sich offenbaren, als Außenseiter geächtet. Deshalb reden wir uns die Dinge schön und suchen den Fehler lieber bei anderen, denn die Jagd nach Opfern ist die beste Ablenkung von uns selbst. Dabei köchelt der Neid weiter vor sich hin und überlegt sich, wie er, gut begründet mit allerlei Scheinheiligkeit, dem beneideten Opfer das Leben schwer machen kann.

Zufrieden ist jedoch keiner mit seinem Neid. Warum lassen wir uns dann immer wieder neu von ihm quälen? Der Neid nützt doch niemanden und am wenigsten uns selbst!

Ein Kreislauf von Ursachen und Reaktionen

Wie entsteht Neid? Warum sind wir neidisch und wo liegen die Ursachen? Oft liegen die ersten Ursachen dieses unangenehmen, destruktiven Gefühls schon in der frühen Kindheit verborgen: Eltern weisen bei ihrer Erziehung zu stark auf die Schwächen ihres Kindes hin und vergleichen dieses mit anderen Kindern oder Geschwistern und stellen die Vorzüge jener heraus. „Wann lernst du endlich richtig schwimmen, schau, der Peter springt sogar schon allein ins Wasser!"

Welche Folgen das haben kann, was eigentlich zu höherer Leistung animieren sollte, ist sich kaum eine Mutter oder ein Vater bewusst. Beim Kind kann sich dann lebenslang unbewusst die Angst einwurzeln, schlechter als die anderen abzuschneiden. Das ist der Nährboden für den wachsenden Neid. Weiter geht es in der Schule mit Blick auf die besseren Noten des Freundes und setzt sich fort beim größeren Auto des Nachbarn oder der exklusiveren Reise des Kollegen. Es versetzt uns einen Stich ins Herz, wenn der Schreibtischkollege befördert wird oder eine Gehaltsaufbesserung bekommt. Tatsächlich reicht manchmal eine wohlwollende, lobende Bemerkung des Chefs, die an den Kollegen gerichtet ist und nicht an mich.

Bei Menschen außerhalb unseres konkreten Umfelds empfinden wir keinen Neid – prominente Politiker, Sportler, Künstler oder andere Personen des öffentlichen Lebens befinden sich auf einer anderen Ebene und sind so keine unmittelbaren Konkurrenten.

Es müssen also ganz bestimmte Faktoren vorhanden sein, die das Neidgefühl bei uns auslösen können:

1. Der Neider muss selber Fähigkeiten oder Möglichkeiten haben, die dem des Beneideten ähnlich sind.

2. Damit der Neid sich gut entfalten kann, müssen auch die beneideten Dinge oder Fähigkeiten mit den persönlichen Interessen in Einklang stehen.
3. Zwischen dem Beneideten und dem Neider muss eine soziale Nähe bestehen. Beide müssen sich in bestimmten Beziehungen ähneln. Selbst wenn ich Geige spielen könnte, würde ich Anne-Sophie Mutter wegen ihres Spielens nicht wirklich beneiden. Genauso wenig interessiert mich das Vermögen der Aldi-Brüder.

Vielleicht wird jetzt langsam deutlich, warum der Erfolg von bestimmten Menschen – oft sogar aus unserem unmittelbaren Freundeskreis – wehtun kann bzw. unseren Neid weckt. Trotzdem: Warum ist es uns nicht einfach egal oder warum können wir uns nicht ehrlichen Herzens mit den anderen freuen? Es wird doch immer reichere oder klügere Menschen geben als uns. Doch durch unseren Neid werden wir nicht reicher, sondern höchstens ärmer, weil wir uns dann nicht mehr so richtig über unsere eigenen Fähigkeiten oder unser Vermögen freuen können.

Um diese Fragen zu beantworten, müssen wir noch tiefer in unsere Seele herabsteigen. Ein neuer Problemkomplex wird sich hier auftun. Es ist die Selbstwertbedrohung: hier geht es an unsere Substanz.

Wir können davon ausgehen, dass jeder Mensch neben dem Wissen über seine Umwelt auch Vorstellungen von seinen eigenen Fähigkeiten und Grenzen hat. Mit diesen Vorstellungen entwerfen wir unser Selbstbild. Ein gewichtiger Teil dieses Materials besteht aus Vergleichswerten. Es sind Vergleiche gegenüber den Eltern und Geschwistern, Freunden und Bekannten. Aus diesem erstellten Selbstbildnis erwächst unser Selbstwertgefühl, das ein bestimmtes Selbstbewusstsein zur Folge hat. Jeder strebt danach, hier ein hohes Niveau zu erreichen, um sich in der Gesellschaft durchsetzen zu können.

Eine erzwungene Korrektur nach unten wird immer schmerzlich sein. Darum versuchen wir sie mit allen Mitteln zu vermeiden. Da bei der Selbsteinschätzung der Vergleich mit anderen immer eine große Rolle spielt, handelt es sich um eine heikle Angelegenheit. Das zeigt sich besonders im Phänomen der Eifersucht, der Schwester des Neids.

Hinzu kommt, dass sich im Laufe der Jahre bei uns besondere persönliche Werte entwickeln: Während der eine auf einen schöner Körper oder schicke Kleidung setzt, legt ein anderer Wert auf Geist und Verstand, ein Dritter konzentriert sich auf sportliche Leistungen und anderen wiederum geht es nur noch um Luxus und Reichtum. Man könnte diese Reihe beliebig fortsetzen.

Begegne ich nun jemanden, der auf meiner Werteskala eine Eigenschaft hat, die bei mir ganz oben steht, trete ich in Konkurrenz mit ihm. Wenn ich dabei verliere, steigt der Dämon des Neides in meiner Seele hoch und dringt in mein Bewusstsein vor – und ich bin wehrlos.

Neid ist also eine gewisse Selbstwertbedrohung. Das führt zu Aggression auf beiden Seiten. Jeder verteidigt seine Existenz. Beide Seiten fühlen sich bei Offenlegung der Lage bedroht.

Dabei entsteht folgendes Gefühl: Der Beneidete denkt: „Der gönnt mir das ja nicht!" Und der Neider entwickelt Strategien, die bloß nicht seine vermeintliche Schwäche offenbaren. Das vollzieht sich meist auch mit Mitteln des Selbstschutzes:

1. Ein Hinweis auf die Schattenseiten des fremden Besitzes oder der fremden Unternehmung: „Der Urlaub in Ägypten ist viel zu gefährlich, da gibt es zur Zeit nur Unruhen!"
2. Wir werten Fremdes ab: „So eine Auszeichnung bekommt sowieso jeder, der zehn Jahre in der Firma ist."
3. Wir richten uns eine strategische Werteordnung ein: „Wirklich glücklich sind nur die Besitzlosen. Geld macht abhängig und geizig!"

4. Wir betonen die Schwächen des anderen: „Sie mag fachlich ja besser sein, aber charakterlich ist sie ein Schwein!"
5. Schließlich kann uns nur noch unsere Fantasie retten: „Wenn ich wollte, könnte ich das ja auch erreichen, aber ich will nicht!"
6. Und am Ende: Der andere hat seine Dinge ja doch nur auf unmoralische oder gar kriminelle Weise erreichen können.

Gefährlicher Neid

Der Umgang mit der Konfrontation von Unerreichtem oder der Bevorzugung anderer durch die eben beschriebene Selbstberuhigung mag im Grunde harmlos sein. Doch leider greifen wir manchmal auch zu anderen Mittel, die in ihren Konsequenzen weniger harmlos sind.

Wenn ich mit meinen Gefühlen nicht mehr fertig werde und sie mich zu sehr quälen, greife ich zum letzten Mittel: Der Zerstörung fremden Besitzes.

Das kann damit beginnen, dass ich mit einem Schlüssel den Lack des teuren Wagens meines Nachbarn zerkratze und kann damit enden, dass Freundschaften durch Gerüchte, Andeutungen und Unterstellungen zerstört werden.

Wenn ich es nicht schaffe, einen geistigen Rollentausch vorzunehmen, merke ich mein eigenes, gefährliches Verhalten nicht einmal. Denn hätte ich selber eine Reise nach Ägypten gewonnen oder mir ein neues Auto gekauft, fielen mir nur noch die Vorteile jener Unternehmungen auf. In dem Falle hätte ich auch nicht die Absicht, anderen damit zu schaden.

Das heißt, im Neid mobilisieren sich meist unbewusst Aggression und Kampfbereitschaft gegenüber einem Gegner, der gar nicht die Absicht hat, einer zu sein. Er wird es aber durch mein provozierendes Handeln.

Auf diese Weise wird Neid zu einem extrem selbstschädigenden Gefühl. Das führt nicht nur zu gesundheitlichen Beeinträchtigungen, sondern auch zur Zerstörung meines sozialen Netzes. Denn leider blüht der Neid erst recht gegenüber den mir besonders nahestehenden Menschen. Das wird nicht zuletzt bei Erbstreitigkeiten, aber auch bei zivilrechtlichen Klagen deutlich.

Besonders kompliziert wird die Angelegenheit dadurch, dass in der Regel nicht der Besitz als solcher geneidet wird, sondern die Freude, die sein Besitzer im Umgang mit ihm erlebt. Man beneidet den anderem um sein Glück und seine Zufriedenheit. Das macht die Sache erst recht peinlich. Denn meine Wut darüber wird niemand verstehen, sondern nur verurteilen. So wird der Neider zur einsamen, bedauernswerten Figur.

Um das abzuwehren, kann ich praktisch nur noch mit irgendwelchen Unterstellungen und Verdrehungen arbeiten, an die ich am Ende dann sogar selber glaube. Denn sonst müsste ich mich vor mir selber schämen. Die Konsequenz aus einer solchen Neid-Reaktion ist die Flucht nach vorne, indem der Neider mit allen ihm zur Verfügung stehenden Mitteln versucht zu verhindern, dass der andere sein Leben genießen kann.

Da es sich hier um ein Tabuthema handelt, kann dem Neider von außen nicht geholfen werden und der Teufelskreis schließt sich. Die Folge ist eine dadurch ausgelöste Einsamkeit, die bei Wiederholung oder Erfolglosigkeit jener Strategie zu Depressionen und Minderwertigkeitsgefühlen führt oder, bei Erreichen des Zieles, zu schlechtem Gewissen – mit ähnlichen Folgen. Hier schließt sich wieder ein Teufelskreis. Was man auch macht, es führt zu keinem befriedigenden Ziel.

Man kann ein solch ausgeprägtes Neidgefühl als schleichende Selbstvergiftung bezeichnen. Doch wie kann man dem im Vorfeld vorbeugen?

Raus aus der Neid-Falle – worauf wir achten müssen

Neider sind meist Menschen, deren Selbstbild auf einer Fehleinschätzung beruht. Sie schauen meist auf die Dinge, die sie nicht oder noch nicht erreicht haben. Dabei übersehen sie, was ihnen in ihrem Leben schon gelungen ist. Mit dem „Noch nicht" oder „Nie" leben ist vergleichbar mit einem stetigen Blick ans andere Ufer.

Schon der Psychologe und Philosoph Erich Fromm (1900–1980) hat in seinem bekannten Buch „Haben oder Sein" auf diese Falle der modernen Gesellschaft aufmerksam gemacht. Es kann krank machen, seine Existenz auf eine chronische Fehleinschätzung der eigenen Möglichkeiten aufzubauen. Wir müssen also mehr auf die Qualität unserer möglichen Gefühle gegenüber dem, was wir sind und haben, achten und nicht nur an mögliche Gefühle denken gegenüber dem, was wir haben könnten.

Ein konkretes Beispiel aus eigener Erfahrung: Wir hatten eine Segeltour durch die Galapagosinseln gebucht. Ein halbes Jahr freuten wir uns darauf und lasen schöne Bücher zur Vorbereitung der Reise, die zwei Monate vor Antritt wegen örtlicher Unruhen storniert werden musste. Ich wurde zutiefst bedauert, da wir uns so sehr auf diese Reise gefreut hatten. Dabei kann uns aber genau diese Freude, die unser Leben viele Wochen begleitet hat, niemand mehr nehmen!

Es kommt also darauf an, im Vorfeld seine Möglichkeiten richtig einzuschätzen und aus ihnen das Bestmögliche herauszuholen. Dabei ist es wichtig, sich auf der Schwelle des Augenblicks niederzulassen, um diesen auch zu genießen. Das einzige, was uns wirklich gehört, ist das Heute. Denn Zeit ist wie Sand, der uns zwischen den Fingern durchrieselt.

Den Unterschied zwischen Planung und Wirklichkeit erleben viele Menschen besonders zu Weihnachten aber auch bei Urlaubsreisen. Wenn wir hier immer wieder Enttäuschungen erleben, bleibt uns nur noch der Blick auf das Glück anderer, die Quelle allen Neids!

Es geht also darum, zwischen Ideal und Realität die Balance zu halten. Dabei kann ich lernen, mit dem Mangel zu leben. Dabei helfen kann uns, Orte im Leben aufzuspüren, wo wir unsere Fähigkeiten beweisen können. Damit verringern wir von vornherein die Möglichkeit wachsenden Neids.

Neid – eine biblische Antwort

Ich denke es wird Zeit, dass wir abschließend auch einen Blick in die Bibel werfen – ein Buch, das unsere Gesellschaft seit Jahrhunderten prägt, insbesondere in ihrer Spiritualität, ihren Moralvorstellungen und ihrer Kultur.

Tatsächlich bietet dieses 2000 Jahre alte Buch mehr Antworten über Umgangsmöglichkeiten mit dem Phänomen Neid, als man zunächst vermuten würde.

Ich möchte einige wenige Beispiele herausgreifen, die Urgeschichte im Buch Genesis, das Gleichnis vom verlorenen Sohn im Lukasevangelium und das Gleichnis von den Arbeitern im Weinberg des Herrn im Matthäusevangelium.

Die Urgeschichte

Die ersten elf Kapitel der Bibel werden so bezeichnet, weil sie in sich eine Ur-Wahrheit tragen, die zeitlosen Charakter hat und nicht als historische Geschichte zu werten ist. Es sind zeitlose Aussagen über den Menschen und sein Verhältnis zu Gott.

Den Kapiteln entnehmen wir drei Episoden, die Sie sicher auch kennen.

Adam und Eva

Das erste Menschenpaar ist noch allein im Paradies. Wen sollten sie da beneiden? Eigentlich bleibt da nur Gott – darauf weist sie die listige Schlange hin: Hat Gott wirklich gesagt, ihr dürft von den Früchten dieses Baumes nichts essen?" „Nein, ihr werdet nicht sterben. Gott weiß vielmehr: Sobald ihr davon esst, gehen euch die Augen auf; ihr werdet wie Gott und erkennt Gut und Böse." (Genesis 3,4f)

Ja, das erscheint beneidenswert, wer könnte da widerstehen! Offensichtlich haben wir uns aus Neid das Paradies verscherzt ... Als sich Adam seines Neidgefühls bewusst wurde, nagte in ihm sofort das schlechte Gewissen und er versteckte sich. Und Gott musste Adam rufen: „Wo bist du?" (Genesis 3,9)

Kain und Abel

Der Herr blickte freundlich auf das Opfer von Abel. Anstatt, dass Kain sich mit Abel darüber freute, erbleichte er vor Neid und sah dann rot: „Der HERR schaute auf Abel und seine Gabe, aber auf Kain und seine Gabe schaute er nicht. Da überlief es Kain ganz heiß und sein Blick senkte sich. Der HERR sprach zu Kain: Warum überläuft es dich heiß und warum senkt sich dein Blick? Ist es nicht so: Wenn du gut handelst, darfst du aufblicken; wenn du nicht gut handelst, lauert an der Tür die Sünde. Sie hat Verlangen nach dir, doch du sollst über sie herrschen. (Genesis 4,4–7)

Da redete Kain mit Abel, seinem Bruder. Als sie auf dem Feld waren, erhob sich Kain gegen Abel, seinen Bruder, und tötete ihn. Und Gott blieb bloß wieder die Frage: Wo ist dein Bruder Abel? (Genesis 4,9)

Der verlorene Sohn

Was hat denn dieser, schon mehrmals erwähnte verlorene Sohn, nun auch noch mit Neid zu tun? Der arme Kerl, der sich so in der Welt verirrte und schließlich nur noch die Alternative zwischen Untergang und Rückkehr hatte?

Aber um diesen geht es auch gar nicht, sondern um den anderen. Denn der ist der eigentlich verlorene Sohn. Der Rückkehrer, der Asylant, ist der Gewinner. Darum ist auch der Bruder die verdrängte und unbeachtete Randfigur, während wir uns mit dem gescheiterten Globetrotter freuen.

Diese scheinbar bedeutungslose Randfigur ist der eigentliche Verlierer. Obwohl er Jahre der Zufriedenheit erlebte, der Chef im Hintergrund war, die Firma erben würde und sich daran auch nichts ändern sollte. Doch er krümmt sich vor Neid, als er sieht, wie dem Versager so viel Glück widerfährt. All die Feste die er selber in den letzten Jahren erleben durfte, sind vergessen. Neid presst seine Brust zusammen. Und als der Vater hinter ihm her läuft, schlägt er die Türe vor seiner Nase zu. Hass und Groll beherrschen ihn ganz, anstatt sich mit seinem Bruder, der sich zur Heimkehr überwunden hat, zu freuen.

Der Bruder verträgt es nicht, dass der Vater aus Liebe gegenüber seinem jüngeren Sohn, etwas gibt, was dieser nicht verdient hat, sondern nur geschenkt bekommt. Das ist zu viel Liebe! Der Alte spinnt doch!

Plötzlich ändert sich sein Leben, obwohl es sich gar nicht geändert hat. Nur in seinem Kopf ändert sich etwas – er scheint vor Neid zu platzen. Das macht ihn depressiv und der Vater wird viel Geduld haben müssen ...

Die Ungerechtigkeit Gottes

Im 20. Kapitel des Matthäusevangeliums finden wir das Gleichnis von den Arbeitern im Weinberg. Im Laufe eines Tages ordert ein Weinbauer mehrmals Helfer und macht gleich morgens einen überdurchschnittlich guten Lohn mit ihnen aus. Mehrmals am Tag holt er einige dazu, die froh sind, noch arbeiten zu können und gar nicht erst nach der Bezahlung fragen.

Abends zahlt er alle aus. Jeder könnte absolut zufrieden sein über diesen Tag. Doch da hört einer der Ganztagsarbeiter, dass diejenigen, die erst später dazu kamen, das gleiche Geld bekommen wie er selber. Und plötzlich verwandelt sich der hervorragende Stundenlohn von 20 Euro in einen herben Verlust. Die anderen bekommen das Gleiche für viel weniger Arbeit! Wir werden den Unternehmer verklagen! Der Neid kocht plötzlich nur so hoch. Der Weinbergbesitzer steht für Gott, den einem von ihnen erwiderte: „Freund, dir geschieht kein Unrecht. Hast du nicht einen Denar mit mir vereinbart? Nimm dein Geld und geh! Ich will dem Letzten ebenso viel geben wie dir. Darf ich mit dem, was mir gehört, nicht tun, was ich will? Oder ist dein Auge böse, weil ich gut bin?" (Matthäus 20,13–15)

Gottes Freundlichkeit rechnet nicht nach Anspruch und Verdienst. Jedem wird Gott gerecht, mache das Gute, um des Guten Willen und nicht wegen der Belohnung. Und beneide nicht andere um ihr Glück. Jedem wird Gott gerecht, indem er ihm gibt, nicht, was er verdient, sondern was er braucht!

Ich denke, das sollten wir, um unseres eigenen Glückes willen, immer wieder im wahrsten Sinn des Wortes beherzigen.

Dankbarkeit – Basis für Zufriedenheit

Kann man Dankbarkeit lernen?

*D*ankbarkeit ist ein Zustand, eine Empfindung, die über mich kommt wie ein warmer Regen oder eine verliebte Begegnung. Solche Erfahrungen lassen sich doch eigentlich nicht erlernen. Sie kommen und gehen wieder.

In gewisser Weise ist das auch bei dem Gefühl der Dankbarkeit so. Das macht es uns auch so schwer, richtig damit umzugehen. Mit etwas richtig umgehen heißt auch lernen, es in seinem Sinn zu manipulieren. Kann man also Dankbarkeit lernen?

In gewisser Weise ja. Wie, das werde ich im Folgenden erläutern und auch warum es in vielen Bereichen unseres Lebens wichtig ist, dankbar zu sein.

Das Gefühl der Dankbarkeit steuert unser seelisches und körperliches Befinden, wie kaum ein anderes. Deswegen spielt dieses Gefühl auch in allen Religionen eine zentrale Rolle.

Lernen scheint so gar nicht in diesen Zusammenhang zu passen, fällt uns hier doch eher die mühsame wie gekünstelte Erziehung zum „Danke-sagen-lernen" ein: „Wie sagt man da?" „Ach so ja, danke!"

Damit fängt alles Unglück an. Dankbarkeit verkommt zu einer automatischen Floskel, die mit einem ehrlichen Herzensgefühl nichts mehr zu tun hat. Ein artiges „Danke" hat nichts mit der Dankbarkeit zu tun, die Cicero (106–43) meinte: „Dankbarkeit ist nicht nur die größte aller Tugenden, sondern letztlich die Mutter von allen."

Und wenn man dem Philosophen und Pädagogen Jean-Jacques Rousseau (1712–1778) glauben darf, muss es uns geradezu zur Pflicht werden, auf dem Gebiet der Dankbarkeit fit zu sein:

„Dankbarkeit ist eine Pflicht, die erfüllt werden sollte, die aber zu erwarten keiner das Recht hat!" Das klingt kompliziert, doch vielleicht hilft ein Blick auf die japanische Methode der Selbstbeobachtung. Asiaten sind ohnehin sehr dankbare Menschen. Sie pflegen die Dankbarkeit auch in ihrer Kultur und Religion.

Die Selbstbeobachtungsregeln im so genannten Naikan (sanfter Weg der Selbsterkenntnis) basieren auf drei Beobachtungssequenzen:

– Was habe ich bekommen?
– Was habe ich gegeben?
– Welche Probleme oder Schwierigkeiten habe ich bereitet?

Dankbarkeit erfordert also eine ganz bewusste Aufmerksamkeit und Reflexion. Ansonsten verfallen wir in eine äußerst subjektive Sicht der Dinge, die nicht nur uns selber frustriert, sondern auch noch andere verletzen kann. Vieles streichen wir aus unserem Bewusstsein und aus unserer Wahrnehmung und konzentrieren uns nur auf bestimmte Dinge. Wie ein kleines Kind, das sich zu Weihnachten etwas ganz bestimmtes gewünscht hat, sein sehnlichster Wunsch aber nicht erfüllt wird und es deshalb traurig und undankbar ist. Viele von uns landen ähnlich wie das Kind in dieser Sackgasse der Undankbarkeit.

An fehlender Dankbarkeit leiden auch viele Beziehungen, insbesondere in Ehe und Familie. Hier nehmen wir vieles zu selbstverständlich. Vom fertigen Frühstück über die gewaschene Wäsche bis zur erledigten Post. Alles scheint für sich banal, aber das Leben setzt sich nun mal aus solchen Kleinigkeiten zusammen. Oder das Gefühl: „Das steht mir doch zu!" was wir besonders auch gegenüber staatlichen Leistungen empfinden, unterdrückt jegliches Gefühl der Dankbarkeit in uns. Damit ist eng der Gedanke verbunden: „Der tut ja nur seine Pflicht!" All das verdirbt unsere Freude an dem, was wir empfangen. Ebenso spielt die Frage „Was habe ich gegeben?" im Zusammenhang mit der Dankbarkeit eine große Rolle.

Andererseits denken wir gerade im privaten Bereich viel zu oft: „Der andere wird schon wissen, dass ich ihm dankbar bin!" Nein, er möchte es hören! Hier brauchen wir nichts zu verschweigen und tun es dennoch viel zu oft.

Der amerikanische Psychologe Timothy Miller (*1944) hat ein Vier-Schritte-Modell entwickelt, dass uns beim Lernen der Dankbarkeit helfen könnte:

- Identifiziere nichtdankbare Gedanken.
- Formuliere dankbare Gedanken.
- Ersetzte mit der Zeit die nicht-dankbaren Gedanken durch dankbare. Es gibt genug Anlässe.
- Übertrage die Gefühle, die du dabei hast, schließlich in Handlungen.

Diese Tagebuchmethode hat schon vielen Menschen, die unter depressiven Frustrationen litten, geholfen. Wie wichtig es für die alltägliche Lebenspraxis ist, seine Gedanken diesbezüglich zu kanalisieren, zeigt eine Studie der Dominican University in Kalifornien.

Zehn Wochen lang sollten mehrere Studenten Tagebuch führen. Sie notierten ihre körperlichen Beschwerden und ihre emotionale Befindlichkeit, sowie ihren Gesundheitszustand und ihr, die Gesundheit beeinflussendes Verhalten (Sport, Alkohol, Nikotin usw.) Dazu sollten sie einmal pro Woche ihr augenblickliches Lebensgefühl beschreiben.

Die Testpersonen wurden in drei Gruppen eingeteilt. Ein Drittel wurde gebeten, wöchentlich fünf Ereignisse zu beschreiben, die sie am meisten beschäftigten – die sogenannte „neutrale Gruppe". Ein zweites Drittel sollte fünf unangenehme Stresssituationen beschreiben, die sogenannte „Stressgruppe". Die dritte Gruppe sollte für jede Woche fünf Dinge aufzählen, für die sie besonders dankbar waren.

Nach einem viertel Jahr konnte man feststellen, dass die Gruppe der „Dankbaren" sowohl hinsichtlich ihrer subjektiven Befindlichkeit wie auch ihrer Gesundheit bzw. ihres Medikamentenverbrauchs deutlich besser abschnitt als die beiden anderen Gruppen.

Grund genug für uns, uns auch auf die Suche nach einem guten Leben zu begeben.

Das Gute suchen

Wenn wir bewusst die Aufmerksamkeit auf das Gute im Leben lenken, gibt es automatisch weniger Platz das, was uns verbittern kann. Das hat mit der Grundleistung unseres Gehirns etwas zu tun, dessen größte Leistung es ist, Dinge auszuwählen und so vieles gar nicht erst in unser Bewusstsein zu lassen. Dabei kann es passieren, dass wir mehr oder weniger bewusst unsere Aufnahmekapazität eher auf das Belastende richten oder auf das Erfreuliche.

Wie zum Beispiel die Menschen, die eher die berühmte Leere des Glases anstarren, als sich auf seine Fülle zu konzentrieren.

Unser Ich setzt sich aus den Gedanken zusammen, die uns bewusst sind. Das entspricht dann unserem augenblicklichen Lebensgefühl. Wenn gerade Leere herrscht, geht es uns natürlich auch nicht gut. So wird mir dann auch wenig einfallen, wofür ich dankbar sein kann.

Selbst wenn wir im normalen Alltagstrott immer wieder mit belastenden Situationen konfrontiert werden – Zukunftsängste, Leistungsgrenzen, Missverständnisse, Unwohlsein, und viele andere Stressfaktoren – können wir unser Leben unter einen größeren Horizont stellen.

Interessanterweise sind religiöse Menschen dankbarer als nichtreligiöse. Sie haben in der Regel einen anderen Zugang zum Sinn des Lebens.

Wenn es uns gelingt, einen Weg zu finden, das Gute im Leben mehr zu entdecken und es uns täglich bewusst zu machen, dann schlafen wir besser, haben weniger körperliche Stresssymptome, weniger depressive Verstimmungen und legen letztlich sogar weniger Wert auf materielle Güter als undankbarere Menschen. Dankbare Menschen messen ihren eigenen Wert und den Wert anderer weniger an ihrem Besitz, Status oder Erfolg und sind in der Regel weniger neidisch. Sie entwickeln das Gefühl, an einem sinnvollen Platz in der Welt zu sein, ihre Existenz ist das größte Geschenk.

Das Gute wahrnehmen und Dankbarkeit entwickeln ist gar nicht so schwierig wie es manchmal scheint. Man muss nur seinen schmalen Horizont durchbrechen und sich bewusst machen, dass auch selbstverständlich Empfundenes durchaus nicht selbstverständlich ist.

Das merkt man manchmal erst, wenn man sich plötzlich, mitten aus dem Leben gerissen, in einem Krankenhaus wiederfindet.

Menschen, die Dankbarkeit noch nicht als ihre Ressource entdeckt haben, konzentrieren sich meist auf das, was sie nicht haben oder was ihnen nicht gelingt und beneiden Menschen, denen es scheinbar besser geht.

Professor Robert Emmons fasst seine diesbezüglichen Forschungsergebnisse folgendermaßen zusammen: „Menschen, die wertschätzen, was sie haben und was ihnen widerfährt, sind glücklicher und ihre Fähigkeit negative Ereignisse zu bewältigen, wächst ebenso, wie ihre Immunität gegenüber Neid, Ärger, Ressentiments und Depressionen. Dankbarkeit und die damit verbundenen Handlungen stärken soziale Beziehungen und fördern Freundschaften. Das hat wiederum eine körperliche und seelisch höhere Gesundheit zu Folge."

Das Gute im Leben zu suchen und dabei Dankbarkeit zu finden, hat viele, ganz konkrete positive Folgen. Grundsätzlich ist Dankbarkeit ein gesellschaftliches Bindemittel. Das beginnt im Rahmen der Familie und endet im Staatswesen. Wenn man sich hier jeweils gut aufgehoben fühlt, wird man auch leichter zum Gebenden, und zwar zum gern Gebenden. Das fördert das Solidaritätsbewusstsein.

Dankbarkeit wirkt also auch als moralisches Motiv. Wer Dankbarkeit empfinden kann, verhält sich selber sozialer. Er wird sich bewusst, dass wir Menschen aufeinander angewiesen sind; dass jede Zuwendung gegenüber einem Anderen Energie erfordert und persönliche Kompromisse notwendig macht. Wer das scheinbar Selbstverständliche auch als ein Geschenk empfindet, wird leichter zum Schenkenden.

Religiosität

Im Folgenden möchten wir uns bewusst machen, welch innerer Zusammenhang zwischen der Spiritualität des Menschen und des Gefühls der Dankbarkeit besteht.

Grundsätzlich kann man sagen, dass das Prinzip von Bitte und Dank einer der Hauptstützpfeiler jeglicher Religionen ist. Der Gläubige wird seinen Gott bitten, dass er ihm ein gutes Leben schenkt und wird ihm danken, wenn er diese Erfahrung machen kann. Opferhandlungen, unterschiedliche Rituale und Gesänge werden je nach Religion als entsprechende Ausdrucksmittel eingesetzt.

Im christlichen Gottesdienst findet man ebenfalls diese Grundstruktur: Das Kyrie drückt die Bitte aus, das darauf folgende Gloria den Dank. Ein amerikanischer Gospelgottesdienst wiederum besteht zum größten Teil aus mitreißenden Dankeshymnen.

Viele Menschen werden diese Form des Dankes nicht so recht von Herzen mit vollziehen können. Trotzdem spiegelt sich hier eine uralte Erfahrung wider, die unserem Leben Halt geben kann: In der Dankbarkeit, die aus dem Glauben erwächst, spiegelt sich das Nichtselbstverständliche unserer Existenz wider.

Wir leben in einer Zeit, wo man meint, alles erklären zu können. Aber die Frage, warum überhaupt etwas ist, warum nicht vielmehr „Nichts" ist, diese Frage wird nicht beantwortet. Es ist die wichtige Frage nach dem Maler, der uns in diese Welt gleichsam hineingemalt hat. Unsere Existenz ist innerhalb dieses Rahmens – ein kunstvolles Bild. Es wirkt weder chaotisch abstrakt noch einfach zufällig entstanden. Es birgt in sich viel Ästhetik, die wir täglich genießen können: vom traumhaften Sonnenuntergang bis zur aufblühenden Rose. Vom Duft des Herbstwaldes bis zu einem guten Schluck Wein.

Es birgt in sich viel Ordnung: Von einer mathematischen Gleichung, die im ganzen Kosmos ihre Gültigkeit hat, über die vielfältige Form der Kristalle bis zu den Quanten, die miteinander kommunizieren. Alles scheint seinen Ort zu haben, der über das bloße Dasein dieser Gegebenheiten hinausgeht.

Diese Beobachtung lässt vielleicht auch einen Rückschluss auf den Künstler zu. Da kann mir der Gedanke kommen, dass auch ich in diesem Weltengemälde meinen richtigen Platz habe. Denn ohne mich sähe die Welt anders aus. Wie viele Bewegungen ergeben sich allein schon durch Begegnungen, Gespräche, Anstöße. Wie viel Veränderung entsteht durch Impulse, die andere Menschen von mir bekommen und ich von ihnen erhielt. Manchmal sind es nur kleine Veränderungen im Leben, die doch mehr Konsequenzen nach sich ziehen, als man glaubt.

Es ist wie in der Chaostheorie, die nachweislich besagt, dass der Flügelschlag eines Schmetterlings die Erstursache für einen Sturm ist, den es nicht gäbe, befände sich nicht zu jenem bestimmten Zeitpunkt gerade an diesem Ort das kleine Tierchen. Wir sind mehr als der Flügelschlag eines Schmetterlings ... Wenn wir bedenken, wie viel Bewegung wir in unserem Leben in diese Welt bringen, die grundsätzlich doch wohlgeordnet erscheint, dann haben auch wir in ihr unseren gewollten sinnvollen Platz.

Will sagen: Jeder von uns hat durch Gott seinen Platz in dieser Welt bekommen. Ganz ohne eigenes Zutun. Dieser Ort ist uns geschenkt worden. Wenn wir uns das bewusst machen, kann sich unserem Herz ein großes Gefühl der Dankbarkeit bemächtigen. Das erfahren wir in besonderer Weise, wenn wir nach einer schweren Krankheit oder einem Unfall dem Tod „von der Schippe gesprungen" sind. Die banalen Belastungen des Alltags werden deutlich kleiner im Vergleich zu der Chance, die uns das Leben an sich bietet, das „Lebendürfen". Wenn schließlich jemand unser Leben will, dürfen wir auch darauf vertrauen, dass wir ihm nicht einfach egal sind.

Wenn wir uns all das durch den Kopf gehen lassen, werden wir ein Gespür dafür bekommen, dass wir in guten Händen sind. In der Bibel finden wir den mehr als nur symbolischen Hinweis, dass kein Spatz vom Dach fällt und kein Haar auf unserem Kopf wächst, das nicht von der Kraft mitgetragen wird, der wir letztlich alles zu verdanken haben.

Wenn wir auch den anderen Worten dieser Schrift vertrauen können, dann ist dieser geistige Ursprung des Seins durch nichts intensiver gekennzeichnet als durch die Liebe. Hier handelt es sich nicht um eine abstrakte Liebe – wenn es die überhaupt geben kann – sondern um eine ganz personale. Denn Gott wird von Jesus als liebevoller Vater beschrieben.

Der Arzt, Theologe und Musiker Albert Schweitzer (1875–1965) hat einmal gesagt: „Über alles Geistige und Intellektuelle, über Philosophie und Theologie erhaben, ist die Hilfsbereitschaft von Mensch zu Mensch – die Aufgabe Bruder zu sein." Dass Gott uns genauso sieht und so für uns da ist, das haben wir durch Jesus erfahren. Er ist der Mensch, der von allen, die je gelebt haben, unserem großen Weltgemälde wohl die intensivste Farbe verliehen hat.

Wer diese Überzeugung im Laufe seines Lebens als die seine erkennt, wird mit einem dankbaren Grundgefühl durchs Leben gehen, das ihm viele Sorgen, Bedrückungen und Ängste nehmen wird.

Gelassenheit – Das Leben meistern

Gelassenheit – eine Begriffsdeutung

Anfang des 14. Jahrhunderts erweiterte der christliche Mystiker Meister Eckhart (1260–1328) ein mittelhochdeutsches Partizip. Es war der Ausdruck *„gelazen"*, was so viel bedeutet wie „niedergelassen". Er qualifizierte dieses Wort im besonderen Maß, um auch etwas Besonderes ausdrücken zu können: Gleichsam in sich selber niedergelassen zu sein.

Seine Wortschöpfung sollte zum Schlüsselbegriff der Mystik werden: *„Gelazenheit"*.

In diesem Wort liegt die Anregung zur Fähigkeit, alles loslassen zu können. Meister Eckhart sagt: „Lass ab von allen Dingen, Hab und Gut, Ehre und Genuss, und schließlich von dir selbst." „Lass dich!" ist der mystische Imperativ schlechthin. Nur so bekommt der Mensch die Chance, etwas wirklich Wesentliches zu entdecken.

Interessant scheint, dass andere Mystiker aus anderen Kultur-kreisen unabhängig voneinander zum gleichen Ergebnis kommen. So lautet die Grundformel des Buddha im Kern genauso: Alles Leid des Menschen kommt letztlich daher, dass er an den Dingen klebt und darunter leidet, dass er sie nicht loslassen kann und daher in ständiger Angst vor dem Verlust lebt. Und doch muss er immer wieder loslassen: Vermögen, Beziehungen, Orte, Gesundheit, Jahre und schließlich sein Leben.

Das klingt für unsere modernen Ohren oft lebensfremd, wenn nicht lebensfeindlich. Bei genauerer Untersuchung wird sich aber gerade das Gegenteil herausstellen.

Gelassenheit bedeutet nämlich auch, die eigene Mitte zu finden und von daher in Ruhe sich selber anzunehmen wie auch seine Mitmenschen und die oft unabänderlichen Gegebenheiten des Schicksals.

Damit wir die Attraktivität dieser Möglichkeit wirklich begreifen, soll uns das Wort Gelassenheit werbewirksam in die Seele fließen. Im Englischen wird Gelassenheit zum Beispiel oft mit dem Wort *composure*, Haltung, übersetzt. Das heißt also Haltung bewahren, standhalten, auch in stürmischen Zeiten.

Wir leben heute in einer Erregungs- und Aufregungsgesellschaft, die sich oft hyperaktiv gibt, aber auch genauso schnell wieder vergisst oder fallen lässt. Gerade in unserem Zeitalter brauchen wir mehr denn je die berühmte Gelassenheit: Das Lernen vom Tun und vom Lassen, den Mut zur Unwissenheit bei der Flut von Informationen, die uns oft fast zu ersticken droht. Dazu kommt das Wahrnehmen der nie enden wollenden Arbeit, die wir darum immer wieder einfach unter- oder abbrechen müssen. Dazu gehört es auch, einen langen Atem zu haben, um die Dinge sich auch wirklich entwickeln zu lassen.

Gelassenheit verhindert, sich im Strom der Angebote treiben zu lassen und dabei den Boden unter den Füßen zu verlieren. Ob das nun die Schuldenfalle ist, eine chronische Unzufriedenheit, die zu Depressionen führen kann, der Verlust des Durchblicks gegenüber den Anforderungen, die das Leben an mich stellt oder schließlich auch der Verlust an Beziehungsfähigkeit – immer verlieren wir die Chance, unser Leben so weit wie möglich selber zur eigenen Zufriedenheit zu bestimmen. Oft legen wir mehr Wert auf die Meinungen und Sichtweisen anderer, fremde Handlungsanforderungen und mögliche Problemerwartungen stressen uns; virtuelle Chancen setzten uns unter Druck.

Gelassenheit ist nicht zu verwechseln mit phlegmatisch zu sein und ist auch keine Sache des Temperaments, sondern eine Angelegenheit der inneren Einstellung gegenüber dem Leben.

Der andere Blick aufs Leben

Gelassenheit ist keine angeborene Fähigkeit. Es ist eine Lebenshaltung, die man lernen kann. Allerdings muss sie eingeübt werden. Von Natur aus sind wir eher dazu bestimmt, so viel wie möglich so schnell wie möglich zu erreichen. Für den Augenblick mag das gut tun, langfristig jedoch scheitern wir oft an diesem Handlungsmuster.

In der Kindheit wird das besonders deutlich. Gerne erzähle ich ein Lehrstück dazu aus meiner eigenen Jugend: Einen Tag vor meinem fünften Geburtstag ging meine Mutter mit mir einkaufen, um mir danach ein Geschenk zu machen. Ich quengelte so lange, bis sie mir verriet, was sie mir kaufen wollte: Einen wunderschönen großen Schwan zum Baden in der Wanne oder auch im Meer. Wahrscheinlich fragte ich alle paar Minuten, wann wir ihn nun endlich kaufen. Schließlich entdeckte ich selber in einem Kaufhaus einen schönen Schwan im Regal. „Hier ist er, kauf ihn mir bitte gleich!" Da sagte meine Mutter: „Nein, das ist nicht der, den ich dir kaufen will. Der andere ist noch viel schöner!" Ich quengelte die ganze Zeit, so dass sie schließlich die Geduld verlor und diesen Schwan kaufte. Ich war zufrieden. Dann ging sie mit mir noch in ein Spielzeuggeschäft und zeigte mir ihren Schwan. Er war hundertmal prächtiger als mein kleiner hässlicher Plastikschwan, mit dem ich dann nie gespielt habe. Damals war ich erschüttert und Tränen liefen mir übers Gesicht. Noch lange Zeit trauerte ich diesem, durch meine Ungeduld verlorenen Schwan, nach. Seitdem habe ich gelernt, wie wertvoll Geduld und Gelassenheit sein kann.

Die ewige Konkurrenz zwischen *Geduld* und *sofort* ist in unseren Tagen längst vom *sofort* besiegt worden. Die alte Tugend Geduld scheint in unsere Zeit nicht mehr zu passen. Geduld erfordert Weitblick und eben die berühmte Gelassenheit. Der moderne Blick aufs Leben scheint diese beiden Komponenten des Daseins zu verbieten.

Das macht sich in vielerlei Weise bemerkbar. Zum Beispiel waren so viele Haushalte so verschuldet wie heute. Oft nur deshalb, weil sie die Dinge immer gleich kaufen müssen, die sie gerade haben wollen. Das Gefühl des Verschuldetseins durchzieht die Seele des Menschen bewusst und auch unbewusst täglich.

Wer ständig unter dieser chronischen Anspannung leben muss, wird auch einer Lebenszufriedenheit immer nur hinterher laufen. Das fördert eine depressive Lebenshaltung, über deren Ursache man sich oft gar nicht mehr im Klaren ist.

Wie oft rasen wir durch den Alltag wie ein Drängler auf der Autobahn, der manchmal nur für wenige Minuten fast sein Leben aufs Spiel setzt und den man dann an der Ampel bei der Ausfahrt plötzlich drei Wagen vor einem wieder trifft. Wer Geduld und Gelassenheit im Blick auf sein Leben findet, wird schließlich auch immer mehr das Gefühl der Selbstbestimmtheit entdecken. Hektik erfahren wir als Fremdbestimmung, sie ist wie ein Fluss, gegen den wir ständig kämpfen müssen, damit er uns nicht die Beine vom Boden reißt und wir in den Wirbeln des Lebens ertrinken.

Mal am Ufer stehen bleiben und das Wasser allein weiterziehen lassen – das ist Lebenskunst. Am Ende verschwindet dann auch die Angst vor dem, was kommt.

Tatsächlich beruht meine Lebenshetze auch darauf, dass ich um die Endlichkeit meiner irdischen Existenz weiß. Umso mehr ich meinen Lebenssinn in meiner begrenzten irdischen Lebenszeit sehe, umso ängstlicher und hektischer werde ich. Ich habe stets Angst, etwas zu verpassen. Aber gerade das raubt mir die Zeit, etwas wirklich zu genießen.

Gelassenheit als Krisenmanagement

Gelassenheit ist im ganz normalen Alltag eine große Kunst, die uns meistens fehlt. Noch mehr fehlt sie uns in den Krisensituationen unseres Lebens. Wenn wir Gelassenheit lernen, werden wir am ehesten mit der Angst fertig, die uns unvermittelt überfällt und oft in maßlosen Stress versetzt. Dieser belastet nicht nur die Seele, sondern auch Körper und Geist.

Wie viele vermeidbare Unfälle entstehen aus dem völligen Verlust von Gelassenheit in schweren Krisensituationen, wenn Adrenalin die Herrschaft über Körper, Geist und Seele übernimmt und wir uns regelrecht in die Zange genommen fühlen: Die Anforderungen, die an uns gestellt werden und die eigenen Möglichkeiten stimmen plötzlich nicht mehr überein. Wir reagieren mit Angst. Und der Teufelskreis beginnt: Die Gedanken drehen sich im Kreis und wir können sie nicht mehr ordnen.

Ich möchte hier nur einige bescheidene Impulse geben, die uns helfen können auch in Krisensituationen zur Ruhe zu kommen, einen Weg zu finden, um wieder in ruhigeres Fahrwasser zu gelangen. Es gibt viele Methoden, plötzliche und auch chronische Lebenskrisen zu meistern. Ein wichtiges Fundament dafür ist eine Gelassenheit, die neue Perspektiven eröffnen kann.

Grundvoraussetzung dafür ist, ganz bewusst einen Augenblick der Distanz zu finden gegenüber der zu meisternden Situation. Wir sollten uns zuerst einen inneren und auch äußeren Raum suchen, in dem wir Ruhe finden. Ein innerer Ort, der uns Raum für Gelassenheit schenken kann, ist zum Beispiel eine Lebenserfahrung, die wir uns vergegenwärtigen können. Das kann das bewusste Erinnern an eine Krankheit sein – ihren Beginn durch einen Unfall oder Befund, ihren Verlauf und ihr Ende. Und dazu die Erfahrung: Ich habe es geschafft – trotz meiner Ängste! Sie spielt keine Rolle mehr in meinem Leben. Das ruhige Vergegenwärtigen gemeisterter Krisen schenkt Kraft, auch neue Krisen überwinden zu können.

Eine andere Alternative kann ein Gesprächspartner sein, dem wir uns anvertrauen können. Oft wird unterschätzt, wie wichtig es sein kann, über manches Problem einfach zu reden. Es scheint so, als wenn würde aus einer seelischen Schwellung der Druck genommen, so dass wir anschließend wieder richtig durchatmen können.

Abschließend sei noch der Humor als ein mögliches Ventil genannt. Er relativiert die Dramatik ohne sie zu leugnen. Ich erinnere mich noch, als der schwer erkrankte Entertainer Rudi Carell seinen Ehrenbambi entgegennahm und mit schwacher Stimme und einem Lächeln sagte: „Dass ich hier stehe, habe ich der guten deutschen Pharmazie und einigen Ärzten zu verdanken!"

Die religiöse Basis

Die Wurzeln des Wortes Gelassenheit liegen in der Mystik. Die Erfahrung, die dieses Wort zum Ausdruck bringt, ist nicht nur eine christliche, sondern letztlich eine grundsätzlich religiöse.

Ein Grundsatz Buddhas war es, die Fähigkeit zu erlernen, loslassen zu können. Seiner Überzeugung nach war die Ursache allen Leidens das krampfhafte und ängstliche Festhalten an allen Dingen und an allem, was es gibt. Ich leide, weil ich Verlustangst habe. Ich habe Angst, dass ich Zeit verliere, Arbeit verliere, Vermögen verliere, Beziehungen verliere, Gesundheit verliere, schließlich das Leben verliere. Man könnte diese Reihe beliebig fortsetzen. Aus diesem Grunde schließen wir Versicherungen ab ...

Buddha war davon überzeugt, unser Leid und unsere Angst würde sich im gleichen Verhältnis dazu mindern, wie wir im Leben das Loslassen lernen, nicht mehr so an den Dingen haften, dass sie uns letztlich nur quälen, statt glücklich zu machen.

Auch Jesus macht darauf aufmerksam, wie problematisch es sein kann, wenn wir zu sehr an manchen Dingen festhalten und sie letztlich unser heimlicher Gott werden, der unser Leben bestimmt. Am deutlichsten zeigt sich das in unserem Besitz.

Eine solche Fremdbestimmung verhindert unsere Gelassenheit, denn wir zersorgen uns dann zu sehr um diese Dinge. Am Ende besitzen uns die Dinge – und nicht mehr wir sie.

Zugespitzt macht Jesus in Gleichnissen, tröstend und nicht ohne Humor, immer wieder darauf aufmerksam: „Wenn Gott schon für die Blumen so wunderbar sorgt, die heute blühen und morgen bereits verwelkt sind, wie viel mehr wird er da für euch sorgen?" (Lukas 12,28)

Anders als beim Buddhismus steht im christlichen Glauben nicht das absolute Loslassen im Mittelpunkt – also schließlich auch das Loslassen der eigenen Person, des eigenen Ich – sondern eher das Befreitwerden von Fremdzwängen und das Behalten von höheren Werten.

Zu diesen Fremdzwängen gehört das nimmersatte Nachlaufen gegenüber materiellen Werten, aber auch nach Macht und Ansehen, denen wir dann nur zu oft unsere moralischen Werte opfern. Dabei verlieren wir uns oft selbst und vergessen, dass am Ende das letzte Hemd keine Taschen mehr hat.

Diesem steht nun das Angebot von höheren, bleibenden Werten gegenüber: Das Behalten der eigenen Persönlichkeit oder Seele über den Tod hinaus und Gott als Basisgröße von allem, was existiert. Für uns heißt das, es ist lebenswichtig, unsere Seele zu stabilisieren und zu fördern, in dem wir so zu leben versuchen, wie es uns Jesus empfiehlt.

Sich wirklich darauf einzulassen, erleichtert letztendlich das Leben, weil wir das Allerwichtigste nie verlieren können, nämlich uns selbst und Gott, den wir als einen liebevollen Vater verstehen dürfen. Sich darauf einzulassen kann zu der inneren Erkenntnis führen, dass wir Gott nicht nur in unserem Herzen tragen, sondern Gott uns auch in seinem Herzen trägt.

Glück – was ist das?

Ein glücklicher Planet

Wenn wir abends die Nachrichten einschalten, werden wir regelmäßig mit dem Unglück dieser Welt förmlich überschüttet: Kriege, Terror, Hunger, Katastrophen, Armut, Unruhen, politische Spannungen, Betrügereien, Arbeitslosigkeit und wirtschaftliche Zusammenbrüche füllen unser Wohnzimmer bis unter die Decke.

Der Scheinwerfer wird auf das Leid der Menschheit geworfen und lässt dabei wohlweislich die etwa 90 % aller Länder aus, in denen gerade keine Katastrophe stattfindet oder Frieden herrscht. Dass sich in den letzten 15 Jahren die Kindersterblichkeit auf unserem Planeten halbiert hat und dass die Weltarmut und der Hunger noch nie in der Menschheitsgeschichte so stark gesunken sind wie heute oder dass es noch nie so wenig Kriegstote gab, wie in unseren Tagen, interessiert scheinbar niemanden.

Diese selektive Wahrnehmung der Welt findet sich nicht nur bei den populären Medien wieder, sondern auch in der Wissenschaft. Es wurde um die Jahrtausendwende die weltumfassendste sozialwissenschaftliche Studie über das Glück des Menschen (World Values Survey 1999–2001) auf unserer Erde durchgeführt. Über mehrere Jahre wurden bei über tausend Untersuchungen mehr als eine Million Menschen nach ihrem Glücksempfinden befragt. In zum Teil in die Tiefe gehenden Fragebögen und Tests kam man zu international anerkannten Ergebnissen, die die WHO, die Weltgesundheitsorganisation, damals übernommen hat.

Im Vorfeld dieser Untersuchungen wollte man auch auf ältere Projekte zu diesem Thema zurückgreifen. Das Ergebnis der ersten Recherchen versetzte die Wissenschaftler in Erstaunen: Zwischen 1967 und 1995 wurden ca. 40.000 wissenschaftliche Abhandlungen über das Thema Kummer und Leid international veröffentlicht aber nicht einmal 5.000 über Zufriedenheit und Glück!

Werfen wir zuerst einen Blick auf unseren glücklichen Planeten. Wir dürfen ihn wirklich so nennen, trotz aller Widersprüche, die jetzt in unseren Gedanken auftauchen mögen.

Da diese ältere, aber durchaus auch heute noch aussagestarke Untersuchung global umfassend war und über eine Million Menschen befragt wurden, kann man fast schon von einem repräsentativen Ergebnis sprechen: Die meisten Menschen sind mehr als zufrieden.

Es würde hier zu weit führen, das dabei angewendete Bewertungsschema von 1–10, näher zu analysieren. Aber einen Blick auf die dabei gewonnenen grundsätzlichen Erkenntnisse wollen wir trotzdem noch schnell werfen:

90 Prozent der befragten Menschen haben sich zwischen fünf und acht Punkten von den zehn möglichen eingeordnet. Das heißt, fast alle fühlen sich in der oberen Hälfte ihrer ihnen möglichen Glücksempfindungen zu Hause. Daran kann man auch ablesen: Glück hat weniger mit Geld und Vermögen zu tun, als man gemeinhin glaubt. Das lässt sich zum Beispiel aus Umfrageergebnissen aus den USA ablesen. Dort misst man seit Jahren systematisch die Zufriedenheit der Bevölkerung. Das Ergebnis: Die Amerikaner sind heute eher unglücklicher als Ende der Fünfzigerjahre, obwohl sich in diesem Zeitraum die Kaufkraft mehr als verdoppelt hat. Aber auch international schlägt sich der Fak-

tor Geld kaum nieder. Ausnahmen bilden hier nur die allerärmsten Länder, wie zum Beispiel Bangladesch, wo man ohne Vermögen dem Hungertod ausgeliefert ist.

Einen weiteren Hinweis dafür finden wir vor unserer eigenen Haustür. So steht das reiche Deutschland durchaus nicht oben an der Glücksskala, sondern das unruhige Israel oder deutlich ärmere Länder, wie Puerto Rico oder Costa Rica liegen noch vor unserem weltweiten 16. Platz – so eine Studie aus dem Jahr 2016.

Werfen wir noch einen Blick auf das, was wirklich zum Glücklichsein beiträgt: Es besteht ein klarer Zusammenhang zwischen einer stabilen Zweierbeziehung und einer überdurchschnittlichen Lebenszufriedenheit, auch wenn die Rahmenbedingungen sozial belastend sein mögen.

Ein weiterer Faktor scheint die persönliche Religiosität zu sein. Auch hier geht es im weitesten Sinn des Wortes um eine soziale Beziehung, die den Menschen zuversichtlicher macht und zugleich positive Auswirkungen für seine Gesundheit haben kann.

Zusammenfassend können wir feststellen, dass das Vermögen keine so große Rolle spielt, wie man annehmen würde, umso mehr beeinflussen die sozialen Beziehungen das persönliche Glück.

Das Fundament des Glücks – eine Bedürfnispyramide

Nachdem wir uns einen ersten Überblick zum Glücksempfinden weltweit geschaffen haben, wollen wir uns nun fragen, was Glück eigentlich ist und worauf es fußt. Glück lässt sich erst dann empfinden, wenn unsere Grundbedürfnisse bis zu einem gewissen Grad gestillt werden können. Gemeint sind neben körperlichen Bedürfnissen, das Bedürfnis nach Sicherheit und sozialen Beziehungen. Hinter all diesen Bedürfnissen verbirgt sich auch die Suche nach dem Sinn meines Lebens.

Schon Abraham Maslow (1908–1970) entwarf eine Bedürfnispyramide vom Erhalt der physischen Existenz über das Bedürfnis nach Sicherheit, sozialer Bindung, persönlicher Anerkennung, um sich schließlich dann selber verwirklichen zu können.

Jedes baut im Grunde auf dem anderen auf. Brüche verhindern hier eine Entwicklung:

Zuerst kommen die *biologischen Bedürfnisse*. Das sind die Bedürfnisse nach Nahrung und Wasser, nach sauberer Luft, nach Wärme und Kleidung. Körperliche Bedürfnisse wie Sexualität, aber auch Ruhe und ausreichend Schlaf kommen hinzu.

Dazu gesellt sich das Bedürfnis nach *Sicherheit*. Jeder bedarf eines gewissen Schutzes, um sich frei von Angst entfalten zu können, damit sich Pläne und Vorstellungen verwirklichen lassen und nicht schon im Ansatz zerstört werden. Das gilt für die unmittelbare wie für die weitere, gesellschaftliche Umgebung.

Darauf baut das Bedürfnis nach *Bindung* auf. Das ist eines unserer frühesten Bedürfnisse, die uns ein Leben lang begleiten. Familie, Freunde, Kollegen, Mitmenschen sind uns wichtig. Hier erfahren wir Hilfe, Liebe, Wärme und Geborgenheit. Es die Sehnsucht zu lieben und geliebt zu werden.

Dieses Bedürfnis ist unmittelbar verbunden mit dem *Selbstwert*. Hier lerne ich Vertrauen in mich selber und in andere Menschen. Das setzt das Gefühl voraus, etwas wert zu sein, Kompetenzen zu besitzen. Das Selbstwertgefühl wird durch die Anerkennung von anderen gespeist und gestärkt.

Um hier immer neue Fortschritte zu erzielen, die dem Leben Sinn und Zufriedenheit schenken, ist das *kognitive Bedürfnis* wichtig. Es wird getragen von der Neugier nach neuem Wissen, nach Verstehen und Horizonterweiterung. Dazu müssen Bildungsmöglichkeiten zur Verfügung stehen, zeitlich, räumlich und finanziell.

Wenn wir diesen Bereich erweitern, treffen wir auf das *ästhetische Bedürfnis*. Es ist die Sehnsucht nach Schönheit in der Natur, in der Kunst, im Sport, die einen ganz eigenen Genuss möglich macht. Damit verbindet sich auch das Bedürfnis nach Ordnung.

Oft ist damit das Bedürfnis nach *Transzendenz*. Musik, Architektur und Kunst sind eng verbunden mit religiösen Wahrnehmungen und Deutungen. Hier wird unsere irdische Welt, unser irdisches Dasein in phänomenaler Weise erweitert. Dadurch erfährt es einen tieferen Sinn.

Erst wenn all diese Bedürfnisse in bestimmter, aber auch individueller Weise erfüllt werden können, wird der Mensch zu seiner Selbstverwirklichung finden. Er erreicht Ziele und schöpft seine Potenziale aus. Daraus erwächst dann das Glücksgefühl.

Der Griff nach dem Glück – das Leben selbst bestimmen

Im Folgenden wollen wir uns den praktischen und lebensalltäglichen Fragen zum Thema Glück zuwenden.

Um das Glück sozusagen in den Griff zu bekommen, muss ich die Möglichkeit haben, mein Leben zu einem nicht unbeträchtlichen Teil selber bestimmen zu können. Wenn immer nur andere mein Leben bestimmen, um vielleicht ihr eigenes Glück durchzusetzen, wird für mich von dem Glückspaket nicht mehr viel übrig bleiben.

Grundsätzlich gilt, dass das Leben viel weniger von selbst abläuft, als wir es manchmal zu glauben meinen: Geben wir unserem Leben keine Richtung, wird es von außen beherrscht und wir werden durch Wind und Wellen über einen Ozean getrieben, bis wir dann irgendwo stranden, wo wir eigentlich gar nicht hin wollten. Viele Menschen sagen: „Eigentlich habe ich mir mein Leben ganz anders vorgestellt." Sie übersehen dabei, dass sie es selbst aus der Hand gegeben haben. Wir müssen selbst herausfinden, wie wir leben wollen. Das kann uns keiner abnehmen. Das heißt, wir sind selber für unser Glück verantwortlich. Untersuchungen machen immer wieder deutlich: Jugendliche, die glauben, sie hätten die Ereignisse in ihrer Umwelt im Griff, sind deutlich zufriedener als diejenigen, die meinen, wenig Einfluss auf ihre Umgebung ausüben zu können. Doch diese Menschen versuchen erst gar nicht Einfluss auszuüben – und hier schließt sich der Teufelskreis mit dem Ergebnis, dass sie weiter von anderen Menschen bestimmt werden. Damit sehen sie sich in ihrer Einstellung bestätigt und lähmen sich schließlich selber in ihren eigenen möglichen Aktivitäten.

Dazu möchte ich folgendes Beispiel erzählen: Manchmal bat ich meine Schüler im Rahmen einer thematischen Unterrichtsstunde der zwölften Klasse aufzuschreiben, was sie tun würden, wenn sie nur noch eine Lebenserwartung von einem halben Jahr hätten. Interessanterweise erwähnten die Schüler nur Dinge, die unabhängig von materiellen Wünschen sind: sich mit den Eltern noch einmal offen aussprechen, sich mit alten Freunden zu versöhnen, jemanden, den man lange nicht gesehen hat, noch einmal zu besuchen oder bestimmte Orte aufzusuchen und sich für Dinge, die einem etwas bedeuten, endlich genug Zeit zu nehmen.

Eine gewisse Verwirrung verursachte ich dann mit meiner Behauptung, dass sicher allen von uns noch mindestens ein halbes Jahr Leben bevorstehen würde und wir alle die Möglichkeit hätten, diese wunderbaren Dinge zu tun. Meine Frage, warum die Schüler nicht in die Tat umsetzen würden, was sie gerade aufgeschrieben hatten, blieb unbeantwortet.

Das Leben selbst in die Hand zu nehmen, mag uns heute in unserer Gesellschaft schwerer fallen als vielleicht noch vor hundert Jahren. Das klingt paradox, weil wir doch scheinbar freier leben können als früher, mehr besitzen und ungleich mehr Möglichkeiten haben unser Leben zu gestalten. Glaubt man sozialwissenschaftlichen Untersuchungen, waren die Menschen in manch einer vergangenen Epoche glücklicher als heute.

Möglicherweise liegt das an der Vielfalt der Möglichkeiten, die es uns immer schwerer macht, Entscheidungen zu treffen. Viele von uns sind überfordert, wenn es um Berufswahl und Partnerwahl geht oder auch nur um die Frage, wie wir unsere Freizeit verbringen möchten. Die Vielzahl der Möglichkeiten birgt zugleich die Angst, eine falsche Entscheidung zu treffen oder gar etwas zu verpassen. Oft stellt sich dann eine nagende innere Unruhe und das Glück rückt in weite Ferne.

Viele suchen dann ihr Glück auf andere Weise und finden es letztlich doch nicht: In Alkohol oder Drogen, in durchlebten Nächten oder bei Extremsportarten, in sexuellen Eskapaden oder im Rausch der Geschwindigkeit. Die Welt der vielen Möglichkeiten und großen Freiheiten macht nicht unbedingt glücklich.

Der Blick auf das Glück – das Leben selbst werten

Ein Weg zum Glück kann sein, ganz bewusst die Dinge des Lebens selbst zu bewerten und sich möglichst unabhängig von der Meinung anderer zu machen. Hier sei auf die Studie des der ungarisch-amerikanischen Psychologen und Glücksforschers Mihaly Csikszentmihalyi hingewiesen. Csikszentmihalyi führte mit seinen Studenten und Assistenten eine weltweite Befragung von Menschen aus allen Schichten durch, wie zufrieden und glücklich sie sich fühlen.

In diesem Zusammenhang berichtet der Psychologe von einem Arbeiter namens Joe. Er hat ihn im Rahmen einer Untersuchung der Lebens- und Arbeitsbedingungen der Angestellten einer Waggonfabrik kennengelernt. „Der Arbeitsplatz war eine riesige schmutzige Fertigungshalle, in der man wegen des stetigen Lärms kaum sein eigenes Wort verstand. Die meisten der dort tätigen Schweißer hassten ihre Arbeit. Ihre ganze Sehnsucht galt dem Schichtende, um dann noch eine Weile in die Kneipe zu gehen. Eine Ausnahme gab es. Das war Joe. Ein Hilfsarbeiter an die sechzig. Er hatte sich selbst beigebracht, jeden Gegenstand der Fabrikhalle zu verstehen – vom Kran bis zum Computermonitor. Sich mit defekten Maschinen zu befassen und dem Problem auf die Spur zu kommen, bereitete ihm sichtlich Freude. Die rund hundert Schweißer der Fabrik baten ihn immer wieder um Hilfe. Halb im Scherz sagten sie manchmal, ohne ihn könnte die Fabrik gleich dicht machen."

Nach dieser Begegnung meinte Csikzentmihalyi, dass dieser einfache Arbeiter einer der glücklichsten Menschen ist, die ihm je begegnet sind.

Faszinierend, wenn der Wissenschaftler die Analyse des Fabrikarbeiters mit der von bekannten Managern oder Nobelpreisträgern vergleicht. „Im Laufe der Jahre habe ich viele Chefs großer Konzerne, einflussreiche Politiker und mehrere Dutzend Nobelpreisträger kennengelernt. Es waren herausragende Persönlichkeiten, die in ihrem Leben vielfach exzellente Leistungen vollbracht haben. Doch keine dieser Personen hatte ein erfüllteres Leben als Joe."

Für uns heißt das: Zufriedenheit kann letztlich nur von den Dingen ausgehen, mit denen wir uns befassen können, die wir besitzen, die von uns erreichbar sind. Der größte Glückshemmer liegt wahrscheinlich darin, sich immer mit den Dingen zu befassen, die wir noch nicht haben, die in weiter Ferne liegen oder die aller Wahrscheinlichkeit nach nie erreicht werden können.

Daraus entwickelt sich dann ein Neidgefühl gegenüber den Menschen, die die von uns begehrten Fähigkeiten oder Dinge besitzen und wir werden unglücklich. Darüber haben wir ja weiter oben schon ausführlich nachgedacht. Ganz anders jener Arbeiter, der sich über die Dinge freut, die er kann. Während der Manager vor allen darüber nachdenkt, wie er seinen Betrieb noch verbessern oder vergrößern kann, um die Einnahmen zu erhöhen.

Das Fundament für ein glückendes Leben besteht demnach darin, wie wir die Dinge des Lebens werten und ob wir uns die Freiheit nehmen, eigene Akzente im Bereich des realistisch Möglichen zu setzen. Das heißt, wir müssen immer wieder lernen, unsere eigene Einstellung zu Arbeit und Freizeit, letztlich zum ganzen Lebensalltag, zu finden. Zu spüren, was uns wirklich gut tut und diesem auch nachzugehen. Und wenn es manchmal nur in der Vorfreude oder Phantasie ist.

Es gibt Beispiele, die zeigen, dass Glück immer auch eine Frage der individuellen Blickwinkels ist: Gerne weise ich auf einen dokumentarischen Spielfilm mit folgendem Inhalt hin: Ein Arktisforscher wurde, nachdem er schon als verschollen galt, doch noch gerettet. Seine Frau und seine Tochter hatten sich mit einem Hubschrauber auf die Suche gemacht und ihn schließlich gefunden. Jener Mann, dem wegen seiner Erfrierungen nun noch ein langer Krankenhausaufenthalt bevorstand, meinte, als er im Hubschrauber auf der Trage lag, zu seiner Frau: „Ich war noch nie in meinem Leben so glücklich wie jetzt!"

Das Glück hängt also nicht nur von Dingen ab, die wir besitzen, sondern wie wir den Augenblick und unser Leben überhaupt werten. Das wirkt sich schließlich auf unser ganzes Lebensempfinden aus. Wir wirken hier unsere Wirklichkeit selber. So können wir uns auch dann sehr glücklich fühlen, wenn ein Außenstehender uns bemitleiden würde, wegen unserer scheinbar so belastenden oder ärmlichen Lage. Das heißt, das Glück und Zufriedenheit letztlich etwas sehr Subjektives und nichts Allgemeingültiges sind.

Das Glück fühlen – sich tragen lassen

Eine wichtige Frage bei Untersuchungen gegenüber dem Glücksempfinden des Menschen lautet: Schenkt Ihnen Ihr Glaube Geborgenheit?

Geborgenheit – das ist ein Gefühl und nicht etwas, das in erster Linie vom Verstand geprägt wird. Ebenso ist Glück letztlich ein Gefühl, eine Empfindung, die nicht so leicht steuerbar ist. Im Deutschen gibt es ein Wort, das Glück und Glaube, Glücksgefühl und Religion in gewisser Weise miteinander verbindet, ohne dass wir uns das gleich bewusst machen: „Glückseligkeit".

Was bedeutet eigentlich „Glückseligkeit"? Zunächst bemühen wir dazu wieder internationale Untersuchungen: Von einer Studie der Universität Warwick aus dem Jahr 2008 bis zu Ergebnissen aus Europa, die im Oktober 2017 bei ZEIT-ONLINE veröffentlicht wurden: Je enger die Menschen mit ihrer Religion verknüpft sind, desto größeres Glück und eine umso höhere Zufriedenheit empfinden sie in ihrem Leben. Der Glaube schenkt Sicherheit, Gemeinschaft mit anderen Menschen, verhindert Einsamkeit, weil man sich auch alleingelassen immer noch mit Gott in Verbindung weiß. Religiöse Menschen empfinden in der Tiefe ihres Herzen fast immer einen Sinn im Leben. Oft ist damit auch eine optimistischere Lebenseinstellung verbunden und eine höheres Selbstwertgefühl. Auch belastende Ereignisse oder Schicksalsschläge sind leichter zu verkraften.

Dietrich Bonhoeffer (1906–1945) meinte dazu: „Der Mensch hat es schwerer mit allen Lebenssituationen fertig zu werden, wenn er letztlich nur auf sich angewiesen ist ohne die Zuhilfenahme der Hypothese Gott." Nicht zuletzt deswegen gibt es in unserer Gesellschaft, trotz aller kirchlichen Entfremdung, eine zunehmende Sehnsucht, irgendetwas glauben zu können, was mehr ist, als all die angebotenen materiellen Werte.

Der kritische Soziologe Gerhard Schulze bringt es auf den Punkt: „Immer wieder lande ich bei der Frage: Was will ich eigentlich auf dieser Welt? Wenn ich auf eine Religion zurückgreifen kann, ist das psychisch außerordentlich komfortabel. Finde ich diese persönliche Gottesvorstellung aber nicht, die mir den Sinn des Lebens von außen her besorgt, bleibt nichts anderes übrig, als es selbst zu tun. Körper und Bewusstsein müssen sich ein schönes Leben machen. Die Folge ist ein immer heftiger Wandel zur Erlebnisgesellschaft."

Inzwischen hat sich gezeigt, dass wir auf diese Weise etwas hinterherrennen, ohne es je richtig zu erreichen. Wir suchen eine Befriedigung, die vielleicht, wenn wir Glück haben, einige Augenblicke anhält, dann aber doch wieder vergeht und uns manchmal noch unglücklicher als vorher zurücklässt.

Solche Erfahrungen können das Leben nicht tragen. Erst recht nicht dann, wenn es schwer wird. Hier können wir auf die Religion zurückgreifen. Sie sagt uns, dass Geld allein nicht glücklich macht. Wir müssen alles auf der Erde zurücklassen. Nur eines bleibt – die Liebe Gottes. Deshalb müssen wir lernen, alles andere wieder loszulassen.

Wenn wir von dieser Liebe ausgehen, will Gott, dass unser Leben gelingt. Entsprechend dienen die biblischen Empfehlungen und Anregungen Jesu der besseren Lebensbewältigung, dem höheren Glück des Menschen. Er schenkte nicht nur den Menschen, die scheinbar das Glück dieser Welt verlassen hat, die Seligpreisungen. Von der ursprünglichen Wortbedeutung „makarios" kann es mit „selig" oder „glücklich" übersetzt werden oder auch mit „sich freuen".

Gott möchte also unser Glück. Allerdings gelingt kann das nur gelingen, wenn wir uns darauf einlassen, denn Gott will auch unsere Freiheit. So liegt es an uns, ob wir uns dazu entschließen, unser Leben durch ihn tragen zu lassen.

Jetzt – Achtsamkeit für den Augenblick

Leben im Jetzt – die Chance der Gegenwart

*W*as ist eigentlich das Jetzt? Im Grunde ist es etwas, das gar nicht existiert, aber doch das einzige ist, was wir wirklich von der Zeit haben. Ein altes weises Wort lautet: „Der entscheidende Schlüssel zum Glück ist, mit dem zufrieden zu sein, was man im Augenblick ist und hat." Aber was ist der Augenblick – wie lange dauert er?

Ein Paradox, das nicht leicht zu entschlüsseln ist. Umso mehr wir uns darin vertiefen, umso unergründlicher beginnt es zu werden, obwohl es andererseits das Selbstverständlichste von der Welt zu sein scheint.

Aber wenn es den Augenblick wirklich gäbe, stünde die Welt in ihm still. Alle Bewegungen wären wie zu Eis erstarrt. Auch unser Denken würde wie eine Uhr einfach stehen bleiben und genauso unser Herz. Hier merken wir, wie Zeit und Bewegung zusammengehören. Dieses Stehenbleiben passiert aber nie. Darum gibt es in Wirklichkeit keinen Augenblick, genauso wie ein fließender Strom an keiner Stelle einen ruhigen See bilden kann.

Aber was in diesem Zeitfluss ist nun Vergangenheit und Zukunft? Konkret: An welcher Stelle beginnt die Zukunft Vergangenheit zu werden, wenn es doch kein Jetzt gibt? Wann unterscheidet sich wie an diesem imaginären Ort, das Zukünftige vom Vergangenen? Gibt es da vielleicht eine undefinierbare Grauzone?

Eigentlich nicht, aber uns gibt es, doch wir sind nicht selber der Fluss der Zeit. Wir schwimmen gleichsam in ihm, ohne allerdings als körperliche Wesen dabei je das Ufer betreten zu können, um uns ein wenig auszuruhen – die Zeit sozusagen ohne uns weiterfließen zu lassen. Und trotzdem haben wir selbst ja eigentlich nicht das Gefühl, irgendwie stetig in Bewegung zu sein, nie einen Augenblick der Ruhe oder des Verweilens zu verspüren. Auch das ist richtig.

Wenn wir dieses Jetzt, die Gegenwart oder den Augenblick finden wollen, dann müssen wir ihn allerdings in uns selbst suchen und nicht in der Zeit. Denn die Zeit, wie wir sie wahrnehmen, ist eine Konstruktion unseres Verstandes und unserer Sinne. Erst durch uns wird sie das, was wir schließlich Tag für Tag empfinden. Was Zeit wirklich ist, können wir darum mit unserem Verstand nicht auflösen. Etwas Rätselhaftes wird immer bleiben. Denn auch der Gedanke ist eigenartig:

Wenn die Zeit immer fließt, dann müsste der von uns konstruierte Augenblick aus 50 Prozent Vergangenheit und 50 Prozent Zukunft bestehen. Sonst würde man ja im Nichts der Vergangenheit verschwinden oder sich selber immer schon voraus ein, gleichsam als der Prophet des eigenen Lebens.

Dass das dann so sein müsste, machen ganz konkrete Dinge deutlich: Wenn jemand einen Herzinfarkt bekommt oder gar erschossen wird, ist er unwiderruflich tot, sein Leben ein für allemal in der Vergangenheit verschwunden. Seine Zukunft ist also auch tot. Er kann kein bisschen leben und ein bisschen tot zugleich sein. An diesem Punkt gibt es nur eine Alternative, entweder – oder.

Wie groß oder wie klein ist dann aber dieses Jetzt wirklich und wie lange dauert es? Wenn die Dauer nicht messbar ist, wie real ist das Jetzt?

Das Jetzt ist nichts weiter als eine virtuelle Konstruktion unserer Seele, insofern haben wir vielleicht auch die Möglichkeit, es auf unsere Weise zu gestalten. Das wiederum geschieht in der jeweiligen Gegenwart.

Nun könnte man fast auf die Idee kommen, dass es im Grunde vielleicht doch nur dieses Jetzt, diese stetige Gegenwart von allem gibt, und nur wir selbst gleichsam in unserer beschränkten

Wahrnehmungsfähigkeit eine Vergangenheit und eine Zukunft konstruieren. Also genau umgekehrt wie gerade durchdacht.

Ich habe die Vorstellung, dass Gott von vornherein unser Leben von A–Z kennt. So wie es in der Bibel heißt: Schon bevor wir beten, weiß Gott, was wir wollen. Aber trotzdem sollen wir es tun!

Aus dieser Logik heraus darf man hier nicht gleich laut aufschreien und sagen: Dann verlieren wir ja unsere Freiheit. Dann ist ja alles vorherbestimmt! Das wäre ein Denkfehler. Denn wie wir uns verhalten, hat ja nichts damit zu tun, in welchem Zeitabschnitt wir jeweils etwas tun.

Entsprechend wird das Sein der ganzen Zeit aus anderer Perspektive sichtbar, sozusagen aus der Sicht Gottes. Aber unter welchen Voraussetzungen das, was geschieht, dann auch geschieht, wird von diesem übergeordneten Blickwinkel her gar nicht berührt.

Wenn ich mir zum Beispiel einen Film aus der Vergangenheit anschaue, bestimme ich damit nicht die Begrenztheit oder Freiheit der handelnden Personen. Aus der Sicht einer gleichsam übergeordneten Dimension, in der unser Zeitbild keine Rolle mehr spielt, kann ein Film betrachtet werden, in dem Vergangenheit und Zukunft auch keine Rolle mehr spielen, in dem sich alles gleichzeitig vollzieht. Vielleicht ist ja auch gerade das die Ewigkeit. Wir können sie uns aus unserer materiellen Weltsicht nicht wirklich vorstellen.

Dass solche eigenartigen Überlappungen möglich sind, zeigt sich immer wieder in den Erfahrungen von Menschen, die beinahe schon aus unserer materiellen Welt ausgestiegen sind. Es gibt unzählige Berichte, in denen völlig verschiedene Menschen erzählen, wie sie scheinbar in Sekunden, zum Beispiel während eines Absturzes, ihr ganzes Leben bis hin in Details nachempfunden haben. Plötzlich passen Jahre in Sekunden. Wenn wir aus diesem Blickwinkel unser berühmtes Jetzt betrachten, dann erhält es beinahe etwas Mystisches, dass uns inspirieren kann, achtsamer damit umzugehen. Denn handlungsfähig, auch in unserem Sinne, sind wir eben nur im jeweiligen Augenblick. Und unser ganzes Leben besteht nun mal aus diesen vielen Augenblicken.

Was nützt es uns, wenn wir gerade an diesem Ort meistens nicht zuhause sind, weil unsere Gedanken sich noch mit dem Gewesenen und somit für uns Unabänderlichen auseinandersetzen. Oder unsere Gedanken sind mit dem beschäftigt, was kommen könnte. Dabei kommt es dann meistens ganz anders und wir haben uns tausende Stunden im Leben völlig umsonst um etwas gesorgt.

Nichts existiert also für uns außerhalb der Gegenwart. Die Vergangenheit ist, bevor wir es recht begreifen, schon verschwunden und die Zukunft steht noch vor der Tür. Wir leben also nur im Raum der Gegenwart. Vielleicht können wir hier noch lernen, wie wir diesen, unseren einzigen Raum, einrichten können.

Gedanken zu Meditationsformen und fernöstlichen Weisheiten können uns hier vielleicht weiterhelfen.

Achtsamkeit und Meditation – östliche Weisheiten

*I*mmer häufiger werden auch in Europa und Amerika alte asiatische Lebensweisheiten ernst genommen. Allein die gute Erfahrung, die viele damit machen, spricht dafür, dass es sich dabei nicht nur um lokalkulturelle Sichtweisen handelt, sondern wirklich um brauchbare Lebenshilfen, die gerade in unserer Gegenwart nicht nur die Seele, sondern auch den Körper stärken können.

Der Begriff „Achtsamkeit" wurde schon in den 1980er-Jahren populär, und zwar durch ein hundertausendfach verkauftes

Buch von Thich Nath Hanh „Das Wunder der Achtsamkeit". Der bekannte vietnamesische Buddhist, Zenmeister und Friedensforscher, der u. a. in Frankreich lebte, hat der schon damals spürbaren europäischen Hektik eine achtsamere Lebensform, die sich auf den jeweiligen Augenblick konzentriert, gegenübergestellt.

Bekannt wurde sein Gespräch über unser Verhalten. Wir sagen immer „Ich habe keine Zeit"; das heißt, wir sind in einem chronischen Zustand des Nichthabens. Das hetzt uns durch den Tag, ohne die Chance zu bekommen, etwas einzuholen. Der äußerst schlichte, aber weise Lösungsversuch unseres Problems beschreibt Thich Nath Hanh so: „Du musst es wie ich machen: Wenn ich gehe, gehe ich, wenn ich esse, esse ich, wenn ich schlafe, schlafe ich. Wenn ich plane, plane ich, wenn ich spreche, spreche ich, wenn ich höre, höre ich."

Der Angesprochene antwortet: „Das mache ich doch auch!"

„Nein – du machst das ganz anders: Wenn du schläfst, dann stehst du schon auf. Wenn du aufstehst, gehst du schon. Wenn du gehst, dann isst du schon. Wenn du isst, dann schaffst du schon. Wenn du schaffst, dann planst du schon. Wenn du planst, dann sprichst du schon. Wenn du sprichst, dann hörst du schon und wenn du hörst, dann schläfst du schon. So machst du alles nur halb. Und dann rennst du der anderen Hälfte deines Lebens stets hinterher ohne sie einholen zu können."

Je mehr wir über diesen Gedanken nachsinnen, um so mehr fällt uns sicher dazu ein. Unser Herz sagt eigentlich „Ja" dazu, aber unser Verstand seufzt: „Wie soll ich es denn anders machen?" Aber dennoch stimmt: Der entscheidende Schlüssel zum Glück ist, das zu genießen, was der Augenblick hergibt.

Sicher gelingen uns Verhaltensänderungen nicht von heute auf morgen. Aber indem wir manches nicht mehr verdrängen, sondern es uns bewusst machen, eignen wir uns eine unsichtbare Energie an, aus der durchaus mittelfristig genug Kraft für eine spürbare Neuausrichtung fließen kann.

Wir verzehren uns viel zu oft im Klagen über unsere Vergangenheit und im Sorgen um unsere Zukunft und lassen einer entspannten Gegenwart gar keine Chance mehr, bis sie dann wieder als Vergangenheit beklagt wird. Dabei verspannt sich unser Nacken und der Rücken fängt an zu schmerzen, weil die Last auf unseren Schultern zu groß wird.

Wir müssen uns klar werden, dass vieles sich nur in unserem Kopf abspielt, aber oft nicht viel mit der Realität des Lebens zu tun hat. Wenn wir die Sorge des Unabänderlichen unseres Tuns ein wenig ablegen, dann werden wir auch gelassener. Dann gewinnen wir Zeit für das, was gerade dran ist und nebenbei verlässt uns auch eine gewisse Zerstreutheit, die solche Hetze mit sich bringt. Denn kaum etwas kann dann wirklich zu Ende gedacht werden.

Dabei müssen wir auch immer wieder zu unseren Gunsten „Nein" sagen lernen. Wir können nicht immer alles selber machen und müssen es auch nicht! Dafür sollten wir uns mehr Freiräume schaffen und bedenken, dass die Arbeit im gewissen Sinn unendlich ist und wir nie ganz mit ihr fertig werden können. Also müssen wir lernen sie abzubrechen. Und zwar ohne erst krank zu werden, denn dann muss sie unterbrochen werden. Vorher darf sie unterbrochen werden. Das bestimme ich dann selbst und werde nicht bestimmt durch die Situation.

Bei all dem ist es gut, sich gedankliche Inseln zu schaffen und diese immer mal wieder zu betrachten – ein geselliger Abend, ein schöner Urlaub, ein Wunschgeschenk usw. So lernen wir unseren Gedankenfluss gerade auch in Situationen größeren Drucks positiv zu beeinflussen. Wir belohnen uns gedanklich dann selber durch die erzeugte Vorfreude.

Dazu gibt es etliche konzentrationsmeditative Übungen, wie die achtsamkeitsbasierte Stressminderungstechnik des auf diesem Gebiet führenden amerikanischen Psychotherapeuten und Professor Jon Kabat-Zinn (*1944), der diese Techniken aus dem Theravada-Buddhismus übernommen hat.

Eine kleine Übung der Achtsamkeit von Jon Kabat-Zinn stelle ich Ihnen hier vor, damit sie sich ein Bild von jener schlichten Technik machen können. Es ist die bedingungslose Achtsamkeit für den Augenblick.

Nimm eine angenehme Stellung ein. Die Wirbelsäule soll gerade sein und die Schultern lasse fallen. Schließe möglichst deine Augen dabei.

Gehe mit deiner Aufmerksamkeit zu deinem Bauch.

Spüre, wie er sich mit dem Einatmen hebt oder leicht ausdehnt, mit dem Ausatmen senkt oder zurückzieht.

Bleib bei deiner Atmung.

Sei bei jedem Einatmer für seine ganze Dauer und sei bei jedem Ausatmer auch für seine ganze Dauer.

So als würdest du von den Wellen deines Atmens getragen.

Jedes Mal, wenn du bemerkst, wie sich dein Geist von deinem Atem entfernt, bemerke, was dich abgebracht hat.

Und dann bringe deine Gedanken wieder zurück zum Gefühl des ein- und ausströmenden Atems.

Wenn sich dein Geist tausendmal von deinem Atem entfernt, ist es deine Aufgabe nur, ihn jedes Mal zu deinem Atem zurückzubringen, egal womit er auch beschäftigt ist.

Mache diese Übung jeweils 5–10 Minuten. Mache sie täglich in einer geeigneten Zeit, egal ob dir danach ist oder nicht.

Baue dieses Ritual in dein Leben ein. Mache dir bewusst, wie das ist, eine Zeit zu haben, in der du nur im Augenblick lebst und deinen Atem spürst. Sonst nichts. Du bist, ohne etwas tun zu müssen, einfach da.

Diese Erfahrung wird sich mit der Zeit unbewusst auf deine Selbstwahrnehmung im Alltag auswirken und dir auch ohne bewusste Übung Gelassenheit im Fluss der Zeit schenken.

Das Leben
deuten

Über das Leben staunen

Grenzerfahrungen

E s gibt inzwischen weltweit dutzende seriöse Umfragen und Analysen über Geschehnisse, die Menschen meinen, erlebt zu haben und das völlig unabhängig voneinander. Geschehnisse, die sich oft sehr ähneln, obwohl sie in völlig verschiedenen Kulturkreisen erlebt werden. Nur ihre Deutung und Interpretation ist meist verschieden.

Gedankenübertragung, Zukunftsvisionen, geisterhafte Erscheinungen, Spukphänomene, Jenseitskontakte, transzendierende Sterbeerfahrungen – all das begleitet die Menschheit, solange wir ihr auf der Spur sind, bis hinein die unmittelbare Gegenwart.

Soll all das nur einer blühenden Phantasie entsprungen sein und keinerlei Realität besitzen?

Wenn wir ehrlich zu uns selber sind, werden wir ein großes Potenzial an Aberglauben in unserem Denken und Verhalten finden. Ein Teil unseres Selbst scheint dafür offen zu sein. Wenn wir zum Beispiel nachts über den Friedhof gehen und ein raschelndes Geräusch hören, erhöht sich garantiert unser Puls. Selbstkritisch müssen wir gestehen, dass uns der Verlust eines Maskottchens weit über den materiellen Wert hinaus schmerzt oder dass uns ritualisierter Verhaltensweisen im Alltag Sicherheit geben. Dinge, die angeblich Unglück bringen, zu beachten wie Freitag der 13. und Dinge, die Glück bringen sollen, wie einem Schornsteinfeger zu begegnen und schließlich das Aufstellen einer Kerze in der Kirche, die Wallfahrt zu einem heiligen Ort oder die Hoffnung auf die unmittelbare Wirkung eines Gebets sind beliebte Formen der Lebensbewältigung.

Zudem gibt es zahlreiche statistische Untersuchungen, die belegen, dass Grenzerfahrungen bei Menschen weit verbreitet sind. So hat das Freiburger Institut für Grenzgebiete der Psychologie und Psychohygiene unter der Leitung der Professoren Eberhard Bauer und Michael Schetsche eine repräsentative Bevölkerungsumfrage gestartet. Ihre Auswertung spiegelt ein realistisches Bild menschlicher Erfahrungen hier in Deutschland und ist nachzulesen in Michael Schetsche/Eberhard Bauer (Hg.), Alltägliche Wunder. Eine repräsentative Bevölkerungsumfrage zu außergewöhnlichen Erfahrungen (2003)

Wenn man europäische und amerikanische wissenschaftliche Befunde miteinander vergleicht, haben ca. 50 Prozent der Menschen mindestens eine intensive Grenzerfahrung in ihrem Leben gemacht. In Deutschland waren es sogar 73 Prozent der 1.510 Befragten, und zwar aus allen Alters- und sozialen Schichten. Das kann nachdenklich machen, gerade wenn man überlegt wie stiefmütterlich die Erforschung solcher Phänomene behandelt wird.

Das mag mit einem manchmal schon fast intuitiven Vorbehalt gegenüber solchen Erfahrungen zu tun haben, weil sie traditionellen Forschungsmethoden zu entgleiten scheinen. Da bleibt oft nur noch, sich über sie lustig zu machen, von vornherein abzulehnen oder zu glauben, so etwas erleben nur Spinner. Die oben erwähnten wissenschaftlichen Befunde widerlegen jedoch psychopathologische Ursachen jener, natürlich immer sehr subjektiven, aber eben nicht einfach erfundenen Erlebnisse.

Natürlich sagt die Vielzahl dieser Grenzerfahrungen nichts darüber aus, woher sie kommen, welchen Hintergrund sie besitzen und welche – und ob überhaupt – eine tiefere Realität hinter ihnen steht. Jedenfalls gibt es sie auch außerhalb einer bloß virtuellen Phantasie einzelner Menschen.

Faktisch zeichnen die Umfrageergebnisse in ihrer Gesamtheit ein repräsentatives Bild, nachdem die Überzeugung von der Existenz und dem Wirken übersinnlicher Phänomene fester Bestandteil des Glaubenssystems auch in unserer modernen Gesellschaft ist.

Statistisch sieht das dann so aus: Von den Befragten haben 49,5 Prozent eine Déjà-vu-Erfahrung hinter sich; 36,7 Prozent behaupten, sich an einen Wahrtraum erinnern zu können; 36 Prozent erlebten unheimliche Zufälle (Koinzidenzen), 18,7 Prozent eine ASW (außersinnliche Wahrnehmung) bei Krisen oder Todesfällen, 15,3 Prozent fühlten sich gedanklich verbunden mit Tieren (meistens mit Hunden) und 27,9 Prozent meinten, Erscheinungen oder Spukerfahrungen erlebt zu haben.

Das ist nur ein Ausschnitt der häufigsten Erfahrungen aus der gesamten Statistik (Bauer, Eberhard / Schetsche, Michael (Hrsg.): Alltägliche Wunder. Erfahrungen mit dem Übersinnlichen – wissenschaftliche Befunde 2011[2]).

Abschließend seien noch einige andere statistische Auswertungen genannt. Es gibt anscheinend Personen, die für solche Erfahrungen prädestiniert sind. Nicht wenige hatten häufig sogar unterschiedliche Erlebnisse, während andere Menschen auch nicht eines im ganzen Leben hatten. Frauen scheinen hier etwas sensibler zu sein als Männer. Jüngere Menschen haben häufiger Grenzerfahrungen als ältere. Manche Forscher meinen, das kann allerdings auch an der Neuartigkeit und Relevanz solcher Erscheinungen liegen, die sich dann leichter ins Gedächtnis graben. Während bei älteren Menschen vieles dann übersehen oder vergessen wird.

Die Religiosität der Befragten spielt eher eine untergeordnete Rolle, wo man doch eigentlich meinen könnte, jene Menschen wären besonders offen für Grenzerfahrungen.

Nur an zwei Punkten gibt es eine gewisse Auffälligkeit zwischen überhaupt nicht religiösen und sehr religiösen Menschen. Eine Déjà-vu-Erfahrung hatten 60,6 Prozent der atheistisch geprägten Menschen und nur 46,3 Prozent der sehr religiösen Personen. Dagegen hatten verblüffende Koinzidenzen nur 26,3 Prozent der Nichtgläubigen aber 48,2 Prozent der sehr Gläubigen.

So passen Wiedergeburtsvorstellungen, welcher Art auch immer, weniger in christliches Gedankengut. Dagegen wird ein gläubiger Mensch Gegebenheiten schneller als eine göttliche Fügung betrachten, während ein Atheist solche Zusammenhänge ablehnt.

An diesen Daten erkennt man sehr gut die persönliche Interpretation solcher Geschehnisse oder vielleicht auch ihre Verdrängung. Weil sie aber bei beiden Gruppen vorkommen, zeigt sich noch einmal deutlich, dass es diese Erfahrungen wirklich gibt und diese nicht einfach erfunden werden.

Zusammenfassend kann man sagen, dass dreiviertel der Bevölkerung Grenzerfahrungen für möglich halten oder selber schon erlebt haben.

Religiöse Weltdeutung und profane Erlebnisse

All die vielen Erlebnisse, die unseren Alltag hin und wieder begleiten, sind erst einmal feste Bestandteile unseres Lebens – egal wie wir sie deuten. Grundsätzlich haben sie nur selten primär religiösen Charakter. Aber heißt das, dass sie keiner religiösen Interpretation bedürfen?

Mir fällt immer wieder auf, dass es viele Menschen gibt, die sich zwar als Gläubige und Christen beschreiben, die jedoch skeptisch und regelrecht zurückweisend reagieren, wenn es um „Wunder der Alltags" geht. Für mich hat das dann immer etwas leicht Schizophrenes. Wenn wir ein christliches Weltbild zugrundelegen, betrachten wir die Welt als ein von Gott geschaffenes Universum. Gott ist also der Verursacher der Realität, in der wir uns bewegen, in die wir auch im gewissen Sinn eingeschlossen sind – physisch wie geistig.

Ich persönlich meine, dass diese Sichtweise uns geradezu herausfordert, uns immer wieder dessen zu erinnern – gleichsam in einem Prozess persönlicher Sinnfindung. Und dieser geschieht immer wieder durch unser Selbst, das, was wir auch Seele nennen, unser geistiges Bewusstsein.

Das fordert uns gerade zu einer Deutung heraus: Unser Selbst ist hier der Schlüssel, über die Beengtheit unseres Seins hinaus, in Freiheit etwas wahrnehmen zu können. Hier liegt wohl auch der Kern unserer Gottebenbildlichkeit, die uns zumindest gedanklich den Kosmos sprengen lässt.

Wenn wir nun hinter unserer Wirklichkeit eine noch größere wahrnehmen dürfen, dann liegt es auf der Hand, dass diese uns auch immer wieder in unserer Wirklichkeit begegnen kann. Da Gott nun als übergeordnetes Sein oder Wesen verstanden werden kann, wird es auch immer in unserem Raum präsent sein können. Zufälle und kleine Wunder könnten ja eine Art „himmlische Kommunikation" sein, die mir und meinem Leben etwas sagen möchten.

Sicher nicht in der besonderen Unmittelbarkeit, die wir in Jesus erkennen können, aber doch immer noch in dem, was die Kirche als Heiligen Geist bezeichnet. Dieser ist schließlich die Basis oder gleichsam das Energiefeld für die Wirksamkeit unserer Gebete und Gedanken, die sich eben nicht nur in der Leere verlieren. Das entspricht zumindest auch der Erfahrung von Milliarden betender Menschen.

Aus meiner Sicht scheint es durchaus möglich, in den oft sehr subjektiv empfundenen ungewöhnlichen Geschehnissen, durchaus ein Wirken von außen wahrzunehmen. Denn nirgendwo anders kann uns persönlich so unmittelbar eine andere Dimension begegnen, wie in den Ausnahmen des Alltags, wo scheinbar Geordnetes durcheinander gerät.

Warum ist nicht Nichts?

Diese Frage kommt mir manchmal. Und sie führt mich immer wieder zum Staunen. Da geht es mir vielleicht wie einem kleinen

Kind, das zum ersten Mal hinter den Dünen das weite Meer sieht. Wir haben uns von Geburt an so sehr an unsere weite bunte Welt gewöhnt, dass sie uns gar nicht mehr wie ein unglaubliches Wunder erscheint.

Das Universum mit seinen zahllosen Sternen und Galaxien und noch unglaublicher: Alles hätte zu Beginn in einem Fingerhut Platz gehabt! Das Ganze war eine heiße explosive Masse, die nicht ins Chaos führte, wie bei jeder anderen Explosion – sondern bis zu mir selbst, der gerade darüber nachdenkt und darum in dieser Minute diesen Text schreiben kann.

Und das alles eben einfach mal so? Das wäre für mich unglaublich. Selbst mein bescheidenes Haus braucht einen Architekten. Und erst recht die Software in meinem Computer. Aber was ist das schon gegenüber meinem Gehirn, welches sich gerade diese Worte ausdenkt?

Ich sehe einen tiefen Sinn hinter diesem scheinbar so selbstverständlichen Geschehen. Dahinter entdecke ich jemanden, der in der Bibel „Schöpfer" genannt wird. Diesem wiederum kann ich ganz nah und menschlich in jenem Mann aus Nazaret begegnen, der die Weltgeschichte revolutioniert hat. Jesus zeigt mir bis heute einen Weg, der mein Handeln, Denken und Glauben immer wieder neu inspirieren kann. Und jener in Betlehem Geborene spürte zeitlebens und darüber hinaus eine unmittelbare Verbindung mit jenem Grund des Lebens, aus dem wir alle kommen. Jesus drückt das in seiner väterlich liebevollen Beziehung aus, an der uns teilhaben lässt. Dass seine Gedanken bis heute die Welt umfassen und all die erhaltenen Geschichten aus seinem Buch – das ist schon Wunder genug. Aber dass aus einer vor Urzeiten stattgefundenen Explosion einmal eine Rose oder ein Delphin oder ein Schmetterling in unserer blaugrünen Welt werden würde, ist wohl das größte Wunder – ich darf dazugehören und Sie sind auch mit dabei. Das ist unser tägliches Wunder.

Aberglaube – die heimliche Alltäglichkeit

Was heißt Aberglaube?

Wenn ich Sie jetzt fragen könnte, ob Sie abergläubisch sind, liebe Leserinnen und liebe Leser, würde ein großer Teil von Ihnen das wohl von sich weisen. Vielleicht sind Sie ein wenig neugierig, was ich dazu jetzt schreiben werde. Wie viel Nähe oder Distanz Sie zu dem empfinden, was Sie jetzt gleich lesen werden, müssen Sie natürlich für sich selber entscheiden. Doch von einigen Dingen wird keiner von uns sich ganz freisprechen können.

Denn hier geht es des öfteren um Dinge, die nicht mehr wir bestimmen, sondern die uns manipulieren, die sich uns zuweilen sogar regelrecht bemächtigen. Besonders dann, wenn unser Leben an Grenzen geführt wird, wie bei Trennungen, Krankheit, Tod oder Ähnlichem – manchmal aber auch im ganz normalen Alltag.

Wenn Ihr Horoskop aus der Zeitung Ihnen sagt: „Seien Sie vorsichtig im Straßenverkehr, Ihnen droht heute Gefahr" und Sie werden wenige Stunden später zu einer kräftigen Bremsung veranlasst, wird Ihr erster Gedanke diesen Zeilen gelten. – Auch wenn Sie natürlich nicht daran glauben.

Oder wenn Sie den Heimweg einmal nachts über den alten Friedhof abkürzen wollen und plötzlich eine Katze hinter einem Grabstein hervorschießt, ist Ihre Herzfrequenz deutlich höher, als wenn das Tierchen bei Sonnenschein hinter einer Parkbank hervorkäme. Was steckt dahinter? Ein halbbewusstes Ahnen, dass es doch mehr zwischen Himmel und Erde gibt, als wir es uns gerne eingestehen wollen?

Wir werden der Sache jetzt einmal genauer nachgehen und dazu eine zwar ältere, aber doch repräsentative Umfrage des Institutes für Demoskopie Allensbach (IfD-Umfrage 6098 Okt./Nov.2000) zu Rate ziehen. Diese kommt zu dem Ergebnis, dass der Aberglaube seine Überzeugungskraft noch lange nicht verloren hat: Über 40 Prozent der Deutschen ist es nicht egal, wenn sie ein vierblättriges Kleeblatt finden (bei den Frauen lag die Zahl sogar bei 53 Prozent), bei einer Sternschnuppe waren die Ergebnisse beinahe ähnlich hoch. Schwarze Katzen und die Zahl 13 beeinflussen immerhin noch fast 30 Prozent unserer Mitbürger. In Flugzeugen, Schiffen und Hotels fehlt oftmals diese Nummer bei Sitz oder Raumbezeichnungen. Ebenso spielen Spinnen, Schornsteinfeger, Freitage, Hufeisen u. v. a. m. ebenfalls eine nicht ganz unbedeutende Rolle in unserer modernen Gesellschaft. Insbesondere an der Börse, im Show-Business und beim Sport.

Aberglaube – ein Wort das ein weites Gebiet umspannt und das uns überall täglich begegnet. Wenden wir uns zunächst der Begriffsklärung zu. Aberglaube kann abgeleitet werden vom alten Wort *Afterglaube*. Die Bedeutung ist einfach „falscher Glaube" und meint damit jeglichen Glaube, der sich vom Christentum entfernt. Eine andere Ableitung kommt vom holländischen Wort *Overgeloof*. Das bedeutet „Überglaube", also alles, was sich vom Normalen abhebt. Schließlich kann man das Wort auch noch aus dem Indogermanischen ableiten, vom Begriff *apo* = fort, weg, abseits. Auch das Wort Aberwitz hat damit zu tun. Es geht um eine übertriebene, phantastische Sicht der Dinge.

Die Begriffe Aberglaube und Volksglaube hängen oft eng zusammen. Das Volk glaubt oft mehr, als es Kirche oder Gesellschaft erlauben oder gutheißen. Viele solcher Vorstellungen sind durch nichts auszurotten, das hat eine lange Kirchengeschichte gezeigt. Oft begab man sich bei bestimmten Praktiken in tödliche Gefahr. Ein Beispiel dafür sind die zahlreichen Hexenverbrennungen.

An dieser Stelle möchte ich noch zwei positiv kritische Würdigungen des Begriffes Aberglauben zitieren. Zunächst die „Deutsche Mythologie" des bekannten Geschichts- und Sprachforschers Jakob Grimm (1785–1863): „Da wo das Christentum eine leere Stelle gelassen hat, wuchert der Aberglaube oder Überglaube." Der evangelische Theologe Hans Conrad Horst (1767–1832), Verfasser einer Reihe von Werken über Magie und Okkultismus schreibt in der Auseinandersetzung mit der Aufklärung: „Aus dem Dunkel des Aberglaubens geht oft das Licht der Wahrheit hervor. Und dessen Unterlage beruht häufiger als wir glauben auf dem untergegangenen Rechtglauben."

Warum sind wir abergläubisch?

*D*ass über die Hälfte der Bundesbürger zumindest hin und wieder ihr Horoskop lesen und es nicht nur als puren Unsinn empfinden, drückt sich nicht zuletzt in der Häufigkeit der wöchentlich oder sogar täglich veröffentlichten Horoskope aus. Für die Empfänglichkeit der Dinge „zwischen Himmel und Erde" zeugen auch die in Buchhandlungen bzw. im Internet angebotenen unzähligen Bücher mit esoterischer Ausrichtung. Nicht zu vergessen die vielen Wünsche, die wir uns mit auf den Weg geben – von der Gratulation zum Geburtstag, die bloß keine Stunde zu früh erfolgen darf, bis zu Hals- und Beinbrüchen bei irgendwelchen sportlichen oder sonstigen Unternehmungen.

Fließende Übergänge erleben wir schließlich beim Gebet. Wenn wir auf die Zukunft eines Menschen mit einem Glas Sekt anstoßen oder für ihn beten, wird sich unserer innere Hoffnung diesbezüglich nicht so sehr unterscheiden.

Auch in unserem sogenannten aufgeklärten Zeitalter empfinden wir mehr oder auch weniger bewusst, dass unser Leben im Zusammenhang mit einer schwer begreifbaren höheren Ord-

nung stehen könnte. Diese Ahnung beruht auf konkreten Erfahrungen, über die wir nur selten reden, sie zuweilen auch als
unbequem verdrängen. Aber sie lassen sich letztlich nicht aus
unserem Leben aussperren.

Bei negativen Erfahrungen drücken wir es zum Beispiel in
einer Frage aus, die ich schon mehr als hundertmal gehört habe:
„Warum gerade ich, gerade er, gerade sie?" Diese Frage trägt in
sich ein Schicksalsverständnis, das nicht auf puren Zufall aufbaut.

Zum anderen erleben wir immer wieder sonderbare Ereignisse, die wir als bedeutungsvoll für uns empfinden. Oder wir
hören von Dingen, die nicht immer nur der Phantasie der Regen-
bogenpresse entsprungen sind.

Ein Beispiel dafür ist eine Statistik, die vor etlichen Jahren
mal zu einem Jubiläum der Fernsehlotterie erstellt wurde. Bis
zu diesem Zeitpunkt gab es 1794 Ziehungen. Mathematisch gesehen, entsprechend der statistischen Zufallswahrscheinlichkeit,
müsste jede Zahl etwa 220- bis 230-mal gezogen worden sein.
Das traf auch zu.

Bei den getippten Zahlen stellte sich heraus, dass einige deutlich öfter, andere besonders selten angekreuzt wurden. Die große
Verliererin war die Zahl 13! Interessant scheint, dass die 13 aber
auch die einzige Zahl ist, die sich der mathematischen Zufalls-
häufigkeit entzogen hat. Sie ist die einzige Zahl, die weniger als
200-mal – nämlich nur 175-mal von der Ziehungsmaschine aus-
geworfen wurde! Selten wird das Phänomen der Zahlenmagie so
klar bestätigt.

Noch einmal möchte ich auf unsere Ausgangsfrage „Warum
sind wir abergläubisch?" zurückkommen. Vermutlich sind das
Fehlen religiöser Bindungen bzw. die Alltagsintegration kirchlich
traditioneller Überlieferungen und Glaubensvorstellungen ein
Grund ebenso wie das dadurch bedingte mangelnde Geborgen-
heitsgefühl der eigenen Existenz angesichts der Unsicherheit
unseres Lebens. Eine weit verbreitete eher oberflächliche, meist
kommerziell materialistische Lebensweise und die damit ver-

bundene Vernachlässigung der Seele mag eine weitere Ursache sein. Und schließlich immer wieder auftauchende persönliche Erfahrungen und Erlebnisse, die sich nur schwer in unser naturwissenschaftlich und vernunftgeprägtes Weltbild und unseren gesunden Menschenverstand einordnen lassen.

Erscheinungsformen des Aberglaubens

Es gibt vielfältige Erscheinungsformen des Aberglaubens, so finden wir häufig abergläubische Handlungen innerhalb bestimmter *Berufsgruppen*, aber auch in *Lebenssituationen*, die besonders anfällig sind für abergläubische Hoffnungen oder Befürchtungen und schließlich können wir *Gegenstände und Formen* abergläubischen Handelns benennen.

Unter den *Berufsgruppen* sind insbesondere die Landwirte zu erwähnen, deren Lebensunterhalt stark abhängig ist vom unkalkulierbaren Wetter. Auch bei Seeleuten, insbesondere den Hochseefischern, finden wir überdurchschnittlich viele Formen abergläubischen Handelns. Artisten, die täglich ihre Gesundheit riskieren gehören ebenso dazu wie Sportler, die gerne rituelle Handlungen vollziehen wie sich bekreuzigen oder den Rasen küssen.

Zu besonderen *Lebenssituationen* gehört alles, was mit der Liebe zu tun hat. Ob man die Braut nun über die Schwelle trägt oder sich besondere Ringe, Ketten oder Bilder schenkt, Schlösser an Brücken anbringt – all diese Rituale beschwören die ewige Dauer einer Liebesbeziehung. Unterschiedlichste Riten wie zum Beispiel bei der Grundsteinlegung und dem Richtfest beim Hausbau wie im Garten und beim Schiffsbau sollen zu Glück und Erfolg verhelfen.

Auf der anderen Seite stehen die dunklen Erfahrungen im Leben, wie Krankheit und bevorstehender Tod, die vielfach zu esoterischen Handlungen verführen, wenn die Betroffenen ohne religiösen Halt sind.

Gegenstände und Formen des Aberglaubens sind Amulette und Talismane verschiedenster Art: Hufeisen, Kleeblätter, Schweinchen u. a. grüßen nicht nur an Silvester. Kleine Aufmunterungen begleiten uns durch den Tag: zum Beispiel das bekannte dreimalige Klopfen auf Holz mit „Toi,Toi,Toi". Hier gibt es zwei gegensätzliche Deutungen: Einmal das in „Dreiteufelsnamen" und zum anderen das kürzeste Gebet im Namen der Dreieinigkeit mit Bezug auf das Holz des Kreuzes Christi.

Gute Wünsche oder Flüche, Kreuzwege, Kettenbriefe, Bleigießen, Reisstreuen, Sprichwörter oder Begegnungen mit Katzen, Spinnen, Blicken usw. bekommen ihre eigene Bedeutung und sind letztlich aus unserem Alltag nicht wegzudenken.

Magie und Aberglaube

Wenn wir über den Aberglauben nachdenken, werden wir überall auf ein Phänomen stoßen, dass allgemein mit Magie bezeichnet wird. Diese eigenartige Erfahrung durchzieht sehr vielschichtig unser Leben darauf komme ich im nachfolgenden Kapitel zurück. Selbst strenge Kritiker okkulter Geschehnisse werden die Wirklichkeit bestimmter magischer Phänomene nicht einfach ignorieren können. Denn hier haben wir es mit einer eigenartigen Verschmelzung innerer psychischer Vorgänge mit der äußeren objektiven Wirklichkeit zu tun. Ursache und Wirkung bestimmter Erscheinungen sind hier nur schwer voneinander zu unterscheiden.

Bekannt sind zum Beispiel immer wieder Fälle, die nicht nur aus dem Voodoo-Kult Afrikas oder Haitis überliefert werden. Da werden Menschen verflucht und erkranken dann tatsächlich, manchmal sterben sie sogar. Aus Deutschland sind ebenfalls

Fälle bekannt, wo Menschen ihr Todesdatum prophezeit wurde und sie dann tatsächlich zur vorausgesagten Zeit starben oder sich gar das Leben nahmen.

Die magische Wirkung dieses Phänomens kann unterschiedlich erklärt werden. Am leichtesten zu begreifen ist die Deutung der sich selbst erfüllenden Prophetie. Das heißt, die Angst vor dem Fluch oder dem vorausgesagten Datum wird so groß, dass sie gleichsam in einer Art Placeboeffekt (d. h. „ich werde gefallen") oder besser Noceboeffekt (d. h. „ich werde schaden") die seelischen und körperlichen Funktionen in sich zusammenbrechen lässt und der Mensch tatsächlich zu Tode kommt.

Der Fluch oder die Prophezeiung wird damit Wirklichkeit. Oder wie es der Psychologe Carl Gustav Jung (1875–1961) ausdrückte: „Alles was wirkt, ist wirklich."

Meistens geschieht das lediglich über Worte. Sie haben die größte magische Kraft. Denken wir nur an die vernichtenden Reden Adolf Hitlers über die Juden. Am Ende sind sechs Millionen von ihnen ermordet worden.

Über die Grenze des natürlich Erklärbaren – aber was heißt hier schon natürlich – gibt es noch weitere gut belegte Vorgänge, die es uns zumindest nach dem heutigen wissenschaftlichen Kenntnisstand noch schwerer machen.

Zwei gut belegte Beispiele mögen das unterstreichen: Touristen, die nach Australien reisen, besuchen oft das Aborigines-Heiligtum Ayers Rock. Trotz Verbotes werden von dort jährlich tausende Steinchen und Steinbrocken als Souvenir mit nach Hause genommen. Da die Angelegenheit ein immer größeres Ausmaß annimmt, haben die Aborigines über die Diebe den so genannten Uluru-Fluch ausgestoßen. Nun zeigt sich dort ein eigenartiges Phänomen. In einem Interview sagte die Parkmanagerin des Uluru-Kata-Tjuta-Nationalpark Brooke Watson: „Wir bekommen viel Post. Alle schreiben, dass sie seit des kleinen Diebstahls Pech haben. Inzwischen bekommen wir tausende von Steinen zurück. Ein Brocken aus Deutschland wog sogar 7,5 kg!

Das alles macht viel Arbeit. Trotzdem versuchen wir alle Steine dem Uluru-Stamm zurückzugeben, damit der Fluch gebrochen wird und das Unglück für die Leute aufhört."

Ein weiteres Beispiel stammt aus St Petersburg: Im Herbst 2003 wurde aus der weltberühmten Eremitage eine Ikone entfernt. Der Abteilungsleiter des Kunstmuseums Boris Sapunow sagte dazu: „Das alte Christusbild hat eine unbekannte negative Energie. Drei, möglicherweise sogar vier Wärter starben schon im Zusammenhang mit der Ikone." Mediziner konnten tatsächlich einen Zusammenhang zwischen der Ikone und gesundheitlichen Beeinträchtigungen der Angestellten wie Bluthochdruck, Migräne und nachfolgende Herzerkrankungen feststellen.

Jeder von uns kennt solche Geschichten und doch bleibt eine Spur Nachdenklichkeit. Diese Geschichten wirken im Unterbewusstsein und tauchen dann oft unerwartet in bestimmten Lebenssituationen wieder auf. Tatsächlich liegt die Quelle für magisches Empfinden in uns selber.

Sie stammt aus den ersten Monaten unseres Daseins. Da staunten wir, dass unser Wille und unsere Phantasie, unser Geist die Materie in Bewegung setzen kann. Erst später haben wir uns an das Selbstverständliche gewöhnt: Stellen Sie sich ein Baby vor, das im Bett liegt und sich selber beobachtet, wie es mit den Beinchen strampelt. Und plötzlich merkt es, dass es allein durch seine Gedanken das eigene Füßchen wackeln lassen kann ...

Hier stellt sich die Frage nach der Schnittstelle, die einen Gedanken gleichsam materialisiert.

Gedanken und Realität

*W*enn wir uns an unser Thema wissenschaftlich heranwagen, sollte man einige grundsätzliche Gedanken vorwegschicken.

Alle Dinge, die wir bedenken, laufen gleichsam zuerst über die Festplatte unseres Gehirns. Dort werden die Gedanken sortiert, Wahrnehmungen ausgewertet und bewertet. Nichts ist letztlich wirklich objektiv. Und so kann alles vielleicht auch ganz anders sein. Eine absolute Sicherheit gibt es nicht. Das wird heute jeder seriöse Wissenschaftler anerkennen müssen.

Auch bei den neuesten neurologischen Untersuchungen, die dem Kenner aufzeichnen, was wo unter welchen Bedingungen im Gehirn bei bestimmten Wahrnehmungen geschieht, wird man immer nur an der Oberfläche forschen können. Was hinter allem Messbaren letztlich auf rein geistiger Ebene geschieht, bleibt verborgen. Nur das materiell Energetische ist analysierbar. Wie auf einer alten Schallplatte die Erhebungen und Senkungen in den Rillen abzumessen sind, aber eben nicht die Instrumente eines Sinfonieorchesters, das zu hören ist.

Insofern wird erst recht niemand das Gemenge aus Wissen, Glauben und Aberglauben, was sich in unserem Gehirn festsetzt, entwirren können. Zumal es eine unbewusste Selektion dessen gibt, was wir in unser Bewusstsein lassen und was nicht. Andererseits haben Psychologen längst festgestellt, dass jeder Mensch ein Urbedürfnis nach Orientierung hat. Niemand möchte Unbeherrschbarem und Unbekanntem einfach ausgeliefert sein.

Wenn es keine eindeutigen Instrumente zur Steuerung und Beherrschung des Lebens und der Zukunft gibt, neigt der Mensch – oft unbewusst – dazu, sich sein Leben selber zu konstruieren, damit er den Überblick behält und wenigstens ein Restgefühl von Sicherheit und Selbstbestimmung bleibt.

Das spiegelt sich zum Beispiel bei Silvesterbräuchen oder kleinen magischen Spielen schon in der Kindheit wider. Bei aller offensichtlichen Phantasie bleibt aber ein merkwürdiger Rest, auf den auch die gegenwärtige Wissenschaft zunehmend aufmerksam wird. Denn ein Blick in die Geschichte zeigt, dass Dinge, die man früher für reinen Aberglauben hielt, eine wichtige Wahrheit in sich bergen. So hielt man es für puren Aberglauben, dass die Dorfbewohner von Gloucestershire behaupteten, wenn sie sich absichtlich mit den sogenannten Kuhpocken infizierten, würden sie nicht die schrecklichen schwarzen Pocken bekommen. Das Ganze galt solange als Aberglaube, bis der englische Wissenschaftler Edward Jenner (1749–1823) begann, jene eigenartige Behauptung im Experiment zu überprüfen. Das war die Geburtsstunde der Pockenschutzimpfung!

Inzwischen gibt es wissenschaftliche Untersuchungen, ob Gedanken die Realität beeinflussen können. Einige Ergebnisse deuten darauf hin, dass diese Behauptung nicht nur der menschlichen Wunschvorstellung entspringt. Weit über 10.000 Gedankensplitter huschen täglich durch unseren Kopf. Die Meisten kommen so schnell, wie sie wieder vergessen werden. Sind das alles nur zerplatzende Seifenblasen?

Gemäß neuerer Forschung haben immaterielle Gedanken tatsächlich die Kraft, die Realität zu verändern. Das betrifft nicht nur unsere Einstellung und Handlungsweise mit all ihren Konsequenzen, sondern auch die Materie unseres Körpers. Denken wir wieder an den bekannten Placeboeffekt. Möglicherweise können unsere Gedanken auch die physische Welt außerhalb des eigenen Körpers beeinflussen. Die Quantenphysik gibt diesbezüglich einige Hinweise, zumindest was die kleinsten Bausteine der Materie betrifft. Darin steckt allerdings so viel Sprengkraft, dass unser ganzes Weltbild sich verändern würde.

Gedanken könnten dann wirklich in der Lage sein, Glück oder Pech anzuziehen, wie es der Volksglaube seit jeher behauptet. Es ist zuweilen wirklich auffällig, wie Befürchtungen bei manchen Menschen und Familien sich in gehäufter Form dann auch einstellen. Und bei anderen, die lockerer durchs Leben gehen, auch vieles besser klappt.

Etliches deutet auch darauf hin, dass sich bestimmte Empfindungen global miteinander in den Köpfen von uns Menschen vernetzen können. Hier sei auf Interessen und Modeströmungen verwiesen, die sich unmanipuliert und unabhängig voneinander annähern ebenso wie politische Strömungen.

Ein nicht minder interessantes Phänomen scheint, wie Gebete die Realität beeinflussen können. Dazu folgendes Beispiel: Der südkoreanische Gynäkologe Kwang Cha und der amerikanische Mediziner Professor Roger Lobo wollten wissen, ob es stimmt, dass Frauen nach einer künstlichen Befruchtung leichter schwanger werden, wenn für sie gebetet wird. 219 Frauen nahmen an diesem Experiment teil. Sie wurden nach dem Zufallsprinzip per Computer in zwei Gruppen eingeteilt. Die Zuordnung war weder den Ärzten noch den Patientinnen bekannt. Christen aus verschiedenen Orten in verschiedenen Kontinenten bekamen Bilder und Unterlagen der einen Hälfte der Frauen, mit der Bitte, für sie regelmäßig zu beten. Die andere Hälfte der Frauen wurde ohne diese Rahmenbedingungen behandelt.

Das Ergebnis ist verblüffend: 51 Prozent der Frauen, für die gebetet wurde, wurden schwanger. Bei der Gruppe der Frauen, für die nicht gebetet wurde, lag das Ergebnis bei den in etwa üblichen 26 Prozent!

Magie und Religion

Grundsätzlich bin ich der Meinung, dass in jeder Religion magische Züge zu finden sind. Sie werden gleichsam durch die jeweilige Glaubensrichtung geadelt. Von innen her betrachtet verlieren sie allerdings meist das Manipulative, das jeder Magie innewohnt. Wem zum Beispiel das Christentum völlig unbekannt ist, würde das Abendmahl oder die Taufe für einen magischen Ritus halten.

Tatsächlich sollten wir vorsichtig sein mit einer allzu negativen Bewertung der Magie. Ein Blick in die Bibel bestätigt dies, denn die Kritik an Zauberei, Wahrsagerei oder anderer okkulter

Praktiken, die wir besonders im Alten Testament finden (siehe auch Genesis 19,16; Deuteronomium18,10; 1 Samuel 15,23) richtet sich vor allem gegen die heidnischen Nachbarn Israels und die Gefahr der Übernahme ihrer Bräuche, beinhaltet aber auch die Mahnung, sich nicht fremden Mächten hinzugeben. Auch die Kirchengeschichte zeigt, dass sich innerhalb der Volksfrömmigkeit eine Vielzahl von Handlungen und Denkweisen magischen Vorstellungen angenähert hat.

Das beginnt bei dem Christopherus-Amulett im Auto über die Kette mit dem Kreuz am Hals und endet längst nicht bei den Kreidezeichen der Sternsinger über der Haustür am Tag der Heiligendreikönige und zeigt, dass wir Menschen offensichtlich doch etwas brauchen, woran wir uns gleichsam festhalten können, was dann auch seine eigene Wirkung entfaltet.

Wenden wir uns nochmals der Bibel zu. Zuerst müssen wir davon ausgehen, dass es im Weltbild der Bibel Gegebenheiten gibt, die wir heute als Okkultismus oder Esoterik bezeichnen würden. In der Bibel jedoch werden die Dinge vor allem nach ihrem Zusammenhang und nach ihrer Motivation bewertet – dabei bleibt stets das damalige Weltbild zu berücksichtigen. Natur und Übernatur, Person und Ding sind eng miteinander verflochten.

Aus dem Grunde ist es leicht, Handlungen herauszufiltern, die wir sofort, sachlich gesehen, als magisch empfinden. Im Buch Genesis im 27. Kapitel kann Isaak seinen vom zweiten Sohn Jakob betrügerisch erworbenen Segen nicht rückgängig machen (Genesis 27,18–29). Er wird weiter wirken. Damit bekommt die Handlung eine selbständige Macht unabhängig von den Rahmenbedingungen. Das ist Magie.

Im Neuen Testament sind es Magier, die erst später zu Königen werden, die den neugeborenen Jesus auf Grund ihrer astrologischen Berechnungen finden (Matthäus 2,2). Auch manche Heilungspraxis von Jesus trägt magische Züge. Die an Menstruationsbeschwerden leidende Frau braucht nur seinen

Mantel zu berühren und wird geheilt. Die frei werdende Energie spürt Jesus, der sie wiederum der Frau zuschreibt, die fest an seine Heilkraft glaubt (Matthäus 9,20–22). An anderer Stelle benutzt Jesus selber einen magischen Ritus, indem er einem Blinden mit seinem Speichel vermischten Lehm auf die Augen legte, anstatt ihm mit einem reinen Segenswort zu heilen (Markus 8,22–26).

Wir brauchen also nicht lange zu suchen um fündig zu werden. Und es gibt noch hunderte weniger bekannte andere Stellen in der gesamten Bibel, wo die Kraft, die wir Magie nennen, eine Rolle spielt.

Abschließend möchte ich das Phänomen Aberglaube in Relation zum Glauben einordnen und bewerten. Aberglaube in all seinen Erscheinungsformen hat immer etwas mit Glaubensschwäche zu tun. Denn in dem Moment, wo wir abergläubisch handeln, verlassen wir uns lieber auf unsere Handlungen oder Worte anstatt allein auf Gott.

Dem Menschen scheint die Hoffnung auf die Nähe des doch so fernen Gottes nicht zu genügen, er braucht eben für seinen banalen Alltag greifbare Dinge. Aus diesem Grund wird es nur wenige Menschen geben, die den Aberglauben völlig aus ihrer Denk- und Handlungsweise verbannt haben.

Braucht also der Mensch zuweilen etwas Magie oder Aberglauben? Können wir manchmal gar nicht anders, als den Gegenständen und Worten unmittelbar vor uns mehr zuzutrauen, als Gott selbst? Oder wirkt Gott vielleicht auch darin oder mit ihnen, ja hat er uns selbst diese Möglichkeiten gegeben? In Bezug auf das Gebet könnten wir ähnliche Fragen stellen.

Glaube und Aberglaube, Gottvertrauen und magische Vorstellungen, Gebete, rituelle Handlungen, Fluch und Segen – es gibt keine klare Formel, die diese Dinge völlig voneinander trennen kann. Immer geht es darum, dass hier oft eigendynamisch etwas geschieht, was sehr mächtig ist und letztlich die unterschiedlichen Dimensionen der Wirklichkeit vermischt. Dabei kommt es auf den Blickwinkel des Betrachters an. Harte und weiche Wirklichkeit vermischen sich hier, Faktisches und Subjektives gehen ineinander über.

Die Macht der Magie

Magie und Weltbild

Magie hat erst einmal sehr viel damit zu tun, wie wir die Welt um uns herum anschauen und werten. Es gibt Kulturkreise auf unserer Erde, die meist besonders intensiv mit der Natur verbunden sind, für die Erfahrungen, die wir als magisch oder irreal bezeichnen würden, zum selbstverständlichen Alltag gehören. Gerade bei der Begegnung mit Afrikanern oder Südamerikanern habe ich schon selbst erlebt, wie bestimmte Rituale zur Lebenswirklichkeit dazugehören. Für die Menschen dort sind das Alltagserfahrungen, Erlebnisse, die mit Fluch oder Segen, Glück oder Unglück in Verbindung gebracht werden. Die Frage: „Gibt's das wirklich?" stellt sich den Betroffenen nicht.

Wir haben einen anderen Blick auf die Natur, der in unserem naturwissenschaftlich geprägten Weltbild gründet. Wir analysieren mehr oder weniger bewusst alles nach physikalischen, biologischen oder chemischen Prinzipien. Und alles, was nicht in dieses materielle Raster passt, wird als irreal oder eingebildet abgestempelt.

Jedes Weltbild bestimmt im Grunde von vornherein, was es geben darf und was nicht. Und vor allem welche Bedeutung es hat und wie man bestimmte Vorgänge einordnen und bewerten darf.

Wer die Deutungshoheit hat, wird auch Worte für menschliche Erfahrungen finden. Zum Beispiel wird man sich bei Christen hüten, Segen, Gebete, Abendmahlfeiern, Taufen usw. zu nahe mit dem Begriff der Magie zu verbinden. Die Riten afrikanischer Kulte hingegen sortieren wir gerne unter der Rubrik Magie ein.

Es bleibt festzuhalten, dass Magie eine sehr subjektive, aber das Leben bestimmende Kraft ist.

Magie und Heilung

*D*iese subjektive und lebensbestimmende Kraft spielt in unserem Leben wohl am ehesten eine Rolle, wenn es um gesundheitliche Dinge geht.

In keinem anderen Bereich unseres Lebens klammern wir uns in unserer Not an Rituale, die wir unter anderen Umständen höchstens belächeln würden. Einige dieser „Heilsbringer" sind Bachblüten, schöne, mit positiver Energie geladene Steine oder wünschelrutengemäße Schlafzimmereinrichtungen. Offensichtlich spüren wir intuitiv, dass, wenn konventionelle Behandlungsmethoden versagen, möglicherweise andere Kräfte mobilisiert werden können.

Die gibt es tatsächlich und sind zum Teil auch wissenschaftlich nachgewiesen. Als Beispiel sei nochmal der Placeboeffekt genannt: rein geistige Überzeugungen können sich materiell, also physiologisch, in unserem Körper niederschlagen. So etwas nennen wir an anderer Stelle „magisch".

Aber allein nur der Glaube gesund zu werden reicht in der Regel nicht aus, denn keiner kann auf Befehl glauben oder solche starken, innerlichen Kräfte mobilisieren, die sogar chirurgische Eingriffe in den Schatten stellen können. In diesem Augenblick stellt sich die Frage, inwieweit Steine, Talismane, Blüten oder eben auch Zuckerpillen usw. gleichsam durch ihre gegenwärtige Aura die Katalysatoren für solche ganz realen Kräfte sein können. Hier finden wir wohl eine unentwirrbare Verwebung zwischen unserem menschlichen Geist und entsprechenden Gegenständen und Ritualen, denen wir Macht schenken.

Möglicherweise schenken wir bestimmten Dingen selber erst ihre Kraft. Das kann ganz individuell sein, also erst einmal nur für mich persönlich, oder auch kollektiv, wie bei schamanischen

Heilungen bei bestimmten Volksgruppen. In Südafrika übernimmt sogar die Krankenkasse die Kosten der Sangomas, der
dortigen Heiler.

Symbole und Rituale

*W*enn wir uns in uns selber vertiefen und ganz ehrlich
fragen: Was ist die Welt, in der wir leben? Wo liegt ihr
Grund? Woher kommt sie und warum ist nicht einfach Nichts,
sondern diese bunte Vielfalt, die wir wissenschaftlich wie ästhe-
tisch wahrnehmen können?

Wenn wir uns wirklich mit diesen Fragen auseinandersetzen,
stoßen wir sehr schnell an unsere Grenzen. Konkretes Wissen
über das Sein an sich ist uns also nicht möglich. Und darum hat
der Mensch im Laufe seiner Existenz gleichsam Katalysatoren
entwickelt, um mit ihnen ein wenig in die Tiefe der Wirklichkeit vorzudringen, meist mehr intuitiv, aber doch vielleicht in die
richtige Richtung.

Äußerlich zeigt sich diese Suche und eine Ahnung gegenüber
einer anderen Dimension in Symbolen und Ritualen, die für die
Vielschichtigkeit des Seins stehen und so ihren eigenen Sinn erhalten. Nicht immer gleich verstanden, aber doch mit einer eigenen Kraft behaftet. Hier fehlen uns oft die Worte. Genau wie in
Träumen scheinbar Sinnloses und Unkonkretes oft auf irritie-
rende Weise eine tiefere Wahrheit offenbart und in Therapien
den Betroffenen oft weiterhelfen konnte.

Solche Grenzberührungen mit einer anderen Dimension
haben etwas Magisches an sich. Von solchen Begegnungen können Kräfte ausgehen, die eine eigendynamische Wirkung auf
uns haben, der wir uns schwer entziehen können. Der gesamte
Bereich des sogenannten Aberglaubens hat damit zu tun. Dessen meist unbewusstes Grundgefühl ist es, das alles mit allem

zusammenhängt und durch Symbolgegenstände, Rituale oder Worte beeinflusst werden kann.

Kaum jemand kann sich diesem unbestimmten und manchmal etwas beängstigenden Gefühl entziehen. Eine psychologische Erklärung ist zwar möglich, hat aber nichts mit der Wirksamkeit von Symbolen und Ritualen zu tun. Wir brauche Rituale und Symbole, wenn wir an die Grenzen unserer eigenen Machbarkeit und unseres eigenen Verstehens stoßen, weil sie uns tragen können und damit auch eine ganz besondere Eigendynamik entwickeln, die unser Leben bewegt. Manchmal werden solche Rituale schon im Kleinsten sichtbar: An abgegriffenen Knäufen, Händen oder Köpfen von Heiligenfiguren, bei Gräbern und manchmal sogar an Brücken oder Brunnen, denen man eigene Kräfte zuspricht.

Magie, Religion und Gott

*A*us dem gerade beschriebenen können wir ablesen, dass magische Erfahrungen auch viel mit Religion zu tun haben, selbst wenn uns diese Verknüpfung zunächst unangenehm erscheinen mag. Das liegt aber insbesondere daran, dass wir mit dem Begriff Magie etwas negativ Okkultes verbinden, das in die Welt des Widergöttlichen zu gehören scheint.

Arthur Schopenhauer (1788–1860) betrachtet Magie als den Willen, befreit von kausalen Bindungen, Physisches zu bewirken. Unabhängig davon, ob es wirklich Befreiung von kausal physischen Zusammenhängen gibt und weitere, bis heute unbekannte Kräfte in uns mobilisiert werden können – Magie hat etwas mit unseren Gefühlen zu tun und beeinflusst uns mehr, als wir es bewusst wahrnehmen.

Wenn wir Magie aus religiösen Handlungen heraushalten möchten, ist das die subjektive Entscheidung derjenigen, die eine

Deutungshoheit in ihrer Religion haben. Das wird klar, wenn wir an einige Kernaussssagen unserer Religion denken. Die Trans-substantiationslehre, also die Wandlung im Abendmahl von Brot und Wein, wird für einen neutralen Beobachter eine absolut typisch magische Handlung sein.

Jetzt könnte der Einwand kommen, dass allein Gott hier handelt. Dennoch bleibt es bei einer magischen Handlung: Gott handelt nach unserem Verständnis nur, wenn ein Pfarrer bzw. Geistlicher die Wandlung von Brot und Wein zu Leib und Blut Christi vollzieht. Magie ist nichts anderes als ein Geschehen, wo Menschen eine bestimmte Handlung vollziehen bzw. bestimmte Worte sprechen und damit Einfluss auf Menschen und Dinge nehmen – auch wenn dies unter der Voraussetzung geschieht, dass alles letztlich Gott untersteht. Wenn in nichtchristlichen Kulten ähnliches vollzogen wird, fällt es uns gar nicht mehr schwer, hier von Magie zu sprechen.

Darum wird man im weitesten Sinn sogar Fluch und Segen sowie das Gebet als Magie bezeichnen dürfen, auch wenn das nicht üblich ist. Denn ohne mein entsprechendes Denken, Sprechen und Handeln, würde auch keine diesbezügliche Wirkung erwartet – das Ergebnis ist das gleiche. Gott würde anscheinend nicht so handeln, wenn ich nicht so bitten oder segnen oder gar fluchen würde. Die Bibel ist voll von solchen Sequenzen – magische Vorstellungen sind in der Bibel eine Selbstverständlichkeit. Sie werden allerdings in die richtige Richtung geleitet, um so als positive Kräfte zur Wirkung zu gelangen. Trotzdem gilt: Der Mensch soll sich nur an Gott wenden und ihm allein vertrauen, nicht irgendwelchen obskuren Kräften und Mächten.

Wir sollten uns also nicht zu sehr an dem Wort Magie stören, sondern lieber darüber nachdenken, welche psychodynamischen Kräfte in uns schlummern, die vielleicht darauf aufmerksam machen können, dass unsere Welt eben doch nicht nur ein physikalisch-technisches Gebilde ist, sondern dass noch andere Kräfte bestimmend sein können. Diese ziehen sich in bunter Verkleidung durch die ganze Geschichte der Menschheit und haben bis heute, trotz aller Widersprüchlichkeit, nichts von ihrer Kraft verloren.

Zusammenfassend können wir festhalten: Hinter dem Wort Magie steckt eine urreligiöse, spirituelle Erfahrung des Menschen, durch ein bestimmtes Denken und Handeln die Welt verändern zu können, sich selber zu verändern und auch andere Kräfte, die außerhalb seiner Verfügungsgewalt stehen, zuzulassen.

Spiritualität – die Sehnsucht nach dem Göttlichen

Spiritualität – was ist das?

Weder in meinem Herkunftswörterbuch noch in einem Wortdefinitionslexikon fand ich den Begriff Spiritualität. Dagegen wurde zum Beispiel seitenweise über Spiritismus nachgedacht. Beide in ihrer Bedeutung so unterschiedlichen Worte verbindet das lateinische *„spiritus"*, das heißt *Geist*.

Im Fremdwortwörterbuch fand ich dann die schlichte Erklärung: *Spiritualität* bedeutet *Frömmigkeit*. Das Wort klingt schicker als der etwas angestaubte Begriff der *Frömmigkeit*. Für kirchenferne Menschen erscheint vor ihrem inneren Auge das Bild vereinzelt in Kirchenbänken sitzenden älteren Damen, während *Spiritualität* eher die Vorstellung eines Meditationsseminars hervorruft. Ein weiteres Wörterbuch bot eine angemessenere Übersetzung: *Geistigkeit*.

Mittlerweile ist Spiritualität zum Modebegriff avanciert, doch wir wissen nicht so recht, was wirklich damit gemeint ist. Ursprünglich bedeutete Spiritualität weniger die persönliche, subjektive Religiosität und Glaubenshaltung, sondern vielmehr eine vom Glauben getragene grundsätzliche Lebenseinstellung. Diese umfasst die ganze Existenz des Menschen. Heute wird das Wort eher im Sinn der persönlichen geistigen Orientierung benutzt, die nicht unbedingt christlich sein muss, sondern genauso in die Esoterik passen kann oder in der Hinwendung zu fernöstlichen Weltanschauungen ihren Platz hat.

Populär wurde die Bezeichnung Spiritualität durch die besonders der Natur zugewandte New-Age Bewegung des letzten Jahrhunderts. Später wurde dieser Begriff – nach anfänglich heftiger Kritik – auch im Raum der Kirche immer beliebter.

Spiritualität von außen

*Z*unächst bedeutet Spiritualität die Hinwendung des Menschen zu einem Bereich, den man allgemein als Transzendenz bezeichnet, also einem jenseitigen Gefilde, das weder nach- noch beweisbar ist und sich allen technischen und naturwissenschaftlichen Untersuchungen entzieht. Diese Transzendenz wird dann mit Verstorbenen, Geistern, jenseitigen Wesen wie zum Beispiel Engeln, mit Gott oder auch Göttern gefüllt.

Offensichtlich treibt den Menschen eine unstillbare Sehnsucht, mit dieser Welt in irgendeiner Weise ein Kontakt zu treten. Eine Welt, von deren Existenz er eigenartigerweise stark überzeugt ist, obwohl alle Sinne und nicht selten auch der Verstand dagegen sprechen.

Wo liegt die Ursache dieser Überzeugung? Kann man von außen auf Gegebenheiten stoßen, die uns weiter führen?

Schon 2003 wurde in einer Wissenschaftszeitung ein Artikel unter der Überschrift: „Die Biologie des Glaubens" veröffentlicht. Diese Untersuchung hat damals viel Aufsehen erregt: Menschen, die sich in tiefe Meditation versetzen können, haben gleichsam ihr Gehirn für diese Untersuchung zur Verfügung gestellt. Tatsächlich hat man spirituelle Zentren und Aktivitäten im Gehirn entdecken können (vergl. auch: https://axelebert.org/de/biologie-glauben.html und http://www.sueddeutsche.de/wissen/neuro-experiment-moenche-in-der-magnetroehre-1.912829).

Hat also unsere Religiosität eine biologische Basis? Ist Gott dann nur ein „Hirngespinst"?

Weitere Untersuchungen gingen schließlich soweit, dass einige Wissenschaftler schon von einem „Gottesgen" sprachen. Der Molekularbiologe Dean Hamer meint, Spiritualität sei ein grundlegender Bestandteil unseres genetischen Erbes. Diese Basis bringt vernunftbegabte Menschen dazu, an etwas zu glauben, dass sie weder sehen noch hören, auch nicht fühlen, riechen oder schmecken können. Diese Tatsache spiegelt sich in der Sehnsucht des Menschen nach Transzendenz in allen Kulturen auf der Erde wider.

Ihre inhaltliche Ausrichtung entspricht dann jeweils den Erfahrungen und Begegnungen der Menschen in den Zeiten und an den Orten, wo sie jeweils leben. Die Grundlage dafür bleibt immer die gleiche und es gibt lediglich unterschiedliche Auslegungen einer ähnlichen Erfahrung.

Bei solchen von der Naturwissenschaft animierten Untersuchungen beginnt sogleich der Streit um die Kausalität. Dem äußeren Anschein entsprechend kommen manche Forscher zu dem Schluss, die Gläubigkeit eines Menschen in Bezug auf eine mögliche Transzendenz inklusive seiner entsprechenden Erfahrungen sei nichts anderes als eine bestimmte biologische Eigenschaft, die keinen Bezug zu einer außerhalb des Menschen liegenden Realität hat. Die Ursache religiöser Neigungen sei also rein körperlich bedingt.

Diese Logik ist insofern problematisch, als diese Möglichkeit nur zu 50 Prozent besteht. Denn man kann ebenso anders argumentieren: Im Menschen gebe es gleichsam eine materielle Antenne, mit der er Transzendentes auf seine Weise wahrnehmen könnte.

Der Neurologe und Sterbeforscher Michael Schröter-Kuhnhardt, argumentiert grundsätzlich mit der biologischen Annahme, dass unser Gehirn im Sterben in der Lage ist, seinem Träger etwas widerzuspiegeln, was eigentlich nicht zu dieser Seite des Daseins gehört, aber eben mit seinem physischen Instrumentarium in Grenzsituationen berührt werden kann. Genauso kann man auch sagen, dass das Trommelfell uns erst ermöglicht Töne von außen her zu hören, sie aber natürlich nicht selber erzeugt.

Für diese Überzeugung spricht folgendes: Es gibt keinen Grund anzunehmen, dass die Evolution dem Menschen eine Gabe gerade auch auf biologischer Ebene ermöglicht, die ihn zuweilen regelrecht dazu zwingt, eine höhere Ebene von Wirklichkeit anzunehmen, die er auf subjektive Weise sogar erspüren kann, die aber in Wirklichkeit gar nicht existiert. Das ist keine Hypothese, sondern ein anthropologisches Faktum über alle Zeiten, Kulturen und Religionen hinweg.

Es gibt wenige Dinge, die so dauerhaft und fest im Menschen verankert sind, wie seine Spiritualität, sein Drang und seine Fähigkeit zu spirituellen Erfahrungen. Diese kann er in vielfältiger Weise zum Ausdruck bringen, vor allem in Architektur, bildender Kunst, Musik, Theater und Literatur und dort in einer Intensität wie nirgendwo anders:

Spiritualität von innen

Gerade haben wir überlegt, ob sich unsere Sehnsucht nach höheren, aber nicht wahrnehmbaren Dimensionen, in irgendeiner Weise äußerlich – also letztlich materiell – widerspiegelt. Diese Spurensuche scheint nach heutigem Stand der Wissenschaft nicht ganz erfolglos zu sein.

Genauso kann man daraus schließen, dass es offen bleiben muss, ob sich mögliche transzendente Dimensionen auch materiell niederschlagen, oder ob diese physisch aufzuspürenden Dinge die Ursache für die Sehnsucht nach einer dann nur fiktiven jenseitigen Welt sind. Letztlich können naturwissenschaftliche Ergebnisse auf diesem Gebiet weder die Existenz des Jenseits beweisen noch widerlegen.

Das gilt erst recht für die innere Spiritualität. Diese Unterscheidung erscheint mir sinnvoll, weil sie auf individuellen Empfindungen und Überzeugungen beruht, die keinerlei nachweisbare materielle Spuren in dieser Welt hinterlassen.

Im nächsten Kapitel wollen wir noch einen Schritt weitergehen und nachforschen, welche Erfahrungen Menschen auf der Suche oder gar bei der Begegnung mit der Transzendenz machen. Nach einer breit angelegten Studie, dem so genannten Bertelsmann-Religionsmonitor (2013), in dem über 20.000 Menschen weltweit befragt wurden, kam bei der Frage der Gottesvorstellung unter anderem Folgendes heraus:

Jeweils zwischen 20–30 Prozent der Befragten stimmten folgenden Umschreibungen eines Gottes zu: „Eine höhere Macht", „eine Person, zu der man sprechen kann", „die Natur als Ganzes", „eine Energie, die alles durchströmt". Die weitaus größte Mehrheit teilt sich diese Aussagen in der hier genannten Reihenfolge. So wird Materie und Natur eine Bedeutung gegeben, die das rein naturwissenschaftlich Fassbare übersteigt. Diese Auffassung scheint nicht nur erlernt zu sein, sondern im Menschen angelegt.

Einer so formulierten Erfahrung Gottes entsprechen die vier höchsten Werte, die jeweils über 40 Prozent der Befragten angegeben haben: Dankbarkeit, Freude, Liebe und Hoffnung. Das erstreckt sich über alle Religionen.

Daraus können wir schließen, dass Erfahrung von Spiritualität in erster Linie etwas ist, das den Menschen Halt gibt, sie glücklich macht sowie Lebenssinn und Zufriedenheit schenkt.

Das heißt am Ende spielt es keine Rolle, ob der Mensch hier nur einer Illusion nachhängt oder tatsächlich eine tiefere sinngebende Wahrheit berühren kann. Im ersten Fall würde es seine dann sehr kurzlebige Existenz deutlich verbessern, im zweiten Fall würde er schon in seinem irdischen Dasein entdecken, was nach dem Tod auf ihn zukommen wird. Hier entscheidet jeder für sich selbst, welchen Weg er gehen möchte.

Interessant und auch für mich erstaunlich ist, dass nach den Recherchen für einen Dokumentarfilm unter dem Titel „Was glaubt die Welt" mit Dunja Hayali aus dem Jahr 2016 nur etwa 10 Prozent der Menschen auf der ganzen Welt Atheisten sein sollen!

Erfahrung von Transzendenz

*Ü*ber Erfahrungen zu *reden* ist immer problematisch, da unserer Sprache oft das entsprechende Vokabular fehlt für das, was man erlebt, gefühlt und empfunden hat. Gerne erwähne ich hier das Beispiel mit der Musik. Sie haben schon oft Musik gehört und Ihnen ist, wenn ich Sie jetzt fragen würde, sofort irgendeine bekannte Melodie präsent. Sie wandert gleichsam mit ihren Klängen durch Ihren Kopf. Doch diese Klänge mit einigen Worten zu beschreiben, gestaltet sich äußerst schwierig. Genauso kann man das Erlebnis eines großen Konzerts – egal ob Klassik, Jazz oder Pop durch Erzählungen nur annähernd wiedergeben.

In der Psychologie werden sogenannte transzendente Erfahrungen oft als „ozeanische Gefühle" umschrieben. Das sind äußerst komplexe Erfahrungen, deren Deutungen von wissenschaftlicher Seite meist ins Leere führen. Denn hier berühren wir eine Ebene, die man als mystisch bezeichnen kann – das heißt eine andere Form von Wirklichkeit.

Leider fehlt der Naturwissenschaft zuweilen die Tiefe, die man braucht, um auch andere Formen von Wirklichkeit zu realisieren. Vielleicht kann man das an folgendem Beispiel noch verdeutlichen: Wenn jemand eine Landkarte genau studiert, die Straßenzüge und Orte zum Beispiel in einem Gebirge auf dem Papier oder dem PC genau abliest, wird er das Gefühl bekommen, sich einigermaßen auszukennen und entsprechende Orte auch zu finden. Er macht sich ein inneres Bild von der Strecke auf der Basis von Zahlen, Buchstaben, Strichen und Farben. Doch hat das letztlich wenig mit dem zu tun, was er dann wirklich erlebt:

Die schneebedeckten Gipfel, den Blick aus 2000 Metern Höhe hinab ins Tal, den blauen Himmel, die Wärme der Sonne auf der Haut, den Wind und die Gerüche von Heu. Das Bimmeln der Kuhglocken, die Schreie der Falken, den orangefarbenen

Sonnenuntergang und schließlich das Glitzern der Sterne und das Spiegelbild des Mondes im klaren See.

All das findet sich auf keiner Landkarte und ähnlich verhält es sich mit den Grenzen naturwissenschaftlicher Analyse.

Um auf den Menschen zurückzukommen, so lassen sich bei ihm zerebral viele Muster feststellen. Geborgenheitsgefühle können auf pränatale Erinnerungen reduziert werden, auf das ozeanische Gefühl eines Fötus im Fruchtwasser. Aber vielleicht ist das alles doch nur das materielle Instrumentarium, um an den Ort des Geschehens zu gelangen oder andererseits auch nur die materielle Grundlage, auf der sich diese andere Landschaft so spiegelt, gleichsam als körperliche Reaktion, dass man sie an dieser Stelle sogar doch ein wenig messen oder erkennen kann.

Aber wenn jemand in einer transzendenten Erfahrung die andere Seite der Wirklichkeit geschaut hat, ändert sich sein Leben oft grundlegend. Diesem Menschen ist es in der Regel egal, was Ärzte, Psychologen oder andere Wissenschaftler davon halten. Er weiß, was er erlebt hat, denn für ihn hat sich eine unsichtbare Tür geöffnet. Am deutlichsten wird das bei Menschen mit Nahtoderfahrungen.

Interessant scheint, dass für die Reisenden auf einer solchen Ebene die Erfahrung, die sie dort gemacht haben, realer ist als viele Dinge, die wir in unserem Wachbewusstsein als selbstverständlich und wichtig wahrnehmen. Es ist anscheinend die Konfrontation mit einer Dimension, die weit höher ist als die, die wir mit unserem sehr begrenzten Wachbewusstsein wahrnehmen.

Diese Erfahrung hat auch schon der Apostel Paulus gemacht. Darum spricht er auch nur sehr knapp von seiner Grenzerfahrung (2 Korinther 12,1–10) und bleibt bei Andeutungen. Er spricht von sich wie von einer anderen Person, die ins Paradies entrückt wurde. Darin spiegelt sich etwas Typisches: Es geht hier um zwei verschiedene Welten. Das kann aber die eigene ziemlich durcheinander bringen und so einen anderen Menschen eher irritieren als ihm nützen. Deshalb benutzt Paulus seine Erfahrung auch nicht zur Evangelisierung. Auch Jesus bat seine Jünger nach der Verklärungserfahrung auf einem Berg, nicht mit anderen darüber zu sprechen.

Solche unterschiedlichen Dimensionen zu akzeptieren, fällt uns heute vielleicht etwas leichter, wenn wir zur Kenntnis nehmen, dass schon die Messwerte der Physik eine ganz andere Welt abbilden, als die, die wir durch Auge, Ohr, Gefühl und mit unserem Verstand täglich wahrnehmen und für so eindeutig und real halten. In Wirklichkeit ist die Welt aber doch ganz anders und wird nur in uns selber so zurechtgestutzt, dass wir gut darin leben können. Ich spreche hier gerne von einer harten (naturwissenschaftlich messbaren) Wirklichkeit und einer weichen (innerlich erlebbaren und erfahrbaren) Wirklichkeit.

Gesunde Spiritualität – Thesen zum Glauben aus christlicher Sicht

1. Die mystischen Elemente des Glaubens und der Religion vor die moralischen stellen

*D*as heißt, das Geheimnis Gottes als solches anerkennen und respektieren. Das heißt weiter, ihn und den eigenen Glauben nicht in moralisch-gesetzliche Schubladen hineinpressen. Das zerstört die Freiheit und Lebendigkeit des Glaubens, lässt Angst entstehen und hindert so die Selbstreflexion und Erkenntnis eigener Schwäche.

So verhindert Rechthaberei gegenüber anderen die ehrliche und totale Öffnung der eigenen Seele gegenüber Gott und seiner unbegrenzten Liebe, die mich und den anderen mit seinen Schwächen annimmt. Der christliche Mystiker Meister Eckhart formuliert das so: „Gott ist ein Gott der Gegenwart. Wie er dich findet, so nimmt er dich. Nicht als das, was du gewesen, sondern als das, was du jetzt bist."

2. Spiritualität muss befreiend sein und darf nicht überfordern.

Das heißt, jeder Mensch ist und bleibt ein Sünder. Wer danach strebt, Vollkommenheit zu erreichen, erleidet mit großer Wahrscheinlichkeit Schiffbruch. Dann wäre das ganze Christusgeschehen umsonst gewesen, denn es besagt ja gerade, dass uns Gott auch als Sünder annimmt und liebt. Wir sind befreit vom Zwang zur Unschuld, die niemals im irdischen Leben verwirklicht werden kann.

Zu starkes Streben nach religiöser Vollkommenheit fördert Neurosen und macht krank, weil man sich immer schlecht fühlen muss. Außerdem fördert das eine überzogene Kritik am Mitmenschen. In diesem spiegeln wir unsere eigenen Schwächen und bilden uns ein, etwas besser zu sein als er.

Jesus macht das am helfenden, fremdgläubigen Samariter deutlich und am zum Vater heimkehrenden, durch einen unkonventionellen Lebenswandel belasteten Sohn. So eine nahe und liebevolle Begegnung mit Gott verspricht er jedem Menschen, der ihm nachfolgt und sich auf seine Wahrheit einlässt.

3. Ehrlicher Glaube muss verbindend sein und darf nicht spalten.

Das heißt, der Glaube ist ein Geschenk, das immer subjektiv ist. Es ist gebunden an meine lokale und soziale Herkunft und liegt tief verankert in der Zeit, in der ich gerade lebe. Andererseits will der Glaube etwas Zeitloses und Allgemeingültiges ausdrücken. Dieses Spannungsfeld muss zu einer großen Verschiedenheit der Glaubensauffassungen führen, ohne dadurch etwas über ihre Gültigkeit auszusagen. Hier darf man sich auf Gott verlassen, der uns in jedem Mitmenschen begegnen kann. Jesus betont dies ausdrücklich gegen Ende des Matthäusevangeliums. Das erfordert den Respekt und die Achtung gegenüber jeglichem Glauben, der diesen Begriff auch verdient, der auch immer mit der jeweiligen Zeit im Dialog stehen muss.

Das letzte Urteil dürfen wir hier einem liebenden Gott überlassen. Jesus meint im Johannesevangelium (14,2): „In dem Haus meines Vaters gibt es viele Wohnungen!"

Wenn Spiritualität die Menschen einteilt in Glaubende und Nichtglaubende, in Rechtgläubige und Ketzer, in Fromme und Unfromme, in Gute und Böse, dann ist das ein Zeichen krankmachender Spiritualität. Denn jeder, der so denkt, wird tief in sich – bewusst oder unbewusst – mit großer Angst spüren, dass er ja eventuell auch falsch liegen könnte. Gott aber wurde Mensch in Jesus, als Bruder aller Menschen.

4. Religiosität muss weltbezogen und darf nicht weltentzogen sein.

Das heißt, wenn wir uns der Welt entziehen, leben wir im Widerspruch zu dem biblischen Schöpfungssatz. „Und siehe, es war sehr gut." (Genesis 1) Wir unterstellen Gott eine Fehlkonstruktion. Gott selbst hat uns die herrliche Erfahrung der Sinnlichkeit und Freude ins Herz gelegt.

Das erfordert nicht nur eine Seelsorge, sondern auch eine Leibsorge und erlaubt gerade den Genuss. Das betrifft die Sexualität genauso wie den Sport oder den Genuss von Essen und Trinken. Andernfalls würden wir diese Geschenke Gottes in den Müll werfen. Ebenso schädigen wir Gottes Schöpfung bei Missbrauch seiner Gaben, wie schon Paulus im ersten Brief an die Korinther schreibt: „Oder wisst ihr nicht, dass euer *Leib* ein *Tempel* des Heiligen Geistes ist?" (6,19)

Erst die Selbstbejahung und ein ehrliche Interesse an der Welt wird auch zu ehrlichem sozialen Engagement und unbelasteten Glauben führen.

5. Das Gefühl mit dem Verstand verbinden

Das heißt, jegliche Einseitigkeit führt in eine Sackgasse und entspricht nicht dem menschlichen Wesen. Einseitigkeit weist immer auf das Defizit des anderen hin.

In den Kirchen hat in den letzten Jahrhunderten der dogmatische Verstand, der vielen heute wie ein Korsett erscheint, die Oberhand gewonnen. Das hindert derzeit unzählige Menschen, den Glauben ganzheitlich und meditativ auch wirklich zu *erleben*. Die Esoterikwelle macht das deutlich. Andererseits besteht hier die Gefahr vom eigenen Gefühl weggespült zu werden. Es liegt an jedem selbst, diesbezüglich für innere Ausgewogenheit zu sorgen. Erst diese wird die Sehnsucht nach sinnvoller Glaubenserfahrung befriedigen.

Darum ist gesunde Spiritualität immer ganzheitlich und nicht einseitig. Der ganze Mensch mit Verstand und Gefühl muss in sie eingebunden sein. Denn so sind wir selbst von Gott geschaffen worden. Nur in uns finden wir das Tor zu ihm, das er uns schon geöffnet hat. So kann man sich ohne Wenn und Aber in seine Hände fallen lassen.

6. Schließlich muss der Glaube immer demütig und darf nie stolz sein.

Das heißt, im Glauben muss immer der Mut zur Wahrheit sein, dass es sich um Glauben und nicht um Wissen handelt. Dass der Glaube in seinem Geheimnis letztlich nicht meine eigene Leistung ist, sondern ein Geschenk von außen. So habe ich nie das Recht mich damit brüsten.

Der Weg zu Gott führt in seiner Tiefe über die Anerkennung der eigenen Ohnmacht und das ehrliche Empfinden der Gnade und Liebe Gottes. Eine entsprechende Lebenshaltung wird letztlich auch überzeugender anderen gegenüber wirken, als jegliche Machtdemonstration. Denn hier geht es um die Freiheit der Liebe, die dem Menschen die Geborgenheit und Sicherheit schenken kann, die er für ein gelungenes und glückliches Leben braucht.

7. Spiritualität und Lebenswirklichkeit

- Das Wort Spiritualität ist eigentlich der aussichtslose Versuch, ein außerordentlich weites Empfindungsspektrum in einem Begriff zu verpacken.

- Spiritualität kann der Ahnung oder Überzeugung ein Wort geben, die mir deutlich macht, dass hinter unserem Alltag ein übergeordneter, von außen geschenkter Sinn liegt.

- Spiritualität kann eine subjektive, persönliche Kommunikation mit „der anderen Seite" meinen, mit welcher sich meine Seele ständig verbunden fühlt (Paulus: „Betet ohne Unterlass!" 1 Thessalonicher 5,17).

- Spiritualität kann die Worte Gott, Geist, Christus, Engel u. a. mit Leben füllen und sie so für mich selbst und das Leben als Erfahrung wertvoll machen.

- Spiritualität kann mit den Widersprüchen des Lebens und der Unterscheidung von Immanenz und Transzendenz gelassen umgehen, weil ein von ihr getragener Mensch immer eine gewisse Geborgenheit empfinden wird.

- Orte der Spiritualität: Die Menschen haben die Aufgabe Asylstätten für das Absolute zu schaffen (z. B. Kirchen). Es sind Orte der Möglichkeit des Hoffens vom Endlichen zum Unendlichen. Der Mensch braucht Freiräume für die Ewigkeit.

Mystik – eine zeitlose Glaubens- erfahrung

Mystik – eine Begriffsdeutung

*I*n den letzten Jahrzehnten erfreut sich die Mystik wieder steigender Popularität und wird als Thema zunehmend ernstgenommen. Die evangelische Theologin Dorothe Sölle (1929–2003) meinte, Mystik sei die Seele der Religion. Und der katholische Theologe Karl Rahner (1904–1984) war sogar davon überzeugt, dass die ganze Zukunft des Christentums von ihrer Offenheit gegenüber der Mystik abhängt.

Da ich mich schon lange mit dieser Art von Welt- und Glaubenswahrnehmung beschäftige, kann ich mich noch gut erinnern, dass vor etwa dreißig Jahren das Wort Mystik mit Okkultismus oder Esoterik gleichgesetzt oder verwechselt wurde und erst recht keinen Platz innerhalb der wissenschaftlichen Theologie fand. Inzwischen sind viele respektable Bücher erschienen, die sich den uralten Wurzeln der Mystik wieder genähert haben und sie auf verschiedene Weise würdigen.

Andererseits wird der Begriff Mystik in populären Sendungen oder Veröffentlichungen auch immer wieder missbraucht, um einen gruseligen und geheimnisvollen Hintergrund zu erzeugen.

Beide Wahrnehmungen der Mystik zeigen uns allerdings eine große Neugier und Offenheit gegenüber dem, was letztlich hinter dem Wort Mystik steckt. Dafür gibt es verschiedene Gründe.

Einmal ist es die immer schneller werdende Dynamik unserer Zeit, die das Leben unsicherer macht. Es ist nicht mehr so planbar wie früher. Das geht mit einem Verlust an Geborgenheit daher, der uns gar nicht immer bewusst wird, weil wir viele Risiken verdrängen, um nicht zu skeptisch in die Zukunft schauen zu müssen.

Geradezu symbolisch zeigt sich das im Umgang mit der spekulativen Gestaltung der nationalen Staatsverschuldungen, die eigentlich in den Abgrund führen müssten – es sei denn, man schafft das Geld ab. Genauso beängstigend scheint für viele die Digitalisierung der Industrie und des Privatlebens, weil sich die Dinge hier oft zu schnell selber überholen. Auch die unterschiedlichen ökologischen Gefahren hängen wie ein Damoklesschwert über uns. Nicht zuletzt schüren die globalen Bevölkerungsentwicklungen mit den vielen Flüchtlingsströmen Ängste, die, zumindest was Europa betrifft, eigentlich in ein Desaster führen müssten. Die Weltbevölkerung wird bald acht Milliarden Menschen umfassen. Leider klingt auch das Wort Krieg heute wieder anders als noch vor ein paar Jahren.

Insgesamt ist hier eine Dynamik zu beobachten, die beängstigend wirkt.

Wenn wir uns die Menschheitsgeschichte anschauen –, von der Antike über das Mittelalter bis in die Gegenwart – gibt es immer wieder Zyklen, in denen die Menschen nach etwas Verbindlichem suchen, das Geborgenheit schenkt, nach einer grundlegenden Wahrheit, die über all dem Chaos steht. Eine Wahrheit, die meinem Leben mehr Sicherheit und Sinn verleihen kann und mir vielleicht sogar die Kraft gibt, besser mit den Unwägbarkeiten des Lebens umgehen zu können.

Der Versuch, etwas davon zu berühren, das jenseits unserer Wirklichkeitswahrnehmung liegt, hat mit der Mystik zu tun. Ihr Anliegen ist es, in äußerst reduzierter Weise, gerade noch menschengemäß, aber letztlich ganz unspekulativ, dieses ganz Andere in unterschiedlicher Form auf den Punkt zu bringen. Mystik ist eine Berührung mit dem Geist, oft weit entfernt von der noch mit unseren Sinnesorganen wahrnehmbaren Oberfläche der Welt. Eine Geistesberührung sprengt im gewissen Sinne die materielle Dimension des Seins.

Die Wurzel des Begriffs Mystik geht auf eine griechische Wortverbindung zurück, die so viel wie „die Augen schließen" (myein) bedeutet. Mit anderen Worten eine Innensicht, die den Kosmos aus einer neuen Perspektive frei geben soll.

Die weitere Wortentwicklung betont dann den Begriff des Geheimnisvollen (mysterium). Beides ist miteinander verwoben. Von hier ist es nicht weit zu sogenannten Geheimlehren, die eben nicht für jedermann zugänglich und verständlich sind, sondern nur nach Einweihung durch Mystagogen (Priester oder Geheimnislehrer) und damit verbundenen intensiven Vorbereitungszeiten zugänglich werden. Der Ausdruck Mystik bezeichnet demnach die Weise sich einer absoluten und göttlichen Wirklichkeit zu nähern, so wie sie uns Menschen gerade noch möglich ist.

Die Erlebnisse und deren Deutungen, die dabei gemacht werden, sind immer eng verflochten mit der Zeit, in der derjenige lebt, der solche Erfahrungen macht und natürlich mit der Kultur und Religion in die er verwoben ist. Äußerst spannend erscheint mir, dass entsprechende Erfahrungen und Urbilder – trotz aller äußerlichen Unterschiede –, sich genial gleichen und sich immer wiederholen, auch wenn die Menschen je und je andere Worte dafür finden. Im Folgenden wollen wir uns damit beschäftigen.

Die globale Übereinstimmung

*C*arl Gustav Jung, der Begründer der Tiefenpsychologie, hat in seinen weitläufigen Untersuchungen festgestellt, dass es weltweit archetypische Mythen gibt, die in unterschiedlichen Bildern, aber mit großer Ähnlichkeit, überall auf der Erde tradiert werden.

Es gibt also Erfahrungen und Empfindungen, die in allen Kulturen unabhängig voneinander auftauchen, sei es in Sagen und Märchen in menschlichen Träumen und natürlich auch in den tiefen religiösen Bildern der Menschheit.

So darf man fragen: Woher kommen sie? Welchen Sinn haben sie? Und aus welcher Quelle entspringen sie?

Diese Übereinstimmungen in aller Unterschiedlichkeit finden wir auch in der Mystik. Überall hat der Mensch ein Grundbedürfnis, das ihm in die Seele geschrieben scheint, die Grenzen seiner Endlichkeit aufzuheben, um das Große und Ganze der Wirklichkeit erfassen zu können. Da die gedankliche oder auch gefühlsmäßige Begegnung mit dem Absoluten seine Denk- und Erfahrungsfähigkeit sprengt, bleibt ihm nur der Versuch in Gleichnissen, Metaphern und Bildern das Erlebte zu umschreiben.

Das aber ist letztlich nur mit Worten oder optischen Darstellungen möglich. Diese sind stets Kultur- und Zeitabhängig und von daher schon sehr eingegrenzt. Andererseits ist die Sprache natürlich auch der Schlüssel, um eine Religion, Kultur oder Gesellschaft verstehen zu können. Das gelingt nur durch eine vertiefende Betrachtungsweise, denn Wörter verweisen in der Regel auf etwas ganz anderes als das, was sie selber sind. Das Wort „Wasser" ist nicht nass und vom Wort „Brot" wird man nicht satt.

Diese Tiefenwahrnehmung beim Umgang mit Sprache haben wir heute teilweise verlernt und für manche Metaphern den Zugang verloren.

Mystische Erfahrungen und Mythen wollen den Menschen entschränken, ihn sozusagen hinter die vier Wände seiner Kammer blicken lassen, in die er zeitlebens eingesperrt ist und die er ganz subjektiv einrichtet und ständig umräumt. Das Paradoxe des Ganzen lässt sich in einem Satz ausdrücken: Es ist immer wieder der Versuch, das Unvorstellbare vorstellbar werden zu lassen. Dabei sollte eines von vornherein klar sein: Wer meint, das Gesagte wörtlich zu nehmen, verstellt sich per se den Blick für eine tiefere Wahrheit.

Historische Quellen

Religionsgeschichtlich wird man das, was man unter dem Begriff Mystik versteht, mehr oder weniger in allen religiösen Formen der Menschheitsgeschichte wiederfinden. Das Wort umschreibt ein auf das Absolute ausgerichtetes religiöses Erleben, das danach sprachlich zum Ausdruck gebracht wird.

Mystische Erfahrungen werden in Bildern und Formulierungen ausgedrückt, die aus dem Kontext des Erlebenden stammen. Das Eigentliche ist dann immer noch etwas ganz anderes im Vergleich zu Bildern und Beschreibungen.

Hier schält sich ein weiteres Paradox heraus: Etwas Zeitloses, Absolutes wird hineingepresst in kultur- und zeitbedingte Begriffe. Diese Problematik ist vergleichbar mit dem Bilderverbot in der Bibel: kein Bild kann Gott, dem Absoluten gerecht werden, ihn erfassen. In den theistischen Religionen wird die Begegnung mit dem Absoluten immer auf Gott gerichtet sein. Im Judentum, Christentum, Islam und teilweise auch im Hinduismus sind mystische Erlebnisse meistens Gotteserfahrungen, die zuallererst Ihren Niederschlag in den heiligen Schriften finden. Allerdings steht hinter dem Geschriebenen eine Erfahrung, die sich allein mit Worten nicht ausdrücken lässt. Ebenso wie ein Liebesgedicht sich anders anfühlt als die Liebe selbst.

Im Judentum, in unserem Alten Testament, stellt sich Gott in einem brennenden Dornbusch als der vor, der er immer sein wird. Jahwe „Ich bin der Seiende" „Ich bin der, der ich bin" oder auch „Ich werde sein, der ich sein werde" (Exodus 3,14). Eine faszinierende zeitlose Umschreibung einer absoluten und doch dynamischen Größe! An andere Stelle wird im Chaos des Geschehens Gott schließlich als „sanftes leises Säuseln" umschrieben (1 Könige 19,12).

Im Christentum rücken ethische Beziehungsstrukturen in den Vordergrund. Im ersten Johannesbrief wird Gott einfach als die Liebe selbst beschrieben und wo Liebe zu finden ist, dort werden wir auch Gott erfahren und finden können.

Den Schöpfungsaspekt finden wir auch im Hinduismus wieder, wo von der „göttlichen Mutter" die Rede ist (Ramakrishna), die in den ewigen Kreislauf des Seins eingebunden ist. Im Islam dagegen wird das Unnahbare Gottes, der in keinem Bild auftauchen darf, betont.

Der Buddhismus schließlich richtet seinen Blick nicht auf einen Gott und unsere Beziehung zu ihm, sondern betrachtet den Menschen selbst als eingewobenes Etwas in einer Gesamtwirklichkeit. Dabei bekommt das persönliche Sein die Möglichkeit sich loszulösen von der Beschränkung des Lebens, also der diesseitigen Existenz, um aufzugehen im Absoluten.

Allen Traditionen ist gemeinsam, die Sprengung der irdischen Grenze mit dem Versuch zu verbinden, sie mit menschlichen Gedanken zu erfassen. Dabei verlässt der Geist in gewisser Weise die Immanenz und wandert durch die Transzendenz. So sind auch alle Vorstellungen schnell bei dem großen Thema „Leben nach dem Tod". Es ist der Ort, den ich schon lebend – wenn auch nur – erahnen kann.

Hier gibt es wieder eine im Grunde eigenartige Übereinstimmung: Die meisten Mythen und Religionen der Welt prophezeien einen himmlischen Endzustand. Dieser ist eng verflochten mit einem himmlischen Gericht oder selbststrafenden Systemen, wie zum Beispiel die vom Karma bestimmte Wiedergeburt. All diese Vorstellungen haben sich, getrennt voneinander und doch mit etlichen Übereinstimmungen, global entwickelt.

Den Dualismus des Jenseits finden wir schon vor über 4000 Jahren bei den alten Ägyptern bis hin zu modernen Sekten wie den „Zeugen Jehovas" oder Steiners Anthroposophie.

Gerade auch bei der Frage „Was bleibt?" gibt es in der Gegenwart naturwissenschaftlich-philosophische Vorstellungen, die den Käfig der Aufklärung zu sprengen scheinen, auch wenn sie noch Mühe haben, sich auf dem Markt der seriösen

Wissenschaften endgültig zu etablieren. Besonders die Nahtoderforschung mit der Analyse hunderttausender Erfahrungsberichte setzt hier inzwischen international Signale.

Erfahrungsquellen

*I*m Folgenden wollen wir versuchen, die Quellen des menschlichen Interesses an etwas Unsichtbarem, nirgendwo Bewiesenen zu ergründen. Woher kommt die stille Sehnsucht, dass da doch noch etwas sei, das Sinn gibt, ja über allem anderen steht? Es ist scheinbar aus sich heraus überall dort in der Welt entstanden, wo es Menschen gibt.

Es handelt sich offensichtlich um eine Veranlagung des Menschen, die es nicht geben müsste. Der Mensch könnte durchaus einen tieferen Sinn im Weiterleben in seinen Kindern sehen oder in den Spuren, die er hinterlässt. Es ist sogar gut vorstellbar, dass im Alter die Sehnsucht nach Ruhe und Loslassenkönnen, also die Bereitschaft zum Sterben vorherrscht.

Tatsächlich hat der Mensch in sich eine fast triebhafte Veranlagung auf das ganz Andere zu hoffen, ja mehr noch zutiefst davon überzeugt zu sein, so dass er sogar manchmal bereit ist, diese Welt freiwillig gegen die andere unsichtbare zu tauschen.

Wenden wir uns nun den Fragen zu, die zu mystischen Antworten führen können.

Fragen des Menschen

Die Fragen des Menschen können seine Begrenztheit sprengen. Sie können der Schlüssel für eine sonst verschlossene Türe sein, die zumindest gedanklich so einen Spalt geöffnet werden kann.

Die allgemeinen Grundfragen sind: „Wer bin ich?" Woher komme ich?" und „Wohin gehe ich? Die nächsthöhere Qualitätsstufe des Fragens lautet: „Warum bin ich da?" und formuliert damit die Sinnfrage.

Allein durch unser menschliches Bewusstsein wird unsere Zeit und Lebensgrenze gesprengt. Wir erkennen sie im Vergleich zu den Tieren. Wir wissen im Grunde, dass wir viel länger Tod sind, als dass wir Leben und wir hoffen, dass die Sekunde, in der wir ins irdische Dasein eintauchen, einen versteckten Sinn hat.

Der renommierte amerikanische Psychoanalytiker Irwin Yalom unterstreicht – was gerade in Hinblick auf die Mystik wichtig ist – vier qualifizierte Fragenkomplexe:

- die Frage nach dem Tod,
- die Frage nach der Freiheit
- die Frage nach einer alles umfassenden Einheit
- die Frage nach dem Sinn des Seins.

Diese Fragenkomplexe tauchen immer wieder, mit dem Versuch einer Antwort, in den Gedanken der Mystik weltweit auf. Sie spiegeln die Sehnsüchte des Menschen nach etwas Tragendem, Göttlichen, Guten, das einem im „Hineingeworfen in das Sein" Geborgenheit schenken kann. Denn trotz aller sozialen Gemeinschaft ist die einzelne Seele im Ganzen einsam, denn am Ende stirbt sie ganz für sich allein.

Echte Mystik möchte eine tiefe Antwort auf die Frage nach dem Tod geben. So führt sie zu einer Erfahrung, die den Tod übersteigt. Gerade Mystiker stellen sich offen dem Tod, denn sie wissen, wie kurz das Leben ist. Aber sie bauen darauf, dass Gott auch in uns wohnt und uns mitnimmt, über die Grenze des Todes hinweg. Dieser Gott ist somit auch das Einzige, was hier *und* dort ist, was wir nicht loslassen müssen. Dabei gilt eines für uns alle: Hier aus diesem Raum, in dem wir uns alle befinden, kommt niemand lebend heraus.

Die Frage nach der Freiheit ist zugleich verbunden mit der Verantwortlichkeit, aber auch mit der Unabhängigkeit des Menschen. Am Ende ist er nur seinem Schöpfer verantwortlich. Auch Paulus meint im Galaterbrief (5,1): „Zur Freiheit hat uns Christus befreit!" Dieser Freiheitsgedanke hat dazu geführt, dass Mystiker als unbequeme Zeitgenossen galten, denn sie haben sich weder allen Regeln der Kirche unterworfen noch allen theologischen und politischen Forderungen. Besonders für Mystikerinnen führte das zu einer für ihre Zeit völlig ungewöhnliche Emanzipation, wie zum Beispiel bei Hildegard von Bingen. Bei Jesus selbst führte diese Freiheit geradewegs zum Kreuz.

Die Frage nach der Einheit spiegelt sich in einer typisch mystischen Erfahrung wider, von der häufig berichtet wird, so in uralten Gedanken aus der buddhistischen Welt, die sich auch in den Gleichnissen Jesu finden: So zum Beispiel, dass wir Gott in jedem Menschen begegnen, wir die Reben des einen Weinstocks sind (Johannes 15,5) oder Teile eines lebendigen Körpers, wie es Paulus ausdrückt (1 Korinther 12).

Die Frage nach dem Sinn unserer Existenz fordert eine Antwort, die der Mensch braucht, um ein glückliches Leben führen zu könne. Denn Sinnlosigkeit führt in die Depression. Und gerade die Mystik zeigt uns einen Sinn, der über unser Leben hinausweist und damit auch scheinbar Sinnloses mitten in unserem Leben mittragen kann. Die Fragen „Warum gerade ich?" Warum passiert das mir?" können zwar nicht unmittelbar beantwortet werden, dürfen aber letztlich zu einem, vorerst unerklärlichen Puzzle, des ganzen Lebensbildes werden. Es wird sich letztlich richtig zusammenfügen, wie auch die ganze Schöpfung ein sinnvolles Ganzes.

Die Mystikerin Teresa von Avila (1515–1582) hat für die Konfrontation mit Leid und Sorgen sich stets auf den einen Satz bezogen: „Gott allein genügt". Wenn wir uns wirklich darauf einlassen, das heißt, am Ende alles gut sein lassen und uns voll auf ihn verlassen – dann sind wir nie verlassen.

Diese Grundsinnfrage ist auch in etliche Zweige moderner Psychologie eingegangen, wie zum Beispiel Viktor E. Frankls Logotherapie oder auch in die amerikanische transpersonale Psychologie von Ken Wilber.

Mystik in den Weltreligionen

*W*eltweit gibt es ähnliche Vorstellungen von einem Sein außerhalb unseres begreifbaren Universums. Ausmalung und Deutung sehen verschieden aus, aber man kann ihnen abspüren, dass die Erfahrungen mit der anderen Seite wahrscheinlich aus der gleichen Quelle stammen.

Als Beispiel sei die Vorstellung von einer Verantwortung des eigenen Lebens gegenüber einer höheren Instanz genannt oder auch die Wahrnehmung gewisser Zwischenzeiten und Orte auf dem Weg ins Jenseits, wo sich die Seele in einem unsicheren, suchenden Zustand befindet.

Diese Gedanken ziehen sich durch fast alle Religionen, ob im alten Ägypten, wo Osiris die Seelen abwiegt, wie später im Christentum der heilige Michael. Oder dass Jesus sich zunächst drei Tage in einem Zwischenreich befindet, bevor er in den Himmel auffährt, wie wir es bis heute im Glaubensbekenntnis beten. Blicken wir kurz in die verschiedensten Religionen um dort einige charakteristische mystische Merkmale zu benennen:

Naturreligionen
Alle Naturreligionen haben eine ausgeprägte Bilderwelt, die oft in Trance und Traumzuständen erlebt werden kann. Diese Erfahrung wird nicht selten durch Drogen ermöglicht. Verschiedene, aber durchaus ähnliche Symbolgestalten und Erfahrungswelten finden wir überall. Zum Beispiel die eines Leittieres, Flugerfahrungen, gute und böse Gestalten. Ebenso aber

auch Prophetien oder körperliche Veränderungen, meist in Verbindung mit Heilungsprozessen.

Ob in Afrika, Australien oder bei den Indianern Amerikas sind Traumreisen, oft von Schamanen angeleitet, lebensprägend. Es scheint unbestritten, dass solche Erlebnisse tief und verändernd in das Leben der Betroffenen einschneiden können und somit zu einer gewissen Lebensrealität werden. Selbst Kritiker, die sich solchen Praktiken ausgesetzt haben, sind immer wieder tief bewegt und nachdenklich nach Hause zurückgekehrt.

Naturreligionen leben zudem von einer Verschmelzung mit anderen Lebensformen wie Bäumen oder Tieren.

Hinduismus und Buddhismus

Dieses Alles in Allem finden wir ganz besonders im religiösen Kulturkreis des Buddhismus/Hinduismus. Eine sogenannte Einheitserfahrung steht im Zentrum hinduistischer wie auch buddhistischer Mystik. Das Individuelle, das wir in Europa so sehr schätzen, löst sich hier auf. Oder besser, es geht auf in etwas Höherem zu Gunsten des Ganzen. Das Ich entspricht dann gleichsam einem Tropfen der ins Meer fällt und in ihm aufgeht. Aber seine Substanz geht nicht verloren.

Ein indischer Mystiker sagte über sich, er sei ein reines Instrument göttlichen Willens: „Ich bin kein Weiser, kein Yogi oder Guru. Ich habe keine eigenständige Individualität. Ich verkörpere, was Menschen benötigen. Was durch mich fließt kann ihr Bewusstsein erheben."

Diese Gedanken verdeutlichen ein wenig, wie Hindus und Buddhisten ihre mystische Glaubenserfahrung wahrnehmen und deuten können.

Man kann sagen: Gott ist eins mit dem Kosmos und der Natur und damit auch im Inneren des Menschen zu finden (pantheistisch). Konzentrationstechniken fördern diese Erfahrung (Yoga, Askese, Meditation).

Weiter betont der Buddhismus, dass wir vom Göttlichen ganz besonders getrennt werden durch Hass, Neid, Raffgier und Stolz. Das sind Eigenschaften, die uns blind für mystische Erfahrungen machen und uns an allem Irdischen festkleben lassen, dass das dann das einzig Wahre für uns wird.

Das Judentum

Hier möchte ich als Beispiel die Kabbala nennen. Der Wortstamm von Kabbala bedeutet einfach Überlieferung. In ihr sollen alle menschenmöglichen Kräfte mobilisiert werden: denken, fühlen, wahrnehmen. Die Kabbala unterscheidet einen theoretischen, einen meditativen und einen magischen Aspekt. Der theoretische Aspekt beschäftigt sich vor allem mit Seelen und Engelwelten. Der meditative Aspekt widmet sich der Wort- und Buchstabenmeditationen. Hier spürt man deutlich das Fundament der Schriftreligion.

Der magische Aspekt ist eng mit dem meditativen verbunden und bemüht sich durch Übungen, Einfluss auf Menschen und Dinge zu gewinnen. Die Quelle des Ganzen ist die möglichst unmittelbare Verbindung mit Gott.

Viele Aspekte der Kabbala haben sich im späten Mittelalter entwickelt. Bis heute wird sie in manchen Kreisen, besonders in den USA, praktiziert.

Das Christentum

In dieser Religion nimmt die Mystik ein weites Feld ein. In biblischen Motiven tauchen mystische Gedanken auf, so zum Beispiel, dass wir in jedem Menschen Jesus als Bruder begegnen können. Oder in den Seligpreisungen, in denen das reine Herz und die dadurch mögliche Gottesschau betont wird. Natürlich hat auch das Pfingstereignis mystischen Charakter. Ebenso das Berggipfelereignis, wo Jesus mit einigen Jüngern Mose und Elia in einer Wolke begegnet und sie dann dort aus ihrem Trancezustand heraus Hütten bauen wollen (vgl. Matthäus 17). Aber auch zentrale

Sätze der Bibel wie: „Gott ist Liebe und wer in der Liebe lebt, der lebt in Gott und Gott in ihm." (1Johannes 4,16) sind zutiefst mystisch.

Ebenso spricht Paulus in mystischen Worten von einem himmlischen Aufstieg, der viel Ähnlichkeit mit Nahtoderfahrungen hat (2 Korinther 12).

Später wird in der mittelalterlichen Theologie von der Kirche als der mystische Leib Christi gesprochen. Ebenso tragen Taufe und Abendmahl je nach Interpretation mehr oder weniger mystische Züge.

Nicht zuletzt gibt es etliche Theologen und Heilige, die als Mystiker bezeichnet werden. Bei uns am bekanntesten ist Meister Eckhart.

Der Islam

Im Islam steht der Sufismus im Mittelpunkt. Trotz der siebzig Schleier, die symbolisch zwischen Gott und Menschen stehen, hat Gott jedem Menschen einen göttlichen Funken ins Herz gelegt. Dieser ist dort tief verborgen. Achtlosigkeit und zu großes Interesse an materiellen Dingen ersticken diesen Funken. Bei der Konzentration auf den Koran lässt Gott diesen Funken erglühen. Nicht zuletzt spielen hier auch Bewegungsübungen und Tänze eine große Rolle, die einen Trancezustand fördern können und damit eine Öffnung gegenüber höheren Dimensionen. Bestimmte musikalische Formen unterstreichen das Ganze. Gott selbst entzieht sich jeder sprachlichen Beschreibung.

Erfahrungen und Gedanken aus der Mystik

Es gibt zahlreiche Gedanken zur Mystik, einige davon habe ich hier für Sie notiert – zur Meditation, zum Nach-Denken ...

Das tiefste und erhabenste Gefühl, dessen wir fähig sind, ist das Erlebnis des Mystischen.
Wem dieses Gefühl fremd ist, wer sich nicht mehr wundern kann oder die Ehrfurcht verliert, der ist seelisch bereits tot.
(Albert Einstein)

Das Wort Zufall ist Gotteslästerung. Nichts unter der Sonne ist Zufall. Am wenigsten das, wovon die Absicht uns klar in die Augen leuchtet.
(Gotthold Ephraim Lessing)

Gott gibt uns Situationen und erwartet dann unsere Antwort.
(Martin Buber)

Gott ist ein Gott der Gegenwart: Wie er dich findet, so nimmt er dich und so darfst du hinzutreten. Er fragt nicht, was du gewesen, sondern, was du jetzt bist. Und allen Schaden, der aus der Sünde kam, will er sich gern gefallen lassen, nur damit ein Mensch danach zu tieferer Erkenntnis seiner Liebe kommt, damit seine Liebe und Dankbarkeit umso ernster, sein Eifer umso brennender wird.
(Meister Eckhart)

Gott, meine Tage, was sie auch bringen mögen, sind mir aus deiner Hand gegeben. Du bist der Weg, die Wahrheit und das Leben.
Du bist der Weg – ich will ihn gehen. Du bist die Wahrheit – ich will sie sehen. Du bist das Leben – mag's mich umwehen.
Wie es auch kommt – ich nehme es von dir entgegen. Du bist auf meinem Lebensweg der Segen.
(unbekannt)

In diesem gegenwärtigen Augenblick lasse ich all meine Pläne, Sorgen und Ängste los. Ich lege sie dir in die Hände, Herr. Ich

lockere den Griff, mit dem ich sie halte. Ich lasse sie dir. Nur für diesen Augenblick überlasse ich sie ganz dir. Du kommst auf mich zu und ich lasse mich von dir tragen.
Dann ergreife ich aufs Neue den Pflug. Aber nun weiß ich, dass deine Hand über der meinen liegt.
(Dag Hammarskjöld)

Tu erst das Notwendige. Dann das Mögliche. Und plötzlich schaffst du das Unmögliche.
(Franz von Assisi)

Bleibt, ihr Engel, bleibt bei mir, führet mich auf beiden Seiten, dass mein Fuß nicht möge gleiten. Aber lehrt mich auch all hier euer großes Heilig singen, um dem Höchsten Dank zu bringen. Bleibt ihr Engel, bleibt bei mir!
(Johann Sebastian Bach)

Ich bin Gott und außer mir ist keiner. Ich mache das Licht und schaffe die Finsternis. Ich gebe Frieden und schaffe das Unheil. Ich bin Gott der alles tut.
Meine Gedanken sind nicht zu messen an euren Gedanken und meine Möglichkeiten nicht an euren Möglichkeiten. So hoch der Himmel über der Erde ist so weit übertreffen meine Möglichkeiten all das, was ihr für möglich haltet.
(Jesaja 45 und 54)

Der Mensch macht Pläne. Ob sie ausgeführt werden bestimmt Gott.
(Sprichwörter 16)

Das Christentum darf andere Religionen nicht klein machen, um selber größer da zustehen. In Jesus hat Gott allen Menschen das Du angeboten.
(Hans Küng)

Gott ist das Denk – Würdigste: Aber da versagt die Sprache!
(Martin Heidegger)

Das Göttliche leuchtet in allen Kreaturen als die Wahrheit eines gespiegelten Bildes.
(Nikolaus von Kues)

Mach nur die Augen auf und du wirst sehen: Die Welt ist von Gott erfüllt!
(Jakob Böhme)

Gebet besteht nicht in dem Bemühen, Gott zu erreichen, sondern darin, unsere Augen zu öffnen und zu erkennen, dass wir schon bei ihm sind.
(Thomas Merton, Trappistenmönch)

Es ist egal, ob jemand für dich oder gegen dich ist. Achte darauf, dass Gott mit dir ist.
(Thomas von Kempen)

Wenn die Menschheit die bewundernswerte Schönheit des Universums nicht erkennen will, dann gehört sie aus ihm hinausgeworfen, so wie man einen Gast aus dem Haus wirft, der die ihm angebotene Gastfreundschaft nicht achtet.
(Adelard von Bath)

Die Hauptübung der mystischen Theologie besteht darin, im Grunde des Herzens mit Gott zu reden und Gott reden zu hören.
Und weil diese vertrauliche Unterredung durch sehr persönliche Regungen und Eingebungen vor sich geht, nennen wir sie das Zwiegespräch des Schweigens.

Das Herz spricht zum Herzen und niemand anders versteht, was gesprochen wird – außer die heiligen Liebenden die hier miteinander reden.
(Franz von Sales)

Glaube und Heilung

Was ist Glaube?

*D*as Wort „Schnee" gibt es bei den Innuit nicht. Jene Bewohner Grönlands haben meines Wissens über zwanzig Ausdrücke für diese weißen Flöckchen, die wir bei uns nur im Winter – und da auch immer seltener – bewundern können.

Analog dazu müsste das deutsche Wort „Glauben" mindestens ein Dutzend unterschiedliche Ausdrücke haben. Denn: Ich kann glauben, dass morgen endlich die Sonne wieder scheint oder ich glaube schon, dass es mit dem verabredeten Termin klappen wird. Aber mit dem gleichen Wort glaube ich auch an die Liebe meiner Frau oder dass ich in Jesus Gott finden kann. Dazwischen und auch darüber hinaus gibt es noch etliche Nuancen des gleichen Ausdrucks.

Allen gemeinsam ist, dass hier das Wissen fehlt. Aber gerade mit dieser Feststellung wird erst recht das Spektrum des Begriffs deutlich:

Im einen Fall geht es gerade darum, dass ich nicht genau weiß, wie das Wetter morgen wird und im anderen Fall ist mir meine Überzeugung deutlich wichtiger als jegliches Wissen. Das zeigt sich nicht zuletzt darin, dass Menschen für ihren Glauben das eigene Leben riskieren. Aber auch innerhalb des religiösen Begriffs „Glauben" – und an diesen denken wir meist zuerst, wenn wir das Wort hören – gibt es ein weites Spektrum.

Mit dem Glauben ist es wie mit der Liebe: Wir alle haben eine unstillbare Sehnsucht danach, mit dem Herzen in etwas aufzugehen, was über allen Zweifeln erhaben ist. Kaum beschreibbar, aber da und mit einer Kraft, die uns alles geben lässt und der wir vertrauen – egal, was kommt. Es ist ein Zustand, der eher wie geschenkt wirkt als erarbeitet.

Herzensliebe und Herzensfrömmigkeit sind in sich schon ein Wunder des Menschseins, eine stabile und unumstößliche innere Überzeugung von etwas eigentlich Ungewissen umso mehr.

Was heißt Beten?

*D*iese Frage ist einfacher gestellt als beantwortet. Mir sagte mal eine ältere Frau: „Über das Beten spricht man nicht, man tut es einfach!"

Heute machen wir es einmal umgekehrt. Wir wollen hier nicht beten, sondern über dieses Phänomen nachdenken, das es wohl solange gibt, wie Menschen auf unserer Erde leben. In jeder Religion wird gebetet. Es ist das intuitive Sich-Öffnen gegenüber einer Macht, die über den menschlichen Horizont hinausgeht. Wenn sich der Mensch dieser Größe zuwendet, hat er das Empfinden, dass ihm und anderen geholfen wird. Manchmal wenden sich sogar Menschen, die sich keiner bestimmten Religion zugehörig fühlen, in dramatischen Situationen dieser Macht zu.

Es beginnt in der Regel mit einem Monolog, der im Gespräch mit Gott plötzlich zu einem Dialog werden kann. Indem ich mich an Gott wende, wird mir mehr oder weniger bewusst, was er von mir erwartet, was gut und was schlecht ist. Ich werde sensibler gegenüber Begegnungen mit anderen und kann eigene Hoffnungen und Ängste anders sehen. Mitten in dieses Bewusstsein hinein scheint eine Antwort von Gott zu kommen. Ein innerer Dialog beginnt. Nach einer solchen stillen Begegnung fühle ich mich sicherer in meinem Handeln und in meinen zu treffenden Entscheidungen. Sie werden durch dieses innere Gespräch beeinflusst.

Zum anderen habe ich das Gefühl, dass es Sinn macht für jemanden zu beten. Dabei bleibt stets ein Geheimnis im Raum, vor dem man sich scheut, es zur Sprache zu bringen.

Die Widersprüchlichkeit zwischen rationaler Erfahrung und intuitiver Empfindung kann so weit gehen wie bei einem Schüler, mit dem ich mich über dieses Thema unterhielt und der meinte: „Ich bin im Grunde Atheist, aber es kommt doch immer wieder vor, dass ich bete. Ich weiß selbst nicht warum." Bei jedem Konfirmandenjahrgang mache ich ähnliche Erfahrungen. Die Schüler bekommen die Möglichkeit, anonym einen Fragebogen über das Beten auszufüllen. Etwa 90 Prozent der Jungen und Mädchen beten zu verschiedenen Anlässen regelmäßig und wenn sie noch so kirchenfremd sind.

Der Mensch scheint eine Art genetisches Programm in sich zu tragen, das ihn zum Beten animiert. Entsprechend dem Spruch: „Not lehrt beten!" oder der Vorstellung, dass der Mensch unheilbar religiös sei. Wenn die Religion verdrängt wird, tritt an ihre Stelle ein ideologischer Ersatz mit ähnlichen Riten. Der Kommunismus mit der demonstrativen Anbetung seiner jeweiligen Machthaber – heute exemplarisch zu sehen am Beispiel Nordkoreas – stellt uns das deutlich vor Augen.

Es gab sicher Zeiten, in denen das Beten einfacher, öffentlicher und selbstverständlicher war als heute bei uns. Die islamischen Länder halten uns das deutlich vor Augen. Was uns erzwungen erscheint, ist dort oft eine soziale Geborgenheit schenkende Selbstverständlichkeit.

Früher gab bei uns das Gebet ebenfalls dem Tag seine Strukturen. Das Glockenläuten der Kirchen zu bestimmten Zeiten erinnern noch heute daran: Das Morgengebet, das Gebet am Mittag und am Abend, zu den Mahlzeiten und vor dem Schlafengehen.

Die liturgische Form des Gebetes in den Gottesdiensten ist zwar oft recht allgemein, schenkt aber ein Gemeinschaftsgefühl zwischen den Gläubigen. Gebet ist Selbstbegegnung und gleichzeitig Begegnung mit Gott. Selbst wenn jemand nicht an Gott glaubt, sondern höchstens an eine materielle Energiequelle, kann er das auch nur glauben. Der Mensch ist also regelrecht zum Glauben gezwungen. Darum ist jeder Mensch letztlich ein Gläubiger. Viele Menschen neigen allerdings dazu, im Hintergrund des Seins nur eine Art Urenergie zu vermuten, die das Universum hervorgebracht hat und bestenfalls noch aus irgendeiner Quelle speist. Ein persönlicher Dialog mit einer solchen Energie wäre unsinnig, so die Meinung eines jungen Mannes: „Beten käme letztlich auf das gleiche raus, als würden wir uns mit einem Atomkraftwerk unterhalten."

Bei näherer Betrachtung mangelt es dieser Vorstellung an einer gewissen Logik: Die Energie, die Ursache oder der Gott – egal wie wir es sprachlich formulieren wollen – der das Universum mit seinem großartigen System hervorgebracht hat, kann nicht nur bewusstlose, zufällige und darum chaotische Energie sein.

Wenn wir das behaupten, erheben wir uns letztlich selber zu Göttern, weil wir dann durch unser Bewusstsein mehr wären, als diese Energiequelle des Kosmos. Denn wir können alles wahrnehmen, durchdenken und beobachten. Wir wissen, dass es uns gibt, wie das Weltall aussieht, wie die Naturgesetze funktionieren und wir haben verschiedene Deutungen für das ganze System. Die Sonne oder der Andromedanebel wissen nichts von sich und der Welt, obwohl sie unvergleichlich gewaltiger sind als ein einzelner Mensch. Doch dieser ist mehr, nicht nur weil er existiert. Durch seinen Geist hat er sich in gewisser Weise von der Materie gelöst und steht ihr gegenüber. Aber das ist wiederum nur – wenn man es genau betrachtet – durch das „Programm" der Materie möglich.

Es wäre menschliche Hybris, dem Konstrukteur der Wirklichkeit gerade die höchste von uns erfahrbare Eigenschaft abzusprechen. Im Grunde spiegelt sich hier nur eine Unsicherheit im menschlichen Denken wider: Wir können uns nicht vorstellen, wie all das funktionieren soll und was wirklich dahinter steckt. Trotzdem, so glaube ich, dürfen wir uns auf den gesunden Menschenverstand verlassen. Denn er ist selber das Produkt einer langen Entwicklungskette, deren Hintergrund und Anfang wir nicht ermessen können.

Gott, das angesprochene Du, diese unvorstellbare Größe, ist zugleich ein persönliches Du, er ist gleichsam unser Vater, so hat Jesus es uns vorgelebt. Aus diesem Gedanken erwächst für viele nun eine zweite Schwierigkeit. Mag Gott auch eine personale Struktur, eine Art Bewusstsein in sich bergen und dadurch dialogfähig sein – wie kann er aber auf Millionen von Betern im gewissen Sinn gleichzeitig eingehen? Auch das ist eine zutiefst menschliche Perspektive, die unsere begrenzten Fähigkeiten auf Gott projiziert. Natürlich stoßen wir hier mit unseren menschlichen Spekulationen und Vorstellungen an Grenzen, wie sollte es auch anders sein. Die Theologie denkt hier zum Beispiel an die dienstbaren Geister Gottes, die Engel, vielleicht in der Hoffnung, den Dingen mit Bildern näher zu kommen als mit bloßen Worten.

Aber vielleicht kann man mit einem ganz banalen Gleichnis noch einen anderen Vergleich wagen: Der Mensch trägt auf seiner Haut Zehntausende von Haaren und Härchen. Und trotzdem spüren wir, wenn auch nur an einem einzigen von diesen gezogen wird. In diesem Sinn kann man wohl auch Gott zutrauen, dass er das Gespräch des einzelnen Menschen mit ihm auf seine Weise wahrnimmt. Abstrakter kann man es sich auch als eine geistige Vereinigung vorstellen, gleichsam wie die millionenfachen unmittelbaren Vernetzungen im Internet.

Welche Konsequenzen das hat, welche Wirkungen hier möglich und erfahrbar sind und wie man diese werten kann, wollen wir in den nachfolgenden Abschnitten erörtern.

Davor werden wir aber noch einen kurzen Blick in die Bibel werfen, um uns einige ihrer Gedanken ins Bewusstsein zu rufen.

Ein großer Teil gerade des Alten Testaments besteht aus Gebeten. Die bekanntesten sind die Psalmen.

Gott wird gebeten, dem Beter den richtigen Weg zu zeigen, ihn zu beschützen oder einfach auch nur sein Klagen zu hören, ihn nicht in seiner Einsamkeit und Not allein zu lassen. Des weiteren wird er gebeten, uns Menschen die aufgeladene Schuld zu vergeben und eine neue Tür ins Leben zu öffnen. Im Verlauf der einzelnen Psalmen ist dieser Prozess manchmal schon erkennbar.

Natürlich spiegelt sich im Gebet auch die Zeit- und Kulturgebundenheit des Betenden wider. Für uns heute kaum mehr nachvollziehbare Bitten werden vor Gott getragen, so dass selbst die Kinder der Feinde an Felsen zerschmettert werden sollen. An solchen Stellen blitzt für uns dann manchmal die Frage nach der Gebetserhörung auf. Gott ist ja kein Groschenautomat, in dem man oben das Gebet hineinwirft und unten kommt die Erfüllung heraus. Beten ist auch kein Gedankengang mit magischer Konsequenz. Gott bleibt immer frei in seiner Entscheidung. Und der tiefste und ehrlichste Beter wird gerade genug Platz dafür lassen.

Das wird auch deutlich an den vielen Gesprächen mit Gott von Abraham über Mose, von den Propheten bis hin zu Jesus. Im Vaterunser wird das besonders deutlich: „Dein Wille geschehe im Himmel wie auf Erden" Nicht mein, sondern dein Wille geschehe! Ich bitte dich nur um etwas, aber du hilfst mir auf deine Weise und ich vertraue darauf, dass es mir zum Besten dient, auch wenn ich es nicht gleich verstehe.

Ein wichtiger Aspekt, der sich vom Alten bis ins Neue Testament zieht, ist das Gebet um Gesundheit und Genesung. Hier betont Jesus die persönliche Zuversicht und den eigenen Glauben an Hilfe und Erhörung. So wiederholt sich der Satz: „Dein Glaube hat dir geholfen!" Grundsätzlich tritt Gott in der Bibel für Heilung ein. Heilung muss allerdings nicht immer identisch sein mit Genesung, Heilung ist hier zunächst im religiösen Sinne gemeint.

Am Ende dieses Abschnittes möchte ich etwas zum paulinischen „Betet ohne Unterlass!" (1 Thessalonicher 5,17) sagen. Diese Aussage ist oft missverstanden worden. Es geht hier keineswegs um eine hyperfromme, gar weltabgewandte Lebensweise. Eigentlich ist eher das Gegenteil gemeint: Ohne Unterlass mit Gott im Dialog stehen heißt, sozusagen seine seelische Standby-Schaltung anzulassen. Der Strom fließt immer. Nur manchmal wird er für bestimmte Zwecke intensiviert. Mit anderen Worten: Wir können mehr oder weniger bewusst immer mit einem heißen Draht nach oben leben, offen sein für eine andere Dimension der Wirklichkeit.

Wir tun das, indem wir unser Leben und Handeln täglich vor Gott abwägen und das Gefühl in uns lebendig halten: Er ist dabei. Ob das eine sympathische oder mehr beängstigende Gegenwart ist, liegt natürlich an unserem persönlichen Gottesbild. Wenn wir fähig sind, das Gottesbild von Jesus zu übernehmen, haben wir den gütigsten Vater und besten Freund an der Seite, den wir uns nur vorstellen können.

Beten heißt auch, mit ganz banalen und alltäglichen Gedanken mit Gott ins Gespräch zu kommen und so mit ihm in Verbindung zu bleiben, nicht nur mit wohlgeformten Sätzen und Worten. Das vertreibt jegliche Einsamkeit.

Schließlich heißt Beten auch, eine Energie zu nutzen, die Gott uns geschenkt hat. So kann Beten vielleicht auch noch etwas anderes sein, als ein bloßes Gespräch mit Gott. Gott hat uns selbst die Kraft des Glaubens in die Seele gelegt und wir dürfen diese Kraft nutzen. Jesus sagt immer wieder: „Dein Glaube hat dir geholfen"! „Dein Glaube" bezieht sich zuerst auf den Menschen und nicht auf Gott.

Die unfassbare Energie – Mit dem Geist rechnen

Mir ist aufgefallen, dass es drei unterschiedliche Meinungen zu diesem Thema gibt.

Die einen lehnen unbeweisbare, phantastisch erscheinende „Energien" als nicht wissenschaftlich begründet ab. Es sind Menschen, die beten vor allem als Selbstberuhigung deuten würden. Wirksame Folgen, zumindest gegenüber Dritten, werden dann für unmöglich gehalten.

Eine andere Gruppe von Menschen fährt – wie man so schön sagt – voll darauf ab. Da gibt es Gebetsgruppen, die sich regelmäßig treffen. Andere geben sogar viel Geld aus und lassen sich von sogenannten Geistheilern behandeln. Sie meinen, die heilende Wirkung am eigenen Leib gespürt und erfahren zu haben. Andere wiederum rechnen ständig mit der negativen Beeinflussung durch Dritte. Hier können Ängste entstehen, die bis zu verfolgungswahnähnlichen Erscheinungen führen können.

Dann gibt es noch eine dritte Gruppe, die meist dem engeren Kern christlicher Gemeinden angehört. Hier herrscht diesbezüglich oft Unsicherheit, ja Angst vor. Man glaubt zwar an irgendwelche unbekannten Kräfte – nur ob sie von Gott oder gar vom Teufel kommen, das weiß niemand so recht genau. Die Sorge vor dem Ausgeliefertsein an dämonische Mächte nistet ausgesprochen oder unausgesprochen in so mancher Seele.

Dabei kommt es, gerade in den letzten Jahren, besonders auch in den USA und Südamerika, zu recht eigenwilligen Erscheinungen mit paradoxen Deutungen:

In sogenannten charismatischen, also in ganz besonderer Weise vom Heiligen Geist erfassten Gruppen, werden die Hände aufgelegt, wird für andere gebetet – rituelle Gesänge unterstützen dies. Das Ergebnis der Heilung wird zuweilen demonstrativ dargestellt, denn die Freude am Spektakulären ist groß. Manche Menschen geraten dabei in Ekstase oder fallen in Ohnmacht. Die Ursache für diese psychische bis deutlich ins physische gehende Beeinflussung wird direkt auf das Eingreifen Gottes durch den Heiligen Geist gedeutet.

Das wird zum Problem, wenn ähnliche Heilerfolge auch außerhalb jener religiösen Gruppen stattfinden. Zum Beispiel durch sogenannte Geistheiler oder auch durch andere kultische Rituale. Die Heilungen werden dann meist nicht Gott, sondern dämonischen Mächten zugerechnet.

Grundsätzlich möchte ich von folgender Basis ausgehen: Ich bin davon überzeugt, dass es noch reichlich unerforschte Kräfte im Menschen gibt, die auf ihn selbst und auch auf andere Menschen einwirken können. Ich nehme sogar an, dass jene Energien – oder wie wir sie auch nennen wollen – im gewissen Sinn auf rein materielle Strukturen einwirken können. Es gibt genug Überlieferungen hierzu, sowie in jüngerer Zeit auch seriöse Forschungsergebnisse. Wir werden uns später noch einigen dieser Phänomene zuwenden.

Diese ungewöhnliche und eher versteckte Gabe des Menschen, hat in sich selbst erst einmal keinen religiösen Charakter. Genauso wie die Fähigkeit des Menschen zu singen, grundsätzlich nichts Spirituelles an sich ist.

Doch wenn der Mensch seinen Gesang auf Gott bezieht und sakrale Musik komponiert, dann haben Gesang und Komposition sehr wohl etwas mit Gott zu tun. Wenn wir nun an diese unsichtbaren, den Menschen beeinflussende Kräfte denken, trifft genau das gleiche zu, vielleicht sogar im besonderen Maß. Denn noch häufiger als es bei der Musik der Fall ist, spielen diese Einwirkungen des Menschen im religiösen Bereich eine Rolle, insbesondere im Gebet. Hinzu kommt, dass der persönliche Glaube zum Erwecken jener Energien eine offenbar ausschlaggebende Rolle spielt.

Es sei uns hier erlaubt, unser ganzes Sein inklusive der gesamten Natur und des Kosmos unter religiösem Blickwinkel zu betrachten. Aus dieser Perspektive dürfen wir davon ausgehen, dass Gott den Menschen und die Schöpfung so angelegt hat, dass solche Phänomene möglich sind – insbesondere dann, wenn der Mensch sich gläubig an Gott wendet.

So ist die möglicherweise im Inneren des Menschen vorhandene Kraft letztlich ein Geschenk Gottes, mit dem der

Mensch verantwortungsvoll umgehen soll, darf und muss. Wenn er es die biblischen Richtlinien beachtet, wird es ihm und seinen Mitmenschen im Sinne Gottes zum Nutzen sein.

Wie bei allen Dingen ist auch hier ein Missbrauch nicht ausgeschlossen.

Auf jeden Fall wirkt Gott hier indirekt mit den von ihm in die Schöpfung involvierten Mittel, mit Hilfe des Menschen am Menschen. Der Mensch kann hier zum Mitstreiter Gottes werden, ohne dass Gott, auf gleichsam wunderbare Weise, selbst in die Schöpfung eingreifen muss.

Ob er dieses hin und wieder auch mal direkt tut, bleibt letztlich Spekulation, ist aber aus dem persönlichen Glauben heraus anzunehmen.

Im Grunde ist es gleich, inwieweit menschliches Tun mit göttlichem Handeln miteinander verwoben ist. Wir müssen uns beim Nachdenken darüber immer im Klaren sein, dass unser Verstand vor diesen Dimensionen einfach kapitulieren muss.

Ich denke es reicht, wenn wir mit dem Gebet, seinen erhofften Wirkungen und unserem Glauben so umgehen, wie es die Bibel oder das Handeln und Denken Jesu zeigt. Dann werden wir auch kein Problem mit diesen unbegreifbaren Kräften bekommen. Die Freiheit und Liebe Gottes und unser Angewiesensein auf ihn wird dann nicht verletzt. Magisches Machtdenken des Menschen wird so ausgeschlossen.

Bevor wir uns im letzten Abschnitt noch einmal dem tieferen Sinn des Gebets zuwenden, nun einige konkrete Erfahrungen.

Grundsätzlich kann ich aus eigener Erfahrung sagen, dass ein intensives Gebet zum Beispiel bei einer beginnenden Erkrankung, mir spürbar Erleichterung geschenkt hat. Ich war nicht nur besserer Stimmung, sondern mir ging es auch objektiv besser.

Andererseits denke ich, dass bei solchen Erfahrungen auch die persönliche Grundhaltung eine Rolle spielt. Es ist eben kein automatischer magischer Vorgang, der dort geschieht, sondern ein Geschenk als Antwort auf das ‚Sich-in-die-Hände-Gottes-legen'. Wer sich fallen lässt und sagt: „Ich erbitte das, aber Dein Wille geschehe", wird spüren, dass ihm jemand zuhört. Das alles geschieht meist in Gedanken, ohne laut gesprochene Worte oder Gesten. Das gelingt auch nicht immer. Es bedarf einer bestimmten Zeit, sich soweit innerlich öffnen zu können, um eine gewisse Berührung Gottes wirklich wahrzunehmen. Die Voraussetzung dazu ist, sich stets darum zu bemühen.

Bei anderen Erlebnissen und Begegnungen habe ich ganz subjektiv die Empfindung gehabt: Wenn ich nicht gebetet hätte, wäre es vielleicht anders gekommen. Das sind aber sehr persönliche Erfahrungen, über die man nicht wirklich reden kann.

Allerdings kann ich von mir sagen, dass in einer kritischen Lebenssituation mich ein Gebet immer hat ruhiger und gelassener werden. Die wirklichen Werte im Leben werden so zuweilen auch wieder zurechtgerückt. Ich möchte diese Gebetserfahrung nicht missen. Manchmal sind es nur ein paar Gedanken beim Aufwachen oder vor dem Einschlafen, die gut tun und das Gefühl schenken, man ist nicht allein. Wenn sie mir jemand verbieten würde, bekäme ich sicher Entzugserscheinungen. Allerdings sollte es nachdenklich machen, dass Milliarden von Menschen auf dieser Erde ähnliche Erfahrungen machen und meine Empfindungen keine Ausnahme sind.

Die Wirkung des Gebetes wurde vor etlichen Jahren auf sehr profane Weise in den USA getestet. Später wurde weltweit darüber berichtet. Patienten mit gleichen Krankheitsbildern wurden in zwei Gruppen eingeteilt. Die einen beteten, die anderen waren areligiös. Die Heilungserfolge der betenden Gruppe lag im Vergleich zur anderen, sei es im internistischen oder chirurgischen Bereich, um etwa 20 Prozent höher.

Eine andere Untersuchung der amerikanischen kardiologischen Vereinigung, die in Miami durchgeführt wurde, zeigt ein ebenfalls sehr interessantes Ergebnis. Hier ging es allerdings nicht nur um das aktive Beten, sondern besonders um die Wirkung des Gebets eines Menschen für einen anderen. Es wurde festgestellt, dass die Patienten, für die besonders viel gebetet wurde, sich in drei Bereichen von den anderen unterschieden:

Die Notwendigkeit der Einnahme von Antibiotika war um 60 Prozent geringer. Die Gefahr eines pulmonalen Ödems (Wasseransammlungen in den Lungenflügeln) lag bei der Gruppe in einem Verhältnis von 18 zu 6. Ferner waren weitaus weniger Intubationen (Atemschlauch) nötig.

Den Wissenschaftlern ging es nicht um den Beweis der Wirkung des Gebetes – dazu sind solche Tests einfach nicht umfassend genug – sondern ob die gerade in Krisensituationen stetig wiederkehrende Überzeugung religiöser Menschen, dass ein Gebet helfen kann, wirklich signifikante Auswirkungen hat. Ähnliche Erfahrungen werden auch immer wieder bei der Begleitung von Komapatienten gemacht.

Wirklich spektakuläre Dinge passieren sehr selten. Aber hin und wieder gibt es seriöse Berichte darüber: Der Redakteur einer bekannten kanadischen Zeitschrift, der auch Theologe ist, berichtet von einer Erfahrung, die mir selber aus persönlichen Gesprächen nicht nur einmal in ähnlicher Weise begegnet ist. Darum halte ich dieses kleine Ereignis auch für wahr.

Allan Spraggett berichtet, wie er spürte, dass seine Erkältung sich zu einer schweren Virusinfektion ausweitete. Er bekam hohes Fieber und fühlte sich wie gelähmt. Schließlich entschloss er sich, eine Veranstaltung abzusagen. Er blieb im Bett liegen. Eine Zeitlang später hatte er ein komisches, ungewöhnliches Gefühl.

Er schreibt: „Ich hatte plötzlich seltsame Empfindungen. Leichte pulsierende Wärmewellen gingen durch mich hindurch. Ich dachte, so müssen sich schwache Elektroschocks anfühlen. Mein erster Gedanke war: Jetzt werde ich noch kränker! Doch dann fühlte ich mich zu meinem Erstaunen plötzlich viel besser."

Obwohl später seine Grippe noch einmal akut wurde, konnte er zu seiner eigenen Überraschung jene Veranstaltung doch noch durchführen. Bei einem späteren Gespräch mit einer Familie aus seinem Ort erfuhr er, dass jenes Ehepaar, als es vom Grund der Absage der geplanten Veranstaltung erfuhr, intensiv für Allan Spraggett betete. Wie sich herausstellte, genau um die Zeit, in der er dieses eigentümliche Körpergefühl hatte!

Unter dem Eindruck dieses Ereignisses schrieb Spraggett später das Buch „Das Unerklärliche".

Ähnliche Erfahrungen werden auch auf dem Gebiet der sogenannten Geistheilung wahrgenommen. Im Grunde ist Geistheilung auch nur eine Form des Gebetes. Bei allen seriösen Berichten oder Begegnungen mit Geistheilern sagen diese, dass nicht sie selber den Patienten heilen, sondern immer nur katalysatorische Funktionen haben, also sozusagen eine Art Transmitter für jene meist als göttlich verstandenen Kräfte sind.

Die Geistheilerin Gertrud Emde, die kein Honorar für ihre Heilungen nimmt, meint dazu: „Das Wichtigste dabei ist die Demut. So gesehen stehe ich vielleicht nicht im Trend der modernen Zeit. Es geht um nichts Machbares. Es geht auch nicht um Manipulation im Sinne von: ‚Ich möchte dieses oder jenes'. Nein, nur: ‚Vater, dein Wille geschehe!'. Und das muss gleichsam aus allen Poren treten, überall spürbar sein. Auch für mich selbst, die ich gerade eine Mittlerin bin zu unserem geistigen Elternhaus. Wir haben ja nicht nur dieses irdische Zuhause."

Sinn und Wirkung

*I*m Folgenden möchte ich noch ein paar grundsätzliche Gedanken zu diesem Thema äußern.

Einerseits ist das Beten, wie schon besprochen, heute immer noch sehr weit verbreitet, zum anderen aber viel seltener als früher, wo es Bestandteil unseres täglichen Lebens war.

Zum Beten hält man heute selten inne, kaum einer kniet – als Zeichen der Demut vor Gott – dabei nieder.

Beten in ritueller Form ist bei uns aus der Mode gekommen. Offensichtlich fühlen sich viele Menschen dabei unwohl oder schämen sich gar, wenn sie irgendwo, den Umständen entsprechend, öffentlich dazu gezwungen wären.

Ich erinnere mich noch, als ich in Bamberg mit einem katholischen Kaplan in ein Restaurant ging und dieser vor der Mahlzeit sein ritualisiertes Tischgebet für alle deutlich sichtbar betete. Der Kellner wurde in seiner Amtshandlung ausgebremst und es dauerte nur Sekunden, bis die Augen der meisten Gäste auf dem Betenden ruhten – vielleicht bei manchen mit einem mitleidigen Lächeln, zumal der in Jeans gekleidete junge Mann nicht als Priester zu erkennen war. Ich gebe zu, dass selbst mir das Beten in der profanen Öffentlichkeit ein wenig unangenehm war.

Wenn auf der einen Seite die Leute über eine offensichtliche Kontaktaufnahme mit Gott eher lächeln und diese für altmodisch oder gar abergläubisch halten, wie kommt es, dass das Gebet zugleich unausrottbar und sein versteckter Sinn immer noch die Oberhand zu gewinnen scheint? Die Basis für das Gebet liegt in dem Bedürfnis nach betender Hinwendung zu einer Macht oder einem Sein, das außerhalb unserer Erfahrungswelt zu existieren scheint. Eine transzendente Größe, die unserer immanenten Welt gegenübersteht und ihr erst einen wahren Sinn zu geben scheint, den ich allein aus mir heraus letztlich nicht finden kann. Trotzdem liegt in mir ein angeborenes Suchen nach diesem Höheren, nach diesem verborgenen Sinn. Ich will mich nicht mit dem begnügen, was da ist.

Gerade in Grenzsituationen, wenn Menschen von Tod oder Krankheit bedroht sind, wird dieser Drang unwiderstehlich. Manchmal drückt er sich in der schon so oft gehörten Frage aus: „Warum gerade ich?" Wer wird da gefragt? Und ist so eine Frage überhaupt sinnvoll?

Nur vom Glauben her ergibt sie einen Sinn. Vom Glauben, dass es da noch etwas außerhalb unserer Wahrnehmungsfähigkeit gibt.

Trotzdem bleibt das ambivalente Gefühl: Wenn ich nun schon für etwas bete, erhalte ich es dann auch?

Irgendwo ahnt jeder, dass, wenn es dafür eine Statistik gäbe, die unerfüllten Wünsche sicher weit höher als 50 Prozent betragen würden. Es ist im Leben nicht immer so einfach zu ersehen wie auf dem Fußballfeld, wenn man manchmal den einen oder anderen Sportler auf den jeweils verschiedenen Seiten kurz für den Sieg beten sieht. Da kann man die Erfüllungsquote besser berechnen.

Welcher Sinn versteckt sich dann trotz solcher offensichtlichen Erfahrungen hinter dem Gebet, das ja eigentlich, wenn man den biblischen Versprechungen glauben würde, eher frustrieren müsste: „Alles, um was ihr bittet, wird euch euer Vater im Himmel geben." (vgl. Markus 11,24)

Das Ganze hat eine noch tiefere Ebene. Diese ist nicht etwa nur dogmatisch fundamentaler Art. Eine reine Glaubensüberzeugung reicht hier nicht aus. Nein, es geht auch um etwas Empirisches, versteckt Erfahrbares.

Im Gebet erfährt der Beter, wenn er sich an Gott – oder wie er ihn auch immer nennt – wendet, dass er in einen Zustand der Losgelöstheit von sich selbst und seiner Umgebung kommt, auch wenn ihm das nicht immer gleich bewusst wird. So spürt er stärker als sonst etwas von einer anderen möglichen Realität, die er vielleicht im normalen Alltag sogar ablehnen würde.

Hier geschieht so etwas wie „so tun als ob" und das zeigt seine Wirkung. Im Markusevangelium heißt es im 11. Kapitel, dass man, wenn man Gottes Erhörung erreichen möchte, so beten soll, als ob man die Erfüllung schon empfangen hätte: „Alles worum ihr bittet – glaubt nur, dass ihr es schon erhalten habt, dann wird es euch zuteil." (Markus 11,24).

Aus tiefenpsychologischer Sicht findet hier Folgendes statt: Die Hoffnung tritt an die Stelle der oft harten Realität. Die Welt um einen herum, das, was passiert, wird subjektiv anders empfunden als vorher.

Erstaunlicherweise bleibt das nicht ohne Konsequenzen. Es ist zwar kaum nachweisbar, doch immer wieder in gewissem Sinn erfahrbar. Wenn jemand eine bestimmte Einstellung zur Wirklichkeit hat, kann diese sich unter Umständen auch leicht verändern. Das schlägt sich in jener von vielen gemachten Erfahrung nieder, dass Menschen, die ängstlich und überkritisch sind, sehr oft auch eine Bestätigung ihrer Projektionen erleben: Sie werden zum Beispiel vor einem lang erwarteten Fest krank, müssen im Urlaub einen miserablen Service hinnehmen oder dass eine Neuanschaffung gleich wieder kaputtgeht. Andere hingegen scheinen vom Glück verfolgt zu sein, was sie anpacken, gelingt.

Es wäre aber zu oberflächlich und gleichsam zu magisch gedacht, wenn das die einzig mögliche Konsequenz wäre. Da wären wir auch keinen Schritt weiter gegenüber der anfangs gestellten Frage, warum doch noch so viele Menschen beten, wo man doch wirklich nicht immer bekommt, was man sich wünscht.

Es geschieht noch etwas anderes mit uns, wenn wir beten. Beten ist weit mehr als einer für die Wirklichkeit folgenloser Akt. Beten ist eine sich durch uns vollziehende Umschichtung der Daseinsfaktoren und der Daseinswahrnehmung.

Der Philosoph Immanuel Kant (1724–1804) meinte dazu, dass der Mensch letztlich nicht weiß, ob er frei ist. Wenn wir aber nun doch meinen, dass wir frei sind und dementsprechend handeln, fühlen wir uns frei und sind es de facto demnach auch. In anderen Worten: Unsere Einstellung webt unsere Wirklichkeit.

Das hat auch dann Folgen, wenn nicht direkt eintritt, was wir uns von Gott im Gebet gewünscht haben. Als Jesus am Ölberg darum betete, dass jenes schreckliche, so unmittelbar bevorstehende Ereignis seiner Kreuzigung doch noch an ihm vorübergehen sollte, geschah es nicht. Seine Bitte wurde nicht erfüllt. Gottes Wille war anders. Und doch hatte er Kraft gefunden in seinem Gebet, genug Stärke, um die folgenden Stunden durchzustehen.

Hinzu kommt, dass von gleichsam höherer Warte manches im Nachhinein in einem anderen Licht erscheint und ein versteckter Sinn zu Tage tritt.

So kann es sein, dass die vom Gebet erwirkte Veränderung, nicht immer eine Veränderung der äußeren Gegebenheiten zur Folge haben muss, sondern eher eine Veränderung unseres Bewusstseins bzw. unserer Einstellung bedeuten kann. Und das nicht selten im Angesicht belastender unabänderlich wirkender Bedingungen! Deshalb kann nach dem Beten manches anders sein oder uns anders erscheinen.

Bei genauer Selbstbetrachtung werden wir sicher auch bei uns entdecken, dass das Gebet eine eigene Kraft entfalten kann: Die Veränderung, die es zu bewirken fähig ist, treffen nicht immer die Umstände an sich, sondern die Möglichkeit diese und sich selbst neu zu sehen. Tatsächlich vermag eine solche Veränderung manchmal auch die äußeren Umstände beeinflussen.

Wir wollen mit der Lebenssituation fertig werden, uns angstlos und geborgen fühlen, der Zukunft offen entgegenschauen und uns letztlich auch dankbar am Leben freuen, eben einen tiefen Sinn empfinden. Das Gebet kann das Mittel sein, die Gegenwart zufriedenstellend zu bewältigen.

Der Einwand, dass das auch ohne Gott gehen kann, ist falsch. Es kommt immer darauf an, dass wir uns in einer transzendierenden Gesprächssituation befinden und unsere Gedanken und Worte an ein höheres, stärkeres, wissenderes Wesen als wir selbst es sind, richten. Eben an eine Größe, die alles Sein trägt und somit auch mein kleines Leben. Nur aus dem oft unbewussten Gefühl der Anwesenheit von etwas Größerem wird sich in uns oder auch um uns herum etwas tun. Ein reines Selbstgespräch bewirkt hier kaum etwas.

Es wirkt also Gott in und durch uns im Gebet. Ich bin überzeugt, dass er uns so geschaffen hat. Wir sind die einzigen Wesen auf der Erde, denen dieser Dialogs zuteilwird und wir ahnen, dass Gott aktiv durch und mit uns die Welt verändert. Mit den Kräften, die er uns in die Seele gelegt hat. Manchmal kann es dann passieren, dass Gott durch ein offensichtliches oder auch nur verstecktes Wunder in seinem Sinne eingreift – dann, wenn wir uns vor ihm öffnen, Gott in unser Leben aktiv einbeziehen und mit ihm rechnen.

Was ist Heilung?

*H*eilung ist ein vielfältiger Begriff. Grundsätzlich kann man sagen: Niemand von uns ist heil. Selbst ein Kind ist nicht vollkommen gesund. Vollkommene Gesundheit gibt es im irdisch-materiellen Bereich nicht. Wie krank man sich wahrnimmt, hat verschiedene Gründe, die nicht zuletzt vom technisch-wissenschaftlichen Fortschritt und der gesellschaftlichen Akzeptanz abhängen.

Vieles, was man bei einer Untersuchung vor 30 Jahren noch gar nicht entdeckt hätte, treibt einem heute den kalten Schweiß auf die Stirn. Und vieles, was man vor einigen Jahren noch für harmlos hielt, kann einen heute plötzlich krank machen.

Ich kann mich noch gut daran erinnern, wie meine Mutter in der Küche den Schmutz von Asbestuntersetzern für den Gasherd abgeklopft hat. Heute hätte man mich wohl gleich zur Untersuchung in die Klinik gefahren – abgesehen davon, dass meine Mutter selber Ärztin war. Heute befasst man sich immer wieder mit den möglichen Folgen von Elektrosmog und ob häufiges Telefonieren schaden könnte.

So kann Wahrnehmung und Erkenntnis von Dingen sowohl krank machen, wie auch vor Krankheit bewahren. Das ist ein kompliziertes Verwobensein. Sogar Beipackzettel von Medikamenten können entsprechende Symptome hervorrufen, bekannt als der sogenannte schon erwähnte Noceboeffekt (nocebo = lateinisch: „Ich werde schaden"). Das Wissen um Nebenwirkungen kann dementsprechend gefährlich werden.

Wiederum beruhigend erscheint, dass sich einer Studie entsprechend, über 80 Prozent aller Heilungen aus Selbstheilungskräften heraus vollziehen. Am leichtesten kann man sich das an einer kleinen Schnittwunde vorstellen. Solche und andere Wunden werden ständig von uns selber repariert.

Heute erkennt man immer mehr, dass es mindestens genauso viele seelische wie körperliche Wunden geben kann. Das Belastende daran ist, dass diese unsichtbaren Verletzungen dazu neigen, durch körperliche Symptome sichtbar zu werden. Weit öfter werden seelische Verletzungen körperlich sichtbar, als das sich körperliche Verletzungen in der Seele niederschlagen.

So ist Heilung letztlich viel mehr als nur eine physische oder gleichsam mechanische Veränderung. Hier zeigt sich bei aller Verschiedenheit die enge Verbundenheit von Körper und Seele. Untersuchungen haben bestätigen können, dass zum Beispiel nach Herztransplantationen die Empfänger Interessen, Eigenschaften und Gefühle vom Spender in sich spürten. Heilung ist also etwas Ganzheitliches.

Zusammenfassend kann man sagen:

- Heilung kann eine körperliche Reparatur sein.
- Heilung kann aber auch bedeuten, meine Psyche zu erkennen und in ihrer Eigenart zu akzeptieren.
- Heilung kann schließlich bedeuten, mit meiner Krankheit bzw. mit meinen Unzulänglichkeiten leben zu können.

Letztlich kann Heilung darin bestehen, mein Nicht-Heilsein zu akzeptieren.

Damit können wir drei verschiedene Konzepte von Heilung unterscheiden: Selbstheilung, Reparatur und Akzeptanz.

Es gibt noch eine weitere Form der Heilung, die sich ganzheitlich und sinnstiftend vollzieht: es ist die Spiritualität.

Religion und Heilung

In vielen Ländern ist der Priester gleichzeitig auch der Arzt und Heiler. Beide Tätigkeiten sind unabhängig von der jeweiligen Religion oft miteinander verbunden. Dass es bei unseren christlichen Wurzeln ursprünglich genauso war, wird dabei meist übersehen. Jesus selbst ist gerade in dieser Funktion wohl schon zu Lebzeiten populär geworden.

Bei Schamanen (Medizinmänner bzw. -frauen) verschmelzen beide Tätigkeiten. Krankheiten werden hier vieldimensionaler gesehen. Das, was bei uns die Ärzte konkret behandeln, sind aus der Sicht des Schamanen letztlich nur äußerliche Folgen eines weit umfassenderen Prozesses.

Er interessiert sich weniger für die sichtbaren Verletzungen und Krankheitsbilder, sondern versucht ihre Ursachen zu ergründen. Das beginnt mit der Untersuchung bestimmter Verhaltensweisen, die zum Beispiel auf moralische Unstimmigkeiten hinweisen können, und endet mit Besuchen in der Geister- oder Götterwelt.

Belastendes Verhalten sich selbst gegenüber oder im Miteinander der Familie bzw. im sozialem Umfeld sind sozusagen die Tore, durch die schädigende Mächte in uns eindringen und bestimmte Krankheitsbilder hervorrufen. Die Vorschläge für Verhaltensänderungen durch den Priester oder Schamanen werden von rituellen Handlungen begleitet, die häufig zu Besserungen des Gesundheitszustandes führen. Von daher sollte man diese Methoden nicht von vornherein als primitive Quacksalberei abtun. Es scheint hier neben einer harten, nachweisbaren Wirklichkeit noch eine weiche, verborgene zu geben.

Die Symbolsprache der Religion verrät etwas über uns und eine andere Wirklichkeit, in die wir eingebettet sind. Hier können wir eine Wahrheit in ganz anderen Worten finden, auch unseren Körper und unsere Seele betreffend. Sie mag schon in der Tiefe unserer Seele schlummern. Und diese Seele bestimmt unseren Körper mehr, als wir es ihr in der Regel zutrauen. Darüber haben wir schon nachgedacht.

Religion und Heilung sind eng miteinander verbunden. Allein schon das Bewusstsein, in etwas Sinnvolles eingebettet zu sein, stärkt die Seele wie den Körper und wirkt in dramatischen Lebenssituationen stressmindernd. Von Beginn der Menschheit an gab es einen Zusammenhang von Religion und Gesundheit. Denn mit jeder Krankheit berühren wir die Grenze unserer Existenz.

Christliche Dimension

Jesus hat seine Worte mit unterschiedlichen Heilungszeremonien unterstrichen. Auch einzelne seiner Anhänger hatten die Kraft, Menschen zu heilen.

Wenn wir also zu unseren Wurzeln zurückwollen, sollte man auch diese wichtige Erfahrung wieder neu integrieren oder zumindest überdenken. Es ist sicher kein Zufall, dass sich immer mehr Menschen asiatischen Religionen zuwenden, weil sie dort Heilmethoden kennenlernen, die ganzheitlicher sind, als es die europäische Medizin derzeit gestattet.

Bedauerlich scheint mir, dass Suchende in unserer christlichen Religion oder in der Kirche selten eine Alternative oder Ergänzung zur Schulmedizin finden.

Dagegen finden freikirchliche und evangelikale Kirchen besonders unter jungen Familien einen deutlichen Zuspruch. In diesen charismatischen Gemeinden findet am ehesten so etwas statt, das man mit ganzheitlicher Heilung verbinden kann. Wenn auch, aus meiner Sicht, oft zu sehr verknüpft mit der Frage nach Schuld und Sünde.

Für jeden Menschen gilt: Das Gefühl gesund zu sein, ist die Basis für fast alle Aktivitäten des Lebens, deshalb sollte man neu darüber nachdenken, ob nicht auch im christlichen Bereich eine Form der spirituellen Betrachtung von Krankheit und eine spirituelle Form der Heilung wieder möglich ist.

Ansätze finden sich sicher bei den inzwischen üblichen Segnungsgottesdiensten. Der bekannte Schweizer Theologe und Religionswissenschaftler Walter Hollenweger machte schon vor längerem darauf aufmerksam, dass wir diesbezüglich von den Afrikanern, die wir missioniert haben, etwas lernen könnten. Sie haben dort etliche Riten und Formen aus alten Tagen gleichsam „getauft" und nutzen sie zur ganzheitlichen Heilung des Menschen. Betrachtet man diese Riten genauer, wird man feststellen, dass sie manchen biblischen Geschichten näher sind als unser hier praktizierter christlicher Glaube.

Die christliche Dimension von Heil und Heilung ist sicher größer als vermutet und hat in Zukunft gute Chancen, wenn genug Menschen den Mut haben, diese Dimension wiederzuentdecken und für die Menschen einzusetzen.

Das Thema Heilung sollte nicht in konservativ-dogmatischer Form neu aufgegriffen werden, wie es in vielen amerikanischen und inzwischen auch deutschen charismatischen Gemeinden üblich ist, sondern in der Offenheit und Freiheit eines Christenmenschen, wie es Luther ausdrückte. Heilung sollte nicht sofort mit Sünde oder Schuld in Verbindung gebracht werden, im Gegenteil – wir sollten die frohe Botschaft christlichen Glaubens als Stabilisator für Körper und Seele in ganzheitlich heilender Weise nutzen. Im Sinne des Jakobusbriefes, der eine tiefe Wahrheit ins Wort bringt:

„Hat einer von euch Schweres zu ertragen, dann soll er beten. Ist jemand glücklich, dann soll er singen. Ist jemand krank, dann soll er die Ältesten rufen, damit sie für ihn beten und ihn im Namen des Herrn mit Öl salben. Ihr vertrauensvolles Gebet wird ihn retten. Der Herr wird ihn gesund machen und ihm vergeben, wenn er Schuld auf sich geladen hat. Überhaupt soll jeder der krank ist, seinen Brüdern ihre Verfehlungen vergeben und sie sollen für ihn beten. So ein Gebet eines Menschen kann viel bewirken." (Jakobus 5, 13ff)

Über den Tod hinaus

Was ist die Seele?

Die Seele – mehr als nur ein Wort?

*D*as deutsche Wort Seele wird im Allgemeinen vom früh-mittelalterlichen Wort „saiwalo" abgeleitet, das bedeutet „See". Möglicherweise hat es mit der metaphorischen Vorstellung zu tun, dass die Seele ihren Ursprung in einem Seelensee hat. Die Wortherkunft spiegelt einerseits eine besondere Tiefe wieder und andererseits etwas, dass wir nur an seiner Oberfläche wahrnehmen.

Wir wissen, dass der Mensch nicht absolut verwoben ist mit seiner materiellen Physis, sondern dass ihm etwas inne ist, was sich von seinem Körper unterscheidet: die Seele. Denn unser Selbst hat die in sich geschlossene materielle Welt verlassen, in dem es sich gegenübersteht, sich seiner bewusst wird. Dabei kann dieses Selbst das gesamte Universum gleichsam auch von außen betrachten.

Diese Feststellung finden wir in zehntausenden von Jahren der Menschheitsgeschichte wieder. Die Seele ist sozusagen unser Fenster zum Sein, zu der uns umgebenden Wirklichkeit.

Dass wir dieses Empfinden von Natur aus in uns tragen, zeigt allein schon unsere Sprache. Spätestens ab dem dritten Lebensjahr entwickelt der Mensch ein klares Gespür dafür. Indem er plötzlich das Wörtchen „Ich", sagt, bildet sich sein Bewusstsein als etwas Eigenes, vom Körper zu Unterscheidendes, heraus. Das beweist die semantische Entwicklung: Der Mensch sagt zum Beispiel: ich *habe* einen Bauch, Beine, Hände, einen Kopf usw. Ich bin es also nicht selber, mein Körper *gehört* mir.

Aber wer ist dieses „Mir", dieses „Ich"? Durch das Bewusstsein – das möglicherweise der Körpers selber entwickeln kann – bildet sich etwas Eigenes heraus, das im wahrsten Sinne des

Wortes eine neue Dimension betritt und dadurch auch vom Körper unterscheidbar ist. Das nennen wir Seele und darum gestehen wir dieser auch eine besondere Verantwortung zu. So ist es eigentlich ein in sich selber logischer Beweis für die Existenz einer Seele, da ihr ein ethisches Gewissen innewohnt, das weit über rein materielle Mechanismen hinausreicht.

Einer noch so komplexen, wenn auch biologischen Maschine, kann man keine Schuld zuweisen, weil sie eben nur funktioniert und keinen Geist hat. Der Geist ist eine eigenständige Größe und zugleich eine unterscheidbare Dimension, die mindestens einen ganz neuen Aggregatzustand der Materie darstellt und so auch einen eigenen Begriff verdient.

Nun stellt sich die Frage, ob die Seele vom Körper bzw. vom Gehirn selber geschaffen wird und damit eine ganz eigene, vielleicht sogar unabhängige Realität gewinnt, oder verhält es sich so, dass die Seele für eine Weile an den Körper andockt und einen ganz anderen Ursprung hat? Erzeugt sich das Selbst selber oder gibt es noch eine andere Quelle in einer anderen Dimension, die sich unserer gegenwärtigen Wahrnehmung entzieht? Gab es die Seele also schon vorher oder gibt es sie erst durch das Gehirn, das die Seele dann sozusagen gebärt. Diesen Fragen möchte ich im Folgenden nachgehen und begebe mich mit Ihnen auf eine äußerst spannende Spurensuche.

Die Seele in der Religionsgeschichte

Solange es den Menschen gibt, scheint er sich als Seelenwesen zu fühlen. Ausgrabungen, die sogar die Schwelle zum Vormenschen vor hunderttausend Jahren überschreiten, weisen darauf hin, dass der Mensch eine diesbezügliche angeborene Intuition hat. Selbst der sichtbare Verfall des Körpers hält den Menschen seit jeher nicht davon ab, an etwas anderes Essenzielles in sich zu glauben, das nicht diesem Verfall preisgegeben ist.

Das wird sichtbar in Grabbeigaben und Riten, die auf eine andere Dimension hinweisen, die oft mit moralischer Verantwortung verbunden wird. Das heißt, nach dem irdischen Weg des Menschen muss sich etwas von ihm für seine Taten und Gedanken verantworten. Die Konsequenzen daraus können je nach Lebensstil positiv oder negativ ausfallen – eben das, was wir im Christentum Himmel und Hölle nennen.

Ich empfand es schon als ein wenig beängstigend, als wir auf einer Chinareise in Tempeldarstellungen fast die gleichen Bilder über das Jenseits fanden, die wir auch in christlichen Schriften und Bildern entdecken können, wie zum Beispiel in der göttlichen Komödie von Dante. Das Beeindruckende daran ist, das diese Bilder völlig unabhängig voneinander und zu verschiedenen Zeiten in unterschiedlichen Kulturen entstanden sind!

Es existiert also im Menschen ein unabhängiger Kompass, der ihn auf etwas verweist, was er mit seinen Sinnen nicht wahrnehmen kann. In den ältesten Kulturen ist die Seele der Kraftgeber und gilt als das Leben des Körpers überhaupt. Das wird besonders im Schamanismus deutlich. Auch im Alten Testament haucht Gott dem Menschen seine Seele als Lebenselixier ein. Die Betonung der Ego-Seele, also des Individuellen, des Persönlichen, ist eine Wahrnehmung, die sich erst später entwickelt.

In besonderer Weise taucht diese Überzeugung – allerdings in großer Ambivalenz – in den ostasiatischen Religionen auf, die ja zu den ältesten unserer Erde gehören. Die religiöse Basis des Hinduismus und Buddhismus ist die Wiedergeburt. Diese setzt die Seele an sich voraus, auch wenn ihr subjektiv personales Ich unterschiedlich beschrieben wird. Die Seele muss die Verantwortung für ihr bisheriges Leben übernehmen.

Dafür sorgen das Karma, meine bisher vollzogenen Handlungen, und das Dharma, eine kosmische Ordnung mit einem speziellen Verhaltenskodex. Bei der Wiedergeburt schlüpft die

Seele sozusagen wieder in einen neuen Leib, in ein neues, materielles Gefäß. In der Regel sind es Menschen, es können aber auch Tiere und sogar Pflanzen sein.

Die Vorstellung einer beseelten Natur in ihrer Ganzheit und in ihren Teilen finden wir bis heute in verschiedenen alten religiösen Traditionen.

In der jüdischen Tradition kennt man die strikte Zweiteilung von Körper und Seele nicht. Beides verschmilzt viel stärker miteinander, was auch Konsequenzen hat: Das Reich der Toten ist hier nur noch ein Schattenreich, dass nicht besonders differenziert gesehen wird. Diese Sicht des menschlichen Lebens könnte viel leichter mit modernen naturwissenschaftlichen Deutungen in Einklang gebracht werden, als es bei den meisten anderen Religionen der Fall ist. Die jüdische Religion ist eine sehr irdische, ihr kommt es auf das Leben hier und heute auf dieser Erde an, bis der Mensch lebenssatt sterben darf und den Segen an die Kinder weitergibt (vgl. Genesis 25,8, Ijob 42,17).

Die enge Verwebung von Körper und Seele wird auch in Teilen der christlichen Tradition deutlich, die die Auferstehung am jüngsten Tag mit einer Auferweckung der Leiber aus den Gräbern in Verbindung setzt. Die christliche Vorstellung ist eine personale, der Buddhismus hingegen sieht die Seele am Ende gleichsam wie einen Tropfen im Ozean aufgehen, sie geht jedoch nicht verloren. Hier zeigt sich die Ambivalenz von persönlicher und grenzüberschreitender Wahrnehmung der Seele. Sie wird hier gleichsam zum Baustein der gesamten Wirklichkeit, untrennbar und doch existent.

Dabei verliert sie das individuelle, beschränkt personale, um auf der anderen Seite gleichzeitig alles in allem zu werden, ohne sich selbst dabei zu verlieren.

Aber selbst in der Bibel finden wir schon eine Vorstellung der Seele, die sich langsam von der Notwendigkeit eines irdischen Körpers trennt. Hier kommt es immer auf den Blickwinkel an. Für mich ist diesbezüglich eine der schönsten und anschaulichsten Stellen ein Abschnitt aus dem Brief des Apostel Paulus an die Korinther (2 Korinther 5): „Wir wissen, wenn das Zelt, in dem wir jetzt leben, abgebrochen wird, hat Gott eine andere Umhüllung für uns bereit. Es ist ein Haus, das ewig bestand hat und nicht von Menschen gebaut ist."

Also kein biologisch gezeugter Körper, sondern etwas ganz anderes. Aber anscheinend brauchen wir aus dieser Sicht auch dieses Andere – vielleicht um unsere Individualität zu behalten. Aber für Unsagbares und letztlich Unvorstellbares bleiben uns immer nur Bilder.

Jedenfalls hat sich durch die Kirchengeschichte hindurch die bleibende Individualität der Seele etabliert, das Kirchenjahr mit seinen zahlreichen Gedenktagen für Heilige oder auch für die Toten an Allerseelen zeugt davon.

Erwähnt sei noch, dass in der jüdisch-christlichen Tradition die Seele etwas von Gott Geschaffenes ist und nicht, wie es in manchen religiösen Gruppierungen heißt – wie zum Beispiel in der Gnosis (d. h. Erkenntnis) – die Seele selbst sei ein Funken Gottes.

Schließlich finden wir im Islam, der jüngsten Hochreligion, auch die Unterscheidung zwischen dem Körper und einem metaphysischen Teil des Menschen. Allerdings wird der Ort, wo die Seele nach dem Tod weiterlebt, wiederum sehr körperlich beschrieben mit erotischer Sinnlichkeit und weiteren Lebensgenüssen, die wir hier auf der Erde immer nur in Verbindung mit unserem Körper wahrnehmen können.

Die fast verwirrende Vielfalt von Seelenvorstellungen entspricht letztlich den unterschiedlichen Kulturen und Lebensformen auf dieser Erde. Trotzdem gibt es etwas entscheidend Verbindendes, die grundsätzliche Aussage: etwas bleibt.

Die Seele in der Philosophie

*B*eim Thema Seele verschmelzen oft religiöse Aussagen mit philosophischen. Das trifft in besonderer Weise auf den Buddhismus zu. *Buddha* lebte von ca. 450–370. v.Chr.

Hier wird die Seele als eine schwer beschreibbare Lebensenergie dargestellt, die sowohl zeitweise Träger des Individuellen ist, als auch die Basis für alles Leben überhaupt. Das wird besonders kompliziert bei dem Gedanken der Reinkarnation. Ein buddhistischer Weiser versuchte diesen Vorgang zu veranschaulichen: „Wiedergeburt ist, wie wenn jemand die Flamme einer niedergebrannten Kerze an den Docht einer frischen Kerze hält. Das neue Feuer ist das alte und doch wieder nicht."

Im gegenwärtigen Buddhismus, der durchaus einen Dialog mit der modernen Naturwissenschaft führt, kann man das Phänomen Seele so beschreiben: Sie ist eine dynamische Selbstorganisation von energetischen Prozessen. Die Sehnsucht nach einem stabilen Selbst erscheint dem Buddhisten suspekt, da diese zu Abhängigkeiten von materiellen Dingen führt, das heißt aus chronischer Sorge um den Verlust der Dinge und seiner selbst den Menschen zu Gier, Neid und Hass treibt.

Aristoteles (384–322 v.Chr.) sieht die Seele vielschichtiger. Für ihn ist sie auch zielgerichtete, gestaltende und formgebende Energie des Leibes. Das Problem entsteht hier bei der Frage der Selbständigkeit. Denn ohne Leib verliert sie ihre eigentliche Aufgabe, nämlich diesen zu gestalten. Darum unterscheidet er den selbständigen Geist, dem die Ewigkeit als Eigenschaft zugewiesen wird. Gerade durch seinen Geist, also seine Erkenntnis wird der Mensch mit der Ewigkeit verbunden. Denn er erkennt die Dinge in ihren Begriffen und nicht nur in ihrer materiellen Seinsweise. So, wie wir eine Geschichte über eine Wiese lesen können, ohne sie zu betreten.

Die Seelenlehre des Aristoteles bildet schließlich drei Strukturen heraus:

- die *anima vegetativa* als Lebensprinzip, das auch Tieren und Pflanzen innewohnt,
- die *anima sensitiva* als die einfühlende, mitfühlende Seele mit ihrer sozialen Kompetenz,
- die *anima rationalis*, unser Bewusstsein und Erkenntnisvermögen.

Im Vergleich zu Aristoteles hat Platon (428–348), der sein Lehrer war, die Seele eher von ihren psychologischen Eigenschaften her analysiert. Platon hat hier das Triebhafte oder Vernünftige der Seele als lebensbestimmende Kraft herausgestellt.

Bei all den antiken philosophischen Gedanken unterscheidet sich die Seele immer als etwas mit bleibenden Wesenszügen behaftetes im Gegensatz zur Vergänglichkeit des Körpers.

Ein spannender Vergleich mit gegenwärtigen Erkenntnissen drängt sich hier auf: Nachweisbar sind fast alle Substanzen unseres Körpers, selbst die Knochenzellen werden spätestens nach sieben Jahren komplett ausgetauscht und erneuert. Aber die Seele, also unser eigentliches Wesen, hat dagegen eine bleibende Kontinuität, die sich in unserem Ich ausdrückt, selbst wenn es einem Veränderungsprozess unterliegt. Aber dieser wird allein schon durch unsere biografische Erinnerung zu einem Ganzen verbunden – mit bleibenden geistigen Essenzen.

Aus der Neuzeit möchte ich nur noch kurz Gottfried Wilhelm Leibniz (1646–1716), Georg Friedrich Wilhelm Hegel (1770–1831) und Immanuel Kant (1724–1804) erwähnen.

Die Seele ist für Leibniz eine einfache, unteilbare Substanz. Er nennt sie Monade, das kommt aus dem Griechischen: „monas", das heißt „Einheit". Sie ist also unteilbar, sozusagen wie der kleinste Baustein der Materie. So meint er, das die Seele weder erzeugt noch vernichtet werden kann, da sie eben nicht in verschiedene Teile zerfällt oder aus verschieden Teilen entstanden ist. Darum bejaht Leibniz ausdrücklich die Unsterblichkeit unserer Seelen. In der Seele spiegelt sich darum auch ein Abbild Gottes.

Für Hegel ist die Seele eher ein Teil des Weltgeistes, der sich kollektiv in der Kultur der Menschheit zeigt und sich auch dann kollektiv zu einem höheren Selbstbewusstsein emporarbeitet, bis schließlich Gott darin zu sich selbst findet. Das ist dann eine Art geistige Evolution, die sich im Geist und Bewusstsein des Menschen spiegelt.

Kant schließlich hält die Unsterblichkeit der Seele für unbeweisbar, da es sich hier um metaphysisches Terrain handelt. Gleichwohl ist diese behauptete Unsterblichkeit für ihn eine notwendige und logische Gewissheit. Die Unsterblichkeit der Seele lässt sich vernünftig begründen, empirisch beweisen oder erkennen lässt sie sich unter menschlichen Voraussetzungen allerdings nicht.

Die Seele in der Psychologie

*I*n der Psychologie, so könnte man vermuten, hat sie ihren eigentlichen Ort. Denn die Psychologie beschäftigt sich ja in erster Linie mit der Seele. Das griechische Wort „psyche" bedeutet „Seele". Im Bereich der Pastoralpsychologie finden wir den gängigen Ausdruck „Seelsorge", deshalb werden Pfarrer von vornherein als Seelsorger bezeichnet.

Entgegen aller Erwartungen hat auch die Psychologie die Seele nicht „im Griff", auch wenn sie im Vergleich zu anderen Wissenschaften behauptet, der Seele therapeutisch begegnen zu können. Tatsächlich gibt es immer wieder Diskussionen, ob die Psychologie eine seriöse Wissenschaft ist.

Das beginnt beim Behaviorismus, der von vornherein innerseelische Vorgänge als unwissenschaftlich ablehnt und vor allem lern- und verhaltenspsychologische Automatismen im Menschen und Tier wahrnimmt und analysiert. Berühmt geworden ist der sogenannte Pawlowsche Reflex – also die unmittelbare Reaktion auf einen äußeren Reiz. Wenn mir zum Beispiel das Wasser im Mund zusammenläuft, sobald ich jemanden sehe, der in eine Zitrone beißt. Oder jemand gähnt und ich gähne gleich mit, obwohl ich mich gar nicht müde fühle.

Dieser an sich triebhaften, körperbetonten Begutachtung des Menschen, steht eine intensive Seelenerforschung gegenüber, die wir besonders in der Tiefenpsychologie bei *C. G. Jung* treffen. Er postuliert, dass wir nur die Oberfläche der Seele an uns und anderen wahrnehmen können. Aber das sei so wie die Spitze eines Eisberges, der aus dem Wasser ragt, während der allergrößte Teil – für uns unsichtbar – sich unter der Wasseroberfläche verbirgt. Unser Tagesbewusstsein, also die Oberfläche unserer Seele, wurzelt im Meer des kollektiven Unbewussten, aus dem wir dann auch symbolische Bilder, etwa in Träumen, aber auch in Mythen und Märchen finden. Dahinter steckt eine tiefere Wahrheit, die es zu entschlüsseln gilt.

Anders als sein Lehrer *Sigmund Freud* (1856–1939) hat Jung sich von dem Modell der triebhaft körpergesteuerten Seele distanziert und ihre eigenen geistigen Kräfte versucht aufzuspüren.

Für Freud ist die Seele untrennbar mit der Materie des Körpers verbunden und wird auch von ihm gesteuert. Dieser Gedanke passt gut zu seinen jüdischen Wurzeln – das Judentum sieht den Menschen anders, ganzheitlicher – wie wir oben erörtert haben. (Siehe S. 188).

Die Seele in der Psychologie wird immer etwas Flüchtiges bleiben, doch mit verschiedenen Zugangsweisen wird man zumindest einen Teil von ihr erfassen. Die unterschiedlichen Methoden zur Erforschung der Seele sind vielfältig: es gibt die Gesprächs- oder Gestalttherapie, die Musiktherapie, die Hypnosetherapie, die analytische Psychologie, die Logotherapie, die transpersonale Psychologie u. v. a. m.

Das Verdienst der Psychologie ist es, herauszufinden, welche Faktoren unser Alltagsleben beeinflussen, unsere Selbst- und Fremdwahrnehmung, unsere Gesundheit und unseren Körper.

Das Geheimnis der Seele vermag aber auch die Psychologie nicht zu enthüllen.

Die Seele und Erfahrungen von Transzendenz

Ich möchte im Folgenden zwei Beispiele von innerer Erfahrung geben, die zugleich Erfahrungen von Transzendenz sind und ein Licht auf das werfen, was wir Seele nennen.

Bei diesen Erlebnissen können wir davon ausgehen, dass die Betroffenen sie wirklich in ihrer subjektiven Wahrnehmung so erfahren haben – unabhängig von jeglicher Deutung.

Randy Buescher, junger Teilhaber eines Architekturbüros und mitten im Leben stehend, erkrankte an Krebs und hatte nach einer chemotherapeutischen Behandlung folgendes Erlebnis. Als er abends – er hielt sich in diesen Tagen bei seinen Eltern auf – wieder im Bett lag, wachte er plötzlich auf: „Als ich zu mir kam, schaute ich auf einmal auf meine Fußsohlen. Ich hatte das Gefühl zu sitzen und war zuerst ziemlich verwirrt. Aber ich träumte nicht mehr. Das wusste ich. Ich dachte, das muss etwas mit meinen Medikamenten zu tun haben. Aber mir war nicht übel.

Ich versuchte mich zu orientieren und plötzlich wurde mir klar: Ich schaue von oben, irgendwie unter der Decke, auf mich herab. Mir ging es plötzlich durch den Kopf: Du musst tot sein, wenn da dein Körper liegt. Ich blickte mich um und sah die Wände und das obere Regal der hohen Bücherwand. Dabei schaute ich mir eine Bücherreihe an, deren Titel ich nicht kannte, weil sie meinen Eltern gehörten. Ich versuchte zu rufen, brachte aber kein Wort heraus. Plötzlich kam mein Vater ins Zimmer.

Nach einer kurzen Erinnerungslücke, wachte ich abermals, allerdings in meinem Körper auf und hörte meinen Vater sagen:

‚Du bist aber kalt, decke dich zu!‘ Und er streichelte meinen Rücken, da ich, wie vorher gesehen, auf dem Bauch lag. Auch die Bücher waren die, die ich in diesem Zustand gesehen hatte, als ich dort später nachschaute.“

Mit der zweiten Geschichte wurde ich schon als Vikar konfrontiert. Mehrmals sprach ich darüber mit einer alten Dame, die Witwe eines Richters, weil sie dieses Erlebnis bis in ihr hohes Alter tief bewegte und nie mehr losließ: Ihr Sohn war als sehr junger Mann während des Krieges in die Armee eingezogen worden, er war Soldat in einer Fliegerstaffel. Eines Nachts wurde die Mutter plötzlich hellwach und sah ihren Sohn vor sich im Schlafzimmer. Im ersten Augenblick freute sie sich riesig, dass ihr Sohn so unerwartet nach Hause gekommen war. Doch auf den zweiten Blick bemerkte sie, dass er in einer völlig nassen Uniform vor ihr stand. Das schockte sie und ihr wurde plötzlich klar, dass sie hier ein ganz eigenes, unglaubliches Phänomen vor sich hatte. In diesem Augenblick schaute ihr der Sohn tief in die Augen und lächelte völlig entspannt, unmittelbar darauf löste er sich ins Nichts auf.

Jener Frau war sofort klar, dass ihr Sohn tot war. Sie konnte nicht sagen warum, aber ihre Überzeugung war nicht hinterfragbar. Erst Wochen später bekam sie die Mitteilung, dass ihr Sohn wahrscheinlich mit dem Flieger im Ärmelkanal abgestürzt war und verschollen sei. Der Absturz ereignete sich in der Nacht, als ihr Sohn vor ihrem Bett stand!

Diese beiden sehr subjektiven Erfahrungen stellen eine bestimmte Form von Realität dar, weil Menschen sie so erlebt haben und sprechen dafür, dass eine Kommunikation zwischen Menschen auch auf rein geistig-psychischer Ebene möglich sein kann.

Die Seele – eine persönliche Reflexion

*I*ch möchte mit einigen persönlichen Gedanken abschließen. Gerne spreche ich von einer harten und einer weichen Wirklichkeit, dabei liegt die Betonung auf Wirklichkeit. Mit harter Wirklichkeit meine ich die wissenschaftlich nachweisbare; die weiche Wirklichkeit ist die, die wir in Psyche und Geist erleben. Dazu gehört die Erinnerung ebenso wie das Erlebnis des Augenblicks – so zum Beispiel ob mir ein Musikstück gefällt, ich etwas gerne esse oder Sympathie gegenüber einem Menschen empfinde. Im Grunde umfasst die weiche Wirklichkeit unsere ganz persönliche Welt, unseren Lebenskosmos.

Hier vollzieht sich vieles auf seelischer Ebene. Wenn man diese als unwirklich ablehnt, könnte man letztlich das ganze Dasein als einen unendlichen Traum bezeichnen, doch das erscheint absurd.

Folglich gibt es das, was wir Seele nennen. Gerade die seelisch-geistige Ebene ist auch der Schlüssel für andere Dimensionen – zum Beispiel der Glaube an Gott – da die harte Wirklichkeit uns hier keinen Zugang erlaubt. Dafür ist sie zu begrenzt. Nur mit dem Geist, mit der Seele kann ich Gott aus der Welt „herauszweifeln" oder „hineinglauben", das heißt Berührungsmöglichkeiten schaffen. Naturwissenschaftlich wird man Gott nie erreichen.

Ich denke, dass unser Geist bzw. unsere Seele mit einem Nadelöhr vergleichbar ist, das aus einem schier unendlich materiellen Kosmos, der jegliche unserer Vorstellungen übersteigt, herausführt. Sollte es diesen Anknüpfungspunkt an eine andere Dimension nicht geben, wären wir absolut unbedeutend und einsam. Das wäre ein Paradox gegenüber der Milliarden Jahre andauernden hochstrukturierten Entwicklung, die uns zu dem gemacht hat, was wir sind: Das komplizierteste Gebilde, das es aus unsere heutigen Sicht im Universum gibt.

Wir können uns die Größe des Kosmos folgendermaßen vorstellen: Wir sitzen in einem sonnendurchfluteten Wohnzimmer und sehen feine Staubpartikel durch die Luft fliegen. Ein solches Stäubchen entspricht – wenn das Zimmer unser Universum wäre – nicht etwa der Erde, auch nicht der Sonne, sondern unserer Milchstraße. In dieser wiederum ist unsere Erde viel weniger als eines dieser Staubpartikel und wir selber auf der Erde sind noch weniger. Also sind wir im Grunde, materiell gesehen, gar nichts. Trotzdem nehmen wir diesen riesigen Kosmos in unseren Gedanken und mit unserer Seele auf.

Allein dadurch zeigt sich, welch großartige Dimension in unserem innersten Wesen steckt. Neben der unvorstellbaren Größe des Raumes sehen wir uns mit dem unbegreiflichen Faktor Zeit konfrontiert. Die Zeit ist untrennbar mit dem Raum verwoben (s. Kap. Zeit, S. 16ff).

Außerhalb dieses Raumes existiert keine Zeit mehr – das nennen wir Ewigkeit. Die Zeit ist nur ein sekundärer Bestandteil der Ewigkeit, diese aber ist absolut. Das Leben bleibt, nichts geht verloren, nur die Zeit erlischt. So wird auch der Teil unseres *irdischen* Lebens für immer zu uns gehören.

Folgendes Bild kann das vielleicht ein wenig veranschaulichen. Stellen wir uns vor, jeder Teil des irdischen Lebens entspricht einer Münze – diese Münzen werden durch die Zeit in einer langen Linie aneinandergelegt. Durch den Tod fallen wir aus der Zeit heraus. Dann gibt es keine Zeitlinie mehr, sondern nur noch ein Jetzt. Das ist dann so, als ob alle Münzen an einem Ort zu einem Turm gestapelt werden – alle sind noch vorhanden, nur nicht mehr in der Fläche nebeneinander.

Man kann also sagen, unsere Wirklichkeit ist aus der der zeit- und raumlosen Ewigkeit entstanden sie kommt von der Größe her, die wir Gott nennen. Für uns erscheint es wie ein Sein aus dem Nichts, weil wir weder Worte noch Vorstellungen von dieser anderen Seite der Wirklichkeit haben.

Ich bin davon überzeugt, dass wir nach dem Tod wieder in das zurückkehren, woher wir kommen. Das ist aber in erste Linie kein materieller Prozess sondern ein geistiger. Denn unser Denken, Fühlen und Werten ist etwas Geistiges. Damit ist diese unsere Seele auch jeweils etwas Einmaliges. Die Seele stirbt, wenn sie diesen materiellen Rahmen wieder verlässt, in Gott hinein, den sinnvollen Ursprung des Ganzen.

Was ist Ewigkeit?

Philosophisch-literarische Gedanken zu Zeit und Ewigkeit

*I*mmer wieder – gerade in der Kirche – begegnen wir dem Wort Ewigkeit. Was stellen wir uns darunter vor? Was bedeutet es, wenn der Pfarrer am Ende des Gottesdienstes sagt: „Von Ewigkeit zu Ewigkeit, Amen!" Gibt es gar mehrere Ewigkeiten?

Jedenfalls hat Ewigkeit auch etwas mit Zeit zu tun – Raum und Zeit sind Grundgegebenheiten unseres Daseins. Die Wahrnehmung des Raumes ermöglicht uns also auch die Wahrnehmung der Zeit.

Aber wie ist es mit der Ewigkeit, die jenseits von Raum und Zeit liegt? Ewigkeit hat keine Zeit. Wenn wir uns diese allerdings so weit wie möglich wegnehmen, landen wir beim Augenblick, beim kleinsten uns möglichen gedanklichen Punkt, der keine Zeiteinheit darstellt.

Johann Wolfgang von Goethe (1749–1832) meinte dazu: *„Jeder Zustand, ja jeder Augenblick ist von unendlichem Wert, denn er repräsentiert die ganze Ewigkeit."*

Auch Jesus betont, insbesondere im Johannesevangelium das „Jetzt" des Reiches Gottes.

Ein Musikstück, ein Gemälde, eine Begegnung, ein bloßer Gedanke, ein Traum nimmt uns gefangen – waren es nur ein paar Sekunden oder doch ein paar Minuten? – das spielt dann keine Rolle mehr.

Entscheidend ist, dass man in eine Tiefe eingetaucht ist, die dem normalen Fluss der Zeit beraubt scheint. Das sind wohl mehr als einfache Worthülsen, wenn jemand sagt: „Das dauerte eine kleine Ewigkeit!"

Ein Augenblick ist eine kleine Ewigkeit. Das sind Momente, in denen unser normales Ich, das mitten in die Welt von Raum und Zeit eintaucht, für dieses Ereignis außer Kraft gesetzt ist und unsere tieferen Schichten die Oberhand gewinnen.

Dem Verstand mit seinen Worten und Kategorien sind weder Zeit noch Zeitlosigkeit letztendlich nicht zugänglich. Ein ähnlich rätselhaftes Phänomen wie der Augenblick ist die Gegenwart. Was meint eigentlich das Wort „Gegenwart"?

Letztlich ist „Gegenwart" ein „Nichts". Denn eigentlich kann es diesen Punkt des Stillstands gar nicht geben, in dem sich die Zukunft plötzlich in die Vergangenheit verwandelt. Demnach wäre Gegenwart ein Wort für einen kaum definierbaren Vorgang, aber nicht für eine greifbare Realität: So wie man über sie spricht, ist sie schon wieder vorbei.

Wir aber meinen, ständig in dieser imaginären Gegenwart zu leben. Sie ist letztlich unser einziger Wohnsitz auf diesem Planeten. Denn was gerade war, ist für uns unwiderruflich vorbei und verschwindet alsbald im Nebel des Vergessens. Ob das die eben verpasste U-Bahn ist, oder das vergessene Wort beim Abschied – alles verschwindet für uns im Nichts. Nur das, was wir gerade tun, scheint einigermaßen sicher, bis es ebenfalls in diesem Ausguss des Seins verschwinden wird. Bei manchen Dingen ist das erfreulich, bei anderen wiederum bedauerlich.

In der Gegenwart bleibt mir letztlich nur eins: Ich erinnere mich an die Vergangenheit und erwarte etwas von der Zukunft. Aber wie lange dieser Zustand, den wir erwartungsvoll Gegenwart nennen, wirklich dauert, bleibt ein Rätsel. Selbst der Stoßseufzer von Goethes Faust, entschwindet im gleichen Moment schon wieder:

„Zum Augenblicke dürft ich sagen:
verweile doch, du bist so schön!
Es kann die Spur von meinen Erdentagen
nicht in Äonen untergeh'n!"

Sollte es nicht so sein, benötigen wir wiederum die Ewigkeit als Träger eines über den irdischen Horizont erweiterten Seins.

An anderer Stelle meint Goethe:

„Der Spiegel sagt mir: Ich bin so schön!
Ihr sagt: Zu altern sei auch mein Geschick.
Vor Gott muss alles ewig steh'n.
Ich liebe ihn für diesen Augenblick"

Der Augenblick scheint also ein Fenster zur Ewigkeit zu sein. Und doch sieht Goethe das Ganze nicht einseitig. Woanders heißt es:

„Nur scheinbar steh'n Momente still.
Das Ewige regt sich fort in allem:
denn alles muss in Nichts zerfallen,
wenn es im Sein beharren will."

Goethe hat sich immer wieder mit diesem Tor zur Ewigkeit beschäftigt. Hier findet er im scheinbaren Paradox die Lösung.

In seinem Gedicht „Vermächtnis" heißt es dagegen in gleichsam dialektischer Auseinandersetzung:

„Kein Wesen kann zu Nichts zerfallen!
Das Ew'ge regt sich fort in allen,
Am Sein behalte dich beglückt!
Das Sein ist ewig: denn Gesetze
bewahren die lebend'gen Schätze
aus welchem sich das All geschmückt."

Das Geheimnis des Augenblicks und der Ewigkeit – mehr als eine kurze Zeit oder eine die nie aufhört.

Die naturwissenschaftliche Ewigkeit

*N*achdem wir uns philosophisch und ein wenig literarisch durch Zeit und Ewigkeit bewegt haben, möchte ich einen Blick auf die Naturwissenschaft werfen, die sich eher experimentell mit unserem Problem auseinandersetzt.

Wenn wir von Raum und Zeit reden, berühren wir Dimensionen, die nach Einstein untrennbar miteinander verbunden sind. Hinzu kommt der Faktor der Bewegung, der das große Uhrwerk des Universums erst anwirft. Diese Gedanken haben wir an anderen Orten schon unterschiedlich beleuchtet.

Zum Thema Ewigkeit aus naturwissenschaftlicher Sicht würde ich gerne den Heisenbergschüler Hans Peter Dürr (1929–2014) zitieren: „Materie ist geronnene Zeit und zugleich, da wohlgeordnet, geronnener Geist." Einige Wissenschaftler sprechen schon von einer neuen „kopernikanischen Wende". Nicht die Materie war das Erste und hat dann selbstständig und immer komplizierter werdend den Geist geboren, sondern der Geist selbst hat die Materie so verformt, dass sie wieder zu Geist werden kann.

Damit fängt Materie an, sich der Erstarrung in Raum und Zeit zu entziehen. Dieser lebendige Impuls spiegelt sich in der Evolution wider, dieser geheimnisvollen Kraft, die die einzige ist, die sich dem Entropiegesetz entgegenstellt. Denn in diesem Gesetz zeigt sich der Verfall durch die Zeit.

Alles altert: Ein ungepflegtes Haus verfällt spätestens nach hundert Jahren und wird wieder zu Sand, wie schon ein Mensch im dritten Lebensjahrzehnt die ersten Falten bekommt, die untrüglich auf seine Vergänglichkeit hinweisen.

Alles baut ab. Nur die Evolution baut auf. Und das mit einer Geschicklichkeit, die dem menschlichen Geist um ein Vielfaches voraus ist, das lässt sich an jeder Zelle und an jedem DNS-Molekül ablesen.

Schon Hoimar von Ditfurth (1921–1989) hat in einem seiner letzten Bücher geschrieben: „Angesichts dieser Welt, die im Augenblick ihrer Entstehung fix und fertig aus dem Nichts auftauchte, wie man früher dachte, lautet die Frage lediglich: Warum ist nicht Nichts? Warum gibt es überhaupt etwas? Warum gibt es die Welt mit ihrer Ordnung?

Das allein ist wahrhaftig geheimnisvoll genug. Die Entdeckung der Evolution hat allerdings dieses Geheimnis noch viel größer und phantastischer werden lassen. Denn jetzt müssen wir außerdem noch fragen: Wie kommt es denn, dass diese Welt die Fähigkeit besitzt, in einem kontinuierlichen Prozess einer geordneten Weiterentwicklung alles Bestehende zu ermöglichen?

In dieser Welt findet sich keine Erklärung dafür. Erst recht nicht dafür, warum diese Entwicklung nicht längst zum Stillstand gekommen ist, zumal viele zurückliegende Stufen in sich abgeschlossen und vollendet waren. Wir beginnen langsam zu durchschauen, was da abläuft. Aber was treibt diesen Ablauf an?

Unsere Wissenschaft muss sich als unzuständig bekennen, wenn wir danach fragen, warum diese Entwicklungen und die in ihr ruhenden Ordnungen überhaupt existieren."

So darf man sich fragen, ob diese diesseitigen Ordnungen nicht ein Widerschein einer anderen Wirklichkeit sind, jenseits der Grenzen dieser Welt, außerhalb von Raum und Zeit, eben in der Ewigkeit. Es ist plausibel, dass unsere so geordnete Welt getragen wird von einer noch viel umfassenderen Ordnung, die wir allerdings nur berühren können mit unserer Vorstellung von Ewigkeit.

Augenblick und Ewigkeit als psychologisches Phänomen

*D*ieser nicht zu definierende Punkt, den wir „Augenblick"
nennen und der möglicherweise der Berührungspunkt
mit der Ewigkeit ist, ist auch Gegenstand psychologischer Untersuchungen. Dabei sind folgende Fragen leitend: Wie lang ist eigentlich ein Augenblick und wie geht unser Gehirn damit um, etwas
stetig Fließendes in einen definierbaren Moment zu verwandeln?

Der Mediziner und Psychologe Ernst Pöppel hat folgendes
Experiment durchgeführt: Er untersuchte Menschen im Labor
und ließ sie immer wieder ihr subjektives „Jetzt" definieren.
Dabei analysierte er u. a. mit einem Metronom und anderen
Zeitmessgeräten ihre Gehirnfunktionen, mit denen sich genau
bestimmen ließ, wie lange dieses „Jetzt" bei jedem einzelnen
Menschen andauert. Ein solcher Augenblick hält genau drei Se-
kunden an.

Was passiert dabei? Aller drei Sekunden baut sich unser Gehirn die augenblickliche Lebenssituation mit all unseren Erinnerungen und Plänen neu auf. Wir definieren uns dabei – ohne
dass es uns recht bewusst wird – immer wieder neu.

Am ehesten kann das wohl jemand nachvollziehen, der aus
einer Ohnmacht oder Narkose, vielleicht auch aus dem Tiefschlaf aufwacht und sich selbst und sein Leben neu sortieren und
finden muss.

Deutlich wird es auch bei einem Rückblick auf unser bisheriges Leben. Einerseits sind wir immer noch die, die wir mal
waren, andererseits aber eine oder ein ganz anderer geworden.
Denn wir sind weder das Kind, das wir mal waren, noch der pu-
bertierende Jugendliche. Und im Alter sind wir wieder anders als
wir vielleicht mit 35 Jahren waren. Und auch morgen werden wir
nicht mehr der sein, der wir heute noch sind.

Aber sind all die vergangenen Augenblicke meines Ichs für immer verloren oder sind sie irgendwo aufbewahrt, erhalten, getragen? Vielleicht außerhalb von Raum und Zeit? Die Religionen bejahen das als einen ihrer wichtigsten Grundsätze.

Alle drei Sekunden also ein neues „Jetzt", es gibt keinen Grund an der Richtigkeit dieser Laborergebnisse zu zweifeln. So geht alle drei Sekunden für den Menschen die Zeit zu Ende und beginnt wieder von neuem. Das ist unsere „Gehirnzeit". Es ist der Ort, wo wir heute durch moderne Forschungstechnik ablesen können, wie unsere Körpermaterie mit diesem undefinierbaren und ungreifbaren Etwas, das wir Zeit nennen, umgeht.

Das erinnert auch an das Wort des Physikers Hans Peter Dürr: „Materie ist geronnene Zeit." Hier fließt sozusagen etwas von der Zeit in unser Gehirn und dieses lässt sie gerinnen – im Drei-Sekundentakt.

Trotzdem ist der messbare Drei-Sekunden-Augenblick in unserem subjektiven Erleben etwas ganz anderes. Dabei kann niemand beurteilen, welche Form der Wahrnehmung einer tieferen Wahrheit über Zeit und Ewigkeit näher ist. Das Gehirn ermöglicht den Geist des Menschen, der mit seinen Gedanken und Gefühlen noch ganz andere Dimensionen berühren kann.

In all den vielen Augenblicken gibt es Momente, wo wir das Sein besonders spüren. Diese Augenblicke verlängern subjektiv auch unser Leben. Gelangweilte, vertane Minuten verkürzen es, auch wenn sie im Vollzug zu der deutlich gedehnten Zeit gehören.

Zum Beispiel ein schöner Urlaub: Momente, wo wir vielleicht am Abend der Sonne im Meer entgegen schwimmen oder einen Berggipfel mit seinen Wolken und der strahlenden Sonne erleben, die sich im See des Tals spiegeln. Das sind Augenblicke, die die Zeit unseres Lebens prägen, die unvergesslich bleiben und uns die Ewigkeit berühren lassen.

Die Ewigkeit mit den Augen der Mystik

*D*ie Berührung mit dem Ewigen ist eine Tiefenerfahrung, die oft eine Wesensveränderung des Betroffenen nach sich zieht. Einem solchen geschenkten Augenblick verdankt der Mystiker Jakob Böhme (1575–1624) seinen berühmten Werdegang.

Ein zeitgenössischer Biograf schreibt darüber: „Als er sich als getreuer Arbeiter seiner eigenen Hand im Schweiße seines Angesichts nährte, wird er am 17. Juli anno 1600 im 25. Jahr seines Alters jäh vom göttlichen Licht ergriffen, sein Seelengeist zum innersten Zentrum der geheimen Natur geführt." Nach dieser Erfahrung änderte sich sein Leben – aus dem einfachen Schuhmacher wird ein Mystiker und Philosoph.

Ähnlich geht es Menschen mit Nahtoderfahrungen: Der Kontakt mit der Ewigkeit in einem Augenblick hinterlässt tiefe Spuren in der Seele, die aber schwer in Worte zu fassen sind. Insofern kann das Berühren der Ewigkeit etwas Belastendes haben, weil man diese Erfahrung nicht teilen, oft sogar nicht mit-teilen kann. Es macht einsam, eine so wichtige Empfindung nicht mit anderen teilen zu können und es verwirrt, zu wissen, dass es noch etwas gibt, das aber jetzt mein Denken sprengt.

Besonders problematisch ist aus meiner Sicht, dass jene ganz anderen Erfahrungen außerhalb von Raum und Zeit stattgefunden haben und einfach nicht mehr in die Enge eines Raum-Zeit-Kontinuums passen, das wiederum unserem Denken als Gerüst dient. Dieses Herausfallen aus der Zeit spiegelt sich auch in den immer wieder vorkommenden Berichten von Bergsteigern, die beim Absturz ihr ganzes Leben an sich vorbeiziehen sehen. Obwohl dieser Vorgang nur Sekunden dauert, scheinen Jahre vorüberzugleiten – das ist wahrlich eine Berührung mit der Ewigkeit.

Es ist eine kaum definierbare Gleichzeitigkeit, die das spiegelt, was wir Ewigkeit nennen.

Dazu schrieb Aurelius Augustinus (354–430): „Die Zeit – was ist an ihr wirklich? Bei genauem Hinsehen allein die Gegenwart, das Jetzt. Vergangenheit existiert nur in unserer Erinnerung, Zukunft nur in unserer Erwartung. Damit sind beide nicht eigentlich wirklich.

Es ist die Beschränktheit unseres menschlichen Bewusstseins, die das immer Seiende allein im Nacheinander zu fassen vermag. Was aber in nicht endender Folge vor uns auftaucht und vorüberzieht, das ist vor Gottes Augen alles gleich gegenwärtig."

Der wohl bekannteste deutsche Mystiker Meister Eckhart beschreibt den Weg zur Ewigkeit, die mystische Zeiterfahrung, als das große Loslassen. „Durch ein inneres Loslassen und Leerwerden geläutert, trete ich in einem Augenblick aus dem Strom der Zeit und komme in die Ewigkeit Gottes."

300 Jahre später im 17 Jahrhundert meint Angelus Silesius: „Ich selbst bin Ewigkeit, wenn ich die Zeit verlasse und mich in Gott und Gott in mich zusammenfasse.

Nichts ist, das dich bewegt, du selber bist das Rad, das auch selbsten läuft und keine Ruhe hat. Du selber machst die Zeit. Das Uhrwerk sind die Sinnen. Hemmst du die Unruh nur, so ist die Zeit von hinnen."

Hier wird überall die Ewigkeit mit Gott in Verbindung gebracht, ja mit ihm beinahe identifiziert, zumindest als eine seiner Eigenschaften bezeichnet, in die sich der Mystiker versenkt und gleichzeitig von ihr profitiert.

Martin Buber (1875–1965) schreibt in seinem Buch über die jüdische Mystik:

„Gott, so wird gelehrt, ist in jedem Ding als sein Urwesen. Er kann aber nur mit der innersten Kraft der Seele empfangen werden. Ist diese Kraft freigemacht, dann ist es dem Menschen an jedem Ort und zu jeder Zeit gegeben das Göttliche gleichsam zeitlos aufzunehmen. Das ist die Allgegenwart. In allen Dingen –

auch in den scheinbar toten, wohnen Funken des Lebens, die in die bereite Seele fallen."

Hier treffen wir wieder den schon oft erwähnten geronnenen Geist Gottes. Ich finde es erstaunlich, wie über die Jahrhunderte hinweg von unterschiedlichen Menschen mit so verschiedenen Worten anscheinend die gleiche Wahrheit ausgedrückt werden kann.

Die Bibel als Vermittler zwischen Zeit und Ewigkeit

*B*ei Beerdigungen auf dem Friedhof lese ich gerne zwei Texte vor, die auch für mich eine besondere Bedeutung und einen tiefen Sinn haben.

Zum Beispiel der 90. Psalm, hier heißt es unter anderem:

„Herr du bist unsere Zuflucht für und für. Ehe denn die Berge wurden und die Welt geschaffen wurde, bist du Gott von Ewigkeit zu Ewigkeit.

Der du die Menschen lässt sterben und sprichst: Kommt wieder Menschenkinder! Denn tausend Jahre sind vor dir wie ein Tag, der gestern schon vergangen ist."

Diese Worte wollen uns sagen, dass die Ewigkeit Gottes in diese Welt hineinreicht und wir nur unsere Seele und unser Herz ihr gegenüber öffnen müssen. Dazu meinte Jesus: Wer Augen hat zu sehen, wird es auch sehen können.

Gerade auch dieses Jetzt der Gegenwart Gottes wird von Jesus immer wieder betont. Da diese Dinge aber unseren konkreten Denk- und Sprachbereich sprengen, kann man sie nur in Gleichnissen wiedergeben. Es sind Gleichnisse von Saat und Ernte, von der Hoffnung auf das Kommende, das aber im Jetzt beginnt und nicht erst später zu erwarten ist. Gerade das Johannesevangelium macht uns darauf aufmerksam.

Das Reich Gottes ist versteckt in dieser Welt wie eine Perle im Acker – aber eben auch wertvoller als der ganze Acker selbst. Die Gegenwart des Reiches Gottes soll uns auch vom übermäßigen Sorgen abhalten. Denn das Wichtigste im Leben, das bleibt, umgibt uns schon jetzt und relativiert alles andere, was sowieso zurückbleibt.

„Darum sorgt nicht für morgen, denn der morgige Tag wird für das Seine sorgen. Es ist genug, dass jeder Tag seine eigene Plage hat" (Matthäus 6,33), rät uns Jesus.

Wir brauchen uns deswegen nicht zu sorgen, weil wir nie aus der Zeit Gottes herausfallen können. Denn im Fallen verwandelt sie sich in die Ewigkeit, die alles trägt. Das Vertrauen darauf kann unsere Urangst auflösen, die immer die Angst ist vor dem eigenen Verlöschen.

Wenn wir nun unser Leben in dieser besonderen Zeit Gottes, oder besser in der Ewigkeit gehalten wissen, dann lässt sich meines Erachtens manches aus der Bibel einfacher erklären. Jesus meinte: „Das Reich Gottes ist nahe herbeigekommen" (Matthäus 3,2) Oft wird innerhalb der Exegese behauptet, dass Jesu Naherwartung ein Irrtum gewesen sei.

Da bin ich ganz anderer Meinung. Die Idee des Irrtums entsteht nur dann, wenn wir irdische Zeit und Ewigkeit miteinander mischen wollen. „Das Reich Gottes ist nahe herbei gekommen" gilt nach biblischer Aussage den unmittelbaren Freunden Jesu genauso wie mir 2000 Jahre später.

Wie kann man das in Einklang bringen? In diesen Sätzen ist immer der Augenblick gemeint, der uns in die Ewigkeit wirft. Und dieser Zeitpunkt kann schon in einigen Sekunden sein, aber spätestens in wenigen Jahrzehnten – ist also letztlich immer nahe.

Und so stehe ich in jeder Minute meines Lebens vor der Ewigkeit, dem Reich Gottes, den letzten Tagen oder wie man das Ganze auch mit unseren unzulänglichen Worten nennen möchte. Ich stehe immer am Rande des Lebens und mich trennen keine Jahrhunderte von den letzten Dingen. Vielleicht stehe ich schon hinter der nächsten Ecke plötzlich am Rand der Zeit.

So stehe ich gleichsam mit den Jüngern von Jesus auf gleicher Ebene. Denn auch diese sind nach einer Weile gestorben. Der Augenblick des Todes ist das Eintreten in die unmittelbare Gegenwart Gottes, in die Ewigkeit oder wie wir es auch immer nennen wollen. Ihnen und uns ist sie gleich nahe, die Ewigkeit.

Ich meine, aus all den Aussagen und Deutungen der unterschiedlichen Schriften und Erfahrungen entnehmen zu können: Wenn wir diese Welt im Tod verlassen, kommen wir an einem Punkt an, an dem alle ankommen – symbolisch gesagt „gleichzeitig", denn die Dehnung von Räumlichkeit und Zeit entfällt hier. Nur auf unserer Erde gibt es dieses Vorher und Hinterher und dazu noch dieses eigenartig undefinierbare „Jetzt", den kleinen mystischen Schlüssel zur Ewigkeit.

Werden wir wiedergeboren?

Das wachsende Interesse am Gedanken der Wiedergeburt

Nach verschiedenen Umfragen stehen ungefähr dreißig Prozent der deutschen Bevölkerung dem Gedanken einer möglichen Wiedergeburt positiv gegenüber. Bei meiner letzten Umfrage unter knapp hundert Oberstufenschülern waren es etwas mehr als ein Viertel aller Befragten. Noch vor einigen Jahrzehnten wären es bedeutend weniger Menschen in unserer Gesellschaft gewesen, die sich mit diesem Gedanken beschäftigt hätten.

Woher kommt diese deutliche Hinwendung zur Wiedergeburtsvorstellung? Die archaischen Fragen des Menschen: „Wo komme ich her?" und „Wo gehe ich hin?" sind die alten geblieben. Nur die Antwort kommt heute von einer anderen Seite.

Früher war es die Kirche, die diese Fragen anscheinend befriedigend beantworten konnte. Heute ist der Traditionsbruch mit dieser großen, für viele rechthaberisch erscheinenden Institution, in vielen Teilen der Bevölkerung längst vollzogen. Das liegt einerseits daran, dass man ihre Sprache nicht mehr versteht und andererseits auch daran, dass die Menschen heute emanzipierter sind und meinen, sich ihre Religion selbst basteln zu können und so eine Art Patchwork-Glaube praktizieren. Zudem sind die Angebote auf dem Markt der Möglichkeiten interessanter – sie kommen dem modernen individualistischen Denken entgegen. Auch die Naturwissenschaft, insbesondere die Neurobiologie, beschäftigt sich in den letzten Jahren immer intensiver mit den Grenzproblemen des menschlichen Geistes. Die Fragen nach dem Hintergrund der Wirklichkeit, des Seins, einem Bereich, der über Jahrhunderte die Domäne der Religion bzw. der Kirche gewesen ist, hat ebenfalls längst die Naturwissenschaft zusammen mit der modernen Philosophie, Psychologie und Medizin für sich in Anspruch genommen. Hinzu kommt die globalisierende Kultur, die durch die damit verbundenen Fernreisen auch andere Formen der Daseinsdeutung für uns interessant macht.

So beantwortet für viele Menschen die Frage „Woher komme ich?", die Reinkarnationstherapie und die Frage „Wohin gehe ich?" die Sterbeforschung. Hier lässt sich auch leichter ein eigener persönlicher Weg finden, der die Frage „Was ist wichtig für mich?" befriedigender beantworten kann – auf jeden Fall erlebnisorientierter und nicht nur dogmatisch, das heißt theoretisch. Schließlich ist mein Leben und Sterben auch nicht etwas Theoretisches sondern sehr intensiv zu spüren.

Gerade hier spiegelt sich aber auch das „Moderne" heutiger Wiedergeburtsvorstellungen. Es ist die Suche nach einem möglichst diesseitsorientierten Jenseits. Diese Orientierung liegt in meinen persönlichen Vorstellungen, da es hier kaum mehr allgemeinverbindliche Normen gibt.

Reisen in den Okkultismus ziehen auch heute noch immer wieder Jugendliche an, die dann, etwas älter geworden, Esoterisches ausprobieren. Man schnuppert in Fernöstliches hinein, und irgendwann begegnet man natürlich auch der Wiedergeburtslehre. Diese wird dann europäisch gleichsam als Verlängerung des doch nicht ganz so schlechten Lebens verstanden – am besten in dem Sinne, wie man sich verbessern kann.

Hier kommt der Unterschied zur östlichen Lehre wohl am deutlichsten heraus: Wenn wir einem Hindu eine gute Wiedergeburt wünschen würden, wäre das eine große Beleidigung. Denn dieser wünscht sich nichts sehnlicher, als endlich das Rad beinahe ewiger Wiedergeburten verlassen zu können. Wir dagegen wollen immer länger im gleichen oder noch besseren Wohlstand leben – auch wenn dazwischen der Tod liegen sollte.

Die religiösen Wurzeln der Reinkarnation

*Z*unächst sei vorausgeschickt, dass es den Gedanken der Wiedergeburt zu allen Zeiten gegeben hat. Das mag damit zusammenhängen, dass die Natur offensichtliche Parallelen bietet, wie zum Beispiel den Zyklus der Jahreszeiten. Nach Werden und Vergehen in Sommer, Herbst und Winter entsteht im Frühling wieder neues Leben.

Die Frage nach einer ausgleichenden Gerechtigkeit lässt sich am einfachsten mit einer entsprechenden Wiedergeburt lösen, die im Buddhismus und Hinduismus zentrales Thema ist.

Hinduismus

Zunächst müssen wir uns vergegenwärtigen, dass die Vorstellung der Seele im Hinduismus eine andere ist als im Christentum. Das Individuelle der Person geht im Hinduismus verloren. Hier gibt es zum Beispiel den Gedanken des *Atman*, das Selbst, das jenseits dieser Wirklichkeit existiert und keine individuellen Züge trägt. Dieses Selbst verkörpert sich je und je in verschiedenen Individuen. Wenn *wir* den Begriff Seelenwanderung hören, assoziieren wir etwas viel Persönlicheres.

Der Geburtskreislauf wird *Samsara* genannt und der *Samsarin* ist der Wandernde. Das Wort eines hinduistischen Meisters macht das Besondere dieses Denkens deutlich: *„In Wahrheit wandert kein anderer als Gott im Kreislauf der Geburten."*

Die Basis des Hinduismus bildet die Lehre vom *Karma*. Das Leben ist determiniert durch das eigene Tun. In Indien ist der Satz „Jeder ist seines Glückes Schmied" nicht nur bloße Lebensweisheit, sondern eine tiefe Wahrheit über alle Tode hinaus. Der Glaube an das Karma bezieht zuweilen auch die Götter mit ein und ist die größte unabänderliche Macht im Kosmos.

So gesehen ist das Karma, das meinem Verhalten entspricht, der „Brennstoff" für den Geburtskreislauf, dem jeder Hindu entkommen möchte, um diesem anstrengenden oft belasteten und schmerzreichen, individualistischen Leben zu entkommen.

Buddhismus
Der Buddhismus ist vor rund 2500 Jahren aus dem Hinduismus hervorgegangen und trägt in sich genau wie dieser verschiedene Richtungen. Bei uns sind besonders der tibetische Buddhismus und der Zen-Buddhismus bekannt geworden.

Im Buddhismus ist die Frage des Persönlichen noch einmal verschärft im Sinne einer Scheinvorstellung. Ein buddhistischer Lehrer sagt: „Ist derjenige, der wiedergeboren wird derselbe, der abscheidet? Weder derselbe noch ein anderer. Eine Erscheinung entsteht, eine andere schwindet. Alle reihen sich ohne Unterbrechung aneinander."

Der Mensch soll die Illusion von „Ich" und „Mein" ablegen. Hier ist der Körper seiner Natur nach materialisiertes Karma. Das heißt sichtbar gemachtes Bewusstsein vergangener Daseinsmomente. Ziel ist das Aufgehen des Bewusstseins im Meer des *Nirwana*. Gleichsam wie ein Tropfen im Meer aufgeht, ohne gänzlich zu verschwinden.

Ein kurzer Vergleich mit dem Christentum
Der Unterschied zur christlichen Weltanschauung wird am deutlichsten, wenn wir uns den Einfluss des Reinkarnationsglaubens auf die Lebenseinstellung und das Handeln eines Hindus ansehen: Der Reinkarnationsglaube macht den Hindu gleichgültiger gegenüber besonderen Notsituationen. Dieser Glaube hilft ihm, sich mit einem unabwendbaren Unheil besser abzufinden. Die Frage „Warum gerade ich?!" wird ganz anders beantwortet oder bleibt nicht offen, wie bei Ijob oder im Neuen Testament. Die Frage nach Gerechtigkeit, nach Recht und Un-

recht im menschlichen Schicksal stellt sich so nicht mehr. Es ist in allen Bezügen selbstverantwortet.

Andererseits lähmt solche Vorstellung die Initiative, gegenüber persönlichen wie gesellschaftlichen Lebenslagen zu protestieren und sie eventuell zu verbessern. Denn meine Lebenslage entspricht meinem Karma, dessen Beeinflussung von außen mir selbst eher schadet als nützt.

Gesellschaftlich soziale, gar revolutionäre Veränderungen, sind hier kaum möglich. Der Kommunismus, im Sinne von Karl Marx, konnte nur auf jüdisch-christlicher Basis entstehen. Auch Organisationen wie das Deutsche Rote Kreuz, Adveniat, Brot für die Welt oder UNICEF basieren letztlich auf jüdisch-christlicher Weltanschauung.

Veränderungen im Leben sind bei einem Hindu individualistisch geprägt, denn er muss ja selbst sein eigenes Karma abarbeiten. Und das vor allem im Blick auf nachfolgende Leben und nicht im Blick auf die Gegenwart oder nähere Zukunft. In dieser Selbstverantwortlichkeit liegt die Gefahr des Hochmuts gegenüber menschlich und sozial schlechter gestellten. Das drückt sich im Kastenwesen aus.

Theologisch kann man den Unterschied vielleicht so umschreiben, dass der Hindu in einem in sich geschlossenen System lebt. Während bei einem Christen dieser geschlossene Kreis nach oben hin offen ist.

In einem banalen Gleichnis wäre dann der Mensch ein Langläufer, der sein Ziel unbedingt erreichen möchte, bevor die Schranke am Ende des Weges herunterfällt. Oft ist dieser Lauf dann vergeblich, weil man zu spät ankommt, weiter trainiert und neu beginnen muss. Im Christentum kann man aber damit rechnen, dass an der Schranke Jesus steht, sie hochhält und uns Mut macht, das Ziel schnell noch zu erreichen. Der Mensch ist hier nicht nur auf sich selber gestellt.

Reinkarnation und christlicher Glaube

Grundsätzlich möchte hier noch einmal betonen, dass die Reinkarnationsvorstellung der alten, fernöstlichen Religionen letztlich nicht mit dem christlichen Glauben vereinbar ist. Zeit und Geschichte im Buddhismus/Hinduismus entsprechen – bildlich gesprochen – einem Kreis oder einer Spirale. Der christliche Glaube hingegen vertritt die Überzeugung von einer befristeten, zielgerichteten und damit unwiederholbaren Geschichte, die auf ein endgültiges Ziel hinläuft: der Tod jedes einzelnen Menschen, die Konfrontation mit dem Jüngsten Gericht und die individuelle Auferstehung.

Trotzdem gibt es inzwischen Versuche, beide Vorstellungen in einen Dialog miteinander zu bringen. Eine zur Zeit immer wieder erörterte, eher philosophische Ansicht ist, dass die Wirklichkeit vielfältig sei und nicht so eindeutig, wie wir sie versuchen wahrzunehmen.

Tatsächlich hat es immer auch im jüdisch-christlichen Kontext Auseinandersetzungen mit der Vorstellung der Wiedergeburt gegeben. In der Bibel sind einige Textstellen, die darauf anspielen, aber nie wirklich zu einem Thema geworden sind.

Im Alten Testament im Buch der Weisheit 8,19 heißt es: „Weil ich gut geartet war, bin ich in einen unbefleckten Leib gekommen." Im Neuen Testament wird Johannes für den wiedergekommenen Elia gehalten (Matthäus 17,12). In einem Gespräch zwischen Jesus und seinen Jüngern heißt es bei der Begegnung mit einem Kranken: „Warum wurde dieser blind geboren – war er selbst schuld oder seine Eltern?" (Johannes 9,2)

Traditionell hat sich in den christlichen Großkirchen im Vergleich zu manchen sektiererischen Randgruppen (z. B. Waldenser, Anthroposophen) der Widerstand gegenüber der Reinkarnation auch insofern gefestigt, weil diese Vorstellung im Kern institutionsfeindlich ist und viel stärker individualistisch geprägt ist. Aber der Individualismus und die persönliche Autonomie wurden immer wieder unterdrückt. Erst in unseren Tagen wird die individuelle Persönlichkeit des Menschen auch in den Kirchen stärker in den Blick genommen. Vielleicht ist dies auch ein Grund, dass neuerdings in christlichen Kreisen über die Wiedergeburt diskutiert wird.

Der Religionspsychologe Christopher Bache versucht in seiner Analyse eine Vereinbarung zwischen dem Gedanken der Reinkarnation und dem christlichen Denken herzustellen. Seine Gedanken möchte ich Ihnen am Ende noch vorstellen.

Er geht davon aus, dass Gott am Anfang aller Dinge steht und der Schöpfer eines vieldimensionalen Kosmos ist, von dem wir nur den geringsten Teil durchschauen. Gott hat nun unser Leben, das er nie wieder loslassen wird, mitten hinein in diesen Kosmos gelegt. Darum sind wir Menschen nicht nur von dieser Welt, sondern darüber hinaus noch mehr. Die Erde ist nicht unsere endgültige Heimat.

Auf Grund historisch und kulturell unterschiedlicher Wurzeln setzen sich die Menschen auf ihre je eigene Weise mit der Frage des Woher und Wohin auseinander. Dazu meint Bache: „Aus dieser Sicht könnte man sagen, dass die Religionen des Westens und die Religionen des Ostens die beiden Seiten einer großen Wahrheit sind. Die eine betont das individuelle Leben, die andere die Genealogie der Leben, die verwurzelt sind in einer Überseele. Man könnte also sagen, dass die westlichen Religionen die Wahrheit betonen, dass jedes einzelne Leben die Fähigkeit hat, sich unabhängig von dem, was vorausgegangen ist oder folgen wird, zur Vollendung zu bringen. Wenn wir uns den irdischen Aufgaben und Anforderungen stellen, können wir mit einer spirituellen Belohnung rechnen. Die östliche Religion erinnert uns daran, dass die Definition unserer Lebensarbeit sich aus einem, unsere gegenwärtige Existenz übersteigenden größeren historischen Horizont ergibt. Sie erinnert uns daran, dass wir auch in unserem gegenwärtigen Leben von dem abhängig sind und das weiterführen müssen, was sich vor uns ergeben hat (allein schon durch Ort und Zeit unserer Geburt und allen damit zusammenhängenden sozialen und politischen Einflüssen). Am Ende müssen sich beide Perspektiven nicht widersprechen sondern können sich ergänzen.

Je höher wir das Verwurzeltsein jedes Lebens im Ganzen erkennen, desto besser werden wir die tiefe Bedeutung des Opfertodes Jesu Christi zu würdigen wissen. In ihrer klassischen Ausprägung besagt die Lehre, dass Christus, der selbst von jeder Schuld frei war, für die Sünden der Welt gestorben ist und durch diesen hochherzigen Akt die Menschheit erlöst hat. Dieser Archetyp vom Opfertod hätte aus reinkartionistisch verstandener Weltsicht eine noch umfassendere Bedeutung." (Das Buch von der Wiedergeburt, S. 220)

Manchmal denke ich, es würde für meine Gottesbeziehung keine Rolle spielen, ob ich nun fünfzig, hundert, dreihundert oder mehr Jahre in einem oder mehreren Leben über diese Erde laufen würde. Das Besondere ist mein Leben *überhaupt* und das mir seine Bewahrung versprochen ist.

Himmel, Hölle, Tod und Teufel

Ist da überhaupt noch was?

*I*n der Kapitelüberschrift fehlt Gott ganz bewusst. Schließlich, so hat kürzlich eine Umfrage ergeben, scheint der Begriff Teufel für viele Menschen deutlich interessanter als der Begriff Gott. Das Wort Teufel macht neugieriger. Der Teufel lebt zwischen der Ambivalenz des Unsinnigen, Abergläubischen und des leisen Zweifels, ob es da nicht doch noch irgendetwas geben könnte.

Auf uns Menschen hat das Böse, Dunkle, Katastrophale eine eigenartige Anziehungskraft. Dafür spricht auch die ungeheure Anzahl von Filmen, Computerspielen, Büchern usw. mit gruseligen, dämonischen, ja teuflischen Inhalten.

Über Gott und sein Reich – hier oft sogar auch wieder in der Gegenüberstellung mit dem Bösen – gibt es deutlich weniger Medien, die sich auch nur geringer Resonanz erfreuen. Diese Tatsache hat dann fast schon wieder selbst etwas Dämonisches an sich. Gibt es da noch was, das uns fremdsteuert mit unseren Interessen, unserer Neugierde, unserer Angst? Denn eigentlich wollen wir doch alle gut sein. Warum zieht uns dann das Böse mehr in seinen Bann als das Gute? Wie können wir uns der Faszination des Bösen entziehen? Wird es irgendwann – vielleicht nach dem Tod – eine Begegnung mit dem Teufel geben? Oder sind Himmel und Hölle nur eine Erfindung der Religion?

Die Hölle und der Teufel

*I*m Verdrängen und Bewusstwerden unserer Unvollkommenheit liegt die Wurzel der Höllenangst und Höllenvorstellung, die es in allen Religionen gibt und die in erstaunlich ähnlichen Bildern dann auch in den unterschiedlichsten Kunstwerken dargestellt wird. Die jeweils Herrschenden in den verschiedenen Religionen wissen sehr gut auf der Tastatur jener Angst zu spielen. Das erhält Macht. Die Hölle arbeitet dem Himmel in die Hände, in dem sie die Menschen aus Furcht vor diesem unergründlichen Abgrund, den möglichst weitesten Abstand davor suchen lässt.

Mit dem Drohmittel Hölle soll der Mensch durch Furcht zum Guten angetrieben werden oder zumindest zu dem, was die Institution Kirche gerade für gut hält – dieses Phänomen zieht sich wie ein roter Faden durch die Kirchengeschichte. Allerdings wird so die frohe Botschaft mit ihrem Ethos geradezu umgedreht. Das war auch einer der Gründe, der zur Reformation führte. Martin Luther gab schon damals der göttlichen Gnade den Vorzug gegenüber einem der Kirche abzubittenden Eintrittsgeld für den Himmel durch den „Tetzelkonzern".

Hier menschelt es also gleichsam teuflisch. Das zeigt sich besonders deutlich auch in Bezug auf die Sexualität, die mit Teufel und Hölle in Verbindung gebracht werden. Wir kommen darauf gleich noch einmal zurück.

Dantes Inferno hat uns schon im 13. Jahrhundert den ausführlichsten und farbigsten Höllentrip geliefert, mit Räumen voller sich krümmender, nackter Gestalten. Aber wo ist der Teufel? Wenn wir uns das gerade Gesagte bewusst machen und unseren Tanz mit dem Bösen vor Augen halten, brauchen wir ihn eigentlich gar nicht mehr, denn zuweilen sind wir selber alle kleine oder große Teufel. Sie brauchen nur morgen die Zeitung zu lesen und den von uns verursachten Zustand unserer Welt ohne Scheuklappen zu analysieren ... Dabei hätte die Erde das Potenzial, ein zumindest bescheidenes Paradies am Rande unserer Milchstraße sein zu können.

Oft passieren im gesellschaftlichen wie persönlichen Leben so grässliche Dinge, dass ich mich selber hin und wieder frage, ob es nicht doch dämonische Kräfte gibt. Denn warum ist der

Mensch immer wieder zu den schrecklichsten Untaten fähig? Warum vermag er es nicht, aus der Erfahrung des Entsetzens, des Leids und der Abscheu zu lernen?

Warum gibt es menschliche Seelen, denen jegliches Mitgefühl abhanden gekommen scheint – ohne dass diese Menschen als krank bezeichnet werden können? Denken wir nur an alte Aufnahmen aus den Konzentrationslagern mit ihren furchtbaren, unmenschlichen, eben teuflischen Bildern. Ebenso wie Stalin, Mao und oder einige afrikanische Gurus Millionen Menschen in einen Zustand der Gefühllosigkeit katapultierten und so die Körper und Seelen Unschuldiger mit einem müden Lächeln einfach zerbrechen ließen. Die gegenwärtigen Terroranschläge des IS führen diese grausame Reihe fort.

Doch kommen wir dazu, wie Teufel und Hölle in den Religionen wahrgenommen werden und ob sich in diesen Bildern und Metaphern doch eine tiefere Wahrheit spiegelt. In der Regel verbannen wir die Gedanken über den Teufel am liebsten ins Reich der Fantasien und Mythologien, ohne einen Bezug zu unserer unmittelbaren Gegenwart zuzulassen.

Tatsächlich kam vor kurzem eine repräsentative Umfrage zu dem Ergebnis, das 23 Prozent der Bevölkerung an die Existenz des Teufels glauben und sogar 9 Prozent Angst vor ihm haben (Forsa-Umfrage für PM-Magazin 2017). Ich persönlich bin mir nicht ganz im Klaren, ob ich mich zu diesem Viertel der Bevölkerung dazu zählen sollte oder eher doch nicht ...

Das hat wohl mit der Definition des Begriffs Teufel zu tun: Wer oder was ist eigentlich der Teufel? Ich bezweifle, dass es irgendwo ein individuelles, persönliches, einzelnes Wesen gibt, am Ende noch rot mit zwei Hörnern auf den Kopf, das in irgendwelchen tiefen, dunklen Gefilden über ein dämonisches Reich herrscht und dort arme Menschen bis in alle Ewigkeit quält. Und doch steckt in einer metaphorischen Ausdrucksweise des Höllischen und Teuflischen mehr Wahrheit als uns lieb sein kann – welche Kräfte oder was auch immer dahinter stecken mag.

Teufel, auch Diabolos genannt, heißt Durcheinanderbringer. Jemand, der mich verwirrt, auf eine falsche Bahn bringt. Das beginnt symbolisch schon mit dem sogenannten Sündenfall: Als die Schlange als Versinnbildlichung des Teufels das Paradies aufmischt und der Mensch – eigentlich nur wegen einer Kleinigkeit, nämlich durch das verbotene Essen einer Frucht, die ihm seine Frau reicht, alle Unschuld verlor. Seitdem gilt auch die Frau als ein gefährliches Wesen.

Hier trifft man auf eine archaische, aber eben auch sehr belastete Tradition, die bis heute Hölle und Teufel begleitet. Es ist die Lust am Leben, die Lust auf Sex und Vergnügen – auf etwas, das eigentlich eher paradiesisch klingt, das wir aber in seiner Ehrlichkeit und wohl auch Selbstlosigkeit wirklich verloren haben. Warum tun wir uns so teuflisch schwer damit? Warum ist der Begriff Sex und Sünde bis heute an manchen Orten fast ein Synonym?

Der Großteil teuflischer Darstellungen und Beschreibungen ist bis in den modernen Satanskult hinein deutlich sexuell geprägt. Nicht nur die verbrannten Hexen des ausgehenden Mittelalters sind stark sexualisiert worden – durch die damals herrschende Männergesellschaft, deren heimliche Fantasien hier entlarvt werden. Gleiches gilt bis heute in manchen Bereichen der katholischen Kirche und ihrem Umgang mit Frauen oder der Sexualität überhaupt.

Tatsächlich finden wir hier wirklich Spuren eines großen Durcheinanderbringers. So ein Teufel kann Angst machen. Nicht nur in Schulinternaten, auch bei Männern und Frauen zum Beispiel in Afrika, wo die Aidsquote immer noch steigt, weil die Benutzung von Kondomen der Sexualmoral nicht nur der katholischen Kirche widerspricht. Denn Sex sollte vor allem nützlich sein und darf nicht einfach nur Spaß machen. Da scheint der Mensch irgendwie fehlkonstruiert zu sein …

Der Himmel

Vom christlichen Standpunkt kann man sagen, dass Jesus uns ein Stück Himmel auf die Erde gebracht hat. Er zeigt uns, dass ein himmlisches Leben darin besteht, sich selber ernst zu nehmen und auf sich, seine Seele und seinen Körper zu achten ebenso wie auf die Menschen, mit denen man lebt. Jesus lebt uns vor, dass eine liebevolle Zuwendung nicht nur einen geliebten Menschen beschenkt, sondern auch der Schenkende dadurch das größte mögliche Glück auf Erden erleben kann. Dann werden andere Werte, wie Besitz, Macht und Popularität weniger Gewicht bekommen.

Im Übrigen entspricht das dem, was die moderne Glücksforschung heute bestätigt. Der soziale Bereich des Menschen kann uns wirklich glücklich machen, nicht Reichtum oder Berühmtheit. All diese Dinge erzeugen nur neuen Druck und können so nur kurze Zeit zufrieden machen.

Sollte sich in den Impulsen von Jesus noch eine andere Dimension widerspiegeln, die wir Himmel nennen? Welche Bilder tauchen in der Bibel auf, wenn es um diese Dimension geht, die auch mit dem lichten, blauen Zelt, das unsere Erde umhüllt, verglichen wird?

Gerade das Symbol des Lichtes steht für ein urchristliches Anliegen: Die kleinste Kerze wird selbst die schwärzeste Nacht verdrängen. Licht ist immer stärker als die Dunkelheit. Keine noch so dunkle Nacht wird ein noch so kleines Licht verschlingen können. Genauso verdrängt am Ende die zarteste Liebe die dunkelste Hölle.

Und Gott ist Liebe. „Wer in der Liebe bleibt, der bleibt in Gott und Gott in ihm", so heißt es im 1. Johannesbrief des Neue Testaments (4,16). Mitten in einer ehrlichen, alltäglichen Liebe fließt etwas vom Himmel auf unsere Erde, zart und doch machtvoll zugleich. Das kann zur realen Erfahrung werden, wenn wir sie wirklich leben und ist nicht nur ein Privileg der frisch Verliebten.

Genauso wie das Gegenteil, höllischer Hass, unser Leben und unseren ganzen Alltag zerstören kann, Seele und Körper krank macht, zermürbt. Viele von uns werden schon solche Erfahrungen gemacht haben, die uns um den Schlaf bringen können.

Das wusste auch der sonst eher strenge Apostel Paulus, der nicht den Glauben an die erste Stelle setzte, sondern die Liebe. „Am Ende bleiben Glaube, Hoffnung, Liebe – aber die Liebe ist die Größte unter ihnen!" (1 Korinther 13,15) Er wollte so Glaubenskämpfe verhindern, die in der Regel in Rechthaberei und schließlich in Hass münden. Denn: der Glaube muss sich immer an der Liebe messen lassen können.

Mit diesem Maßband der Liebe wird auch einmal unser Leben gemessen werden, wenn wir dort sind, woher diese Liebe heute schon in unser Leben fließt – wenn wir es zuzulassen. So ist die Liebe eigentlich ungerecht, weil sie die Kraft hat, unsere selbstgesetzten Rahmen zu sprengen und nicht gesetzlich korrekt nachtragend ist. Aber gerade das ertragen wir nur schwer und rufen leider allzu schnell nach Vergeltung und Gerechtigkeit, die dann *uns* gut tut, aber den anderen oft in den Abgrund spült. Die Vergebung ist die Partnerin der Liebe, nicht das Gesetz.

Am Schönsten finde ich hier die Geschichte vom „verlorenen Sohn". In ihr vertritt der Vater gleichsam Gott und wir ziehen in die Welt und verprassen unser Erbe. Nach dem es verbraucht ist, werden wir kriminell, dealen mit Drogen, landen im Milieu und schließlich in der Gosse.

Bevor wir dort sterben, nehmen wir allen Mut zusammen und kehren beschämt nach Hause zurück und fragen, ob wir vielleicht für ein Stück Brot den Stall ausmisten können. Doch der Vater schließt uns mit Tränen in den Augen in die Arme, ist froh, dass wir noch leben und den Weg nach Hause zurückgefunden haben. Das muss gefeiert werden, diese großartige Chance eines Neuanfangs!

Wo bleibt da die Hölle? Hier ist kein Platz für sie. Das ist der reine Himmel, Himmel pur!

Nur einer, der eigentlich verlorene Sohn, schürt sie sich selbst an: Er knallt nämlich vor dem Vater seine Türe zu, als er ihn zum Fest holen will, weil er seine Liebe nicht ertragen kann und neidisch auf seinen Bruder ist, obwohl es ihm doch all die Jahre gut ging. Da wächst plötzlich Gewalt statt Liebe.

Ja, ich glaube, die Hölle schüren wir uns selber an. Indem wir negativen Gefühlen und Handlungen mehr Raum geben als der Liebe: Der Verlogenheit, der Rücksichtslosigkeit, dem Egoismus, dem Machtstreben, dem Geiz, dem Neid und dem Hass. Wenn wir uns von der Liebe entfernen, entfernen wir uns auch vom Licht und es wird immer dunkler in unserem Leben.

Vielleicht merken wir das eines Tages, wenn wir auf der letzten Stufe unseres irdischen Lebens angelangt sind. Dann gibt es nichts mehr zu verdrängen oder zu beschönigen, auch nichts mehr rückgängig zu machen und das tut dann wirklich weh.

Aber da braucht kein Gott mehr einen Höllenofen zu heizen. Das machen wir schon selber, in dem wir die Kohlen dafür ein Leben lang sammeln. Aber auch diese werden wohl verbrennen. Da hat die katholische Kirche ein – wenn es nicht missbraucht wird – ganz schönes Bild, das Fegefeuer. Eigentlich ist es nicht zum Quälen da, sondern zum Reinigen. Sonst würden die Sätze mit der Liebe in der Bibel konterkariert, nicht mehr stimmig sein. Gott fällt sich nicht selbst in den Rücken.

Hier gibt es tatsächlich empirische Erlebnisse, und zwar im Bereich der sogenannten Nahtoderfahrungen. Das sind Erfahrungen, die etwa 4 Prozent aller Menschen im Laufe ihres Lebens haben, nämlich wenn sie in die unmittelbare Nähe ihres Todes kommen, durch Unfälle, Krankheiten, Schockzustände usw.

Mit vielen Betroffenen habe ich selber reden können, die davon berichten, einen filmartigen Lebensrückblick, der bis in die frühe Kindheit reicht und sehr umfassend ist, gesehen zu haben. Eine immer wiederkehrende Besonderheit daran ist, dass wir plötzlich die Gefühle des anderen unmittelbar nachvollziehen und empfinden können.

Gerne nenne ich Ihnen ein Beispiel zum besseren Verständnis: Ich erinnere mich an die Sätze einer Frau, die erzählte, wie sie nacherlebte, dass sie als Kind ihrer kleinen Schwester ein Geschenk geklaut hatte. Sie selbst hatte das längst vergessen und dieser Handlung keine besondere Bedeutung beigemessen. Aber nun spürte sie die furchbare Enttäuschung, die ihre kleine Schwester darüber empfand, so dass sie ihre Achtung und Bewunderung für die ältere Schwester verlor. Das schmerzte im Nachhinein nun auch jene Frau, die dieses Nahtoderlebnis hatte.

Tröstlich ist, dass wir auch alle Dankbarkeit und Freude unseres Gegenübers nachempfinden können.

Übrigens beginnt eine Sterbeerfahrung häufig mit einem intensiven, Geborgenheit ausstrahlenden Licht. Hier befinden wir uns schon wieder auf biblischem Terrain. Denn Jesus sagt u. a. „Ich bin das Licht der Welt, wer mir nachfolgt wird nicht im Dunklen gehen müssen!" (Johannes 8,12)

Alles andere widerspricht der Überschrift des Neuen Testaments: Evangelium = Frohe Botschaft! Da bekommen auch die Letzten noch, was die ersten schon haben. Das mag ungerecht sein, aber dafür voller Liebe. Denn genau diese bekommen sie. Sie ist das einzige, was sich vermehrt, wenn wir es verschwenden.

Diese Impulse, die man überall zwischen den Zeilen und in den Zeilen der Bibel lesen kann, scheinen meiner Überzeugung nach durchaus himmlisch inspiriert zu sein. Sonst hätten sie sich nicht über zwei Jahrtausende so stark durchgesetzt, dass die Bibel bis heute das am meisten verbreitete Buch der Welt ist.

Zum Schluss sollten wir bedenken, dass unsere Vorstellungen von einer anderen Dimension sehr bildhaft sind und sich letztlich unserem Begreifen entziehen. Die Sprengkraft, die der Glaube an ein Leben nach unserem irdischen Leben entfalten kann, ist in der Weise kaum zu fassen. Im Rahmen unserer menschlichen

Möglichkeiten haben wir dennoch etwas, woran wir uns halten können: an jene himmlischen Impulse, von denen wir wissen, dass sie sehr wirksam und spürbar sind und uns schon hier glücklich machen können.

Nahtoderfahrung – Was bleibt von uns?

Gegenwärtige Erkenntnisse

Seit einigen Jahren wird besonders in der Neurobiologie versucht, alles Bewusstsein auf hirntechnische Vorgänge zu reduzieren. Ein Grund dafür ist, dass unsere technischen Möglichkeiten es erlauben, immer tiefer in die zerebralen Vorgänge vorzustoßen und dadurch gleichsam Empfindungen und Denkvorgänge sichtbar zu machen.

Andererseits stößt dieses Reduktionsmodell sehr schnell an seine Grenzen, die wiederum von anderen Forschern ganz bewusst auch im naturwissenschaftlichen Sinn wahrgenommen und herausgestellt werden. Hier treffen wir nicht selten auf quantentheoretische Modelle, die dann mit unserem Bewusstsein in Verbindung gebracht werden.

Was nun das Gebiet der Nahtodforschung angeht, hat sich vor allem der holländische Kardiologe Pim van Lommel einen internationalen Namen gemacht.

Er hat eine, wenngleich umstrittene, Theorie entwickelt, die auf die physikalischen Übergänge von Feldern und Partikeln aufbaut. Diese Gegebenheiten kennen wir auch schon vom Licht, das je nach Versuchsanordnung als Feld, also als Frequenz, nachweisbar ist oder eben andererseits auch als Mikroteilchen.

Knapp zusammengefasst könnte man sagen, dass van Lommel und inzwischen auch andere Wissenschaftler davon ausgehen, dass unser Bewusstsein als solches aus einer Art Welle besteht, das durch die Verbindung mit dem Körper materiell wahrnehmbar ist. Es gibt Hinweise dafür, dass dieser Vorgang im Zusammenhang mit den Mikrotubuli steht – das sind winzigste, aber sehr effektive Bestandteile der Körperzellen. Diese beiden

Bewusstseinsaspekte existieren in einer völlig verwobenen Inter-aktion, gleichsam als Dimensionstransmitter.

Wenn nun die Basis des materiellen Bereichs, also gleichsam der dafür strukturierte Träger, das Gehirn, energetisch zusammen-bricht – wie beim Tod – dann bleibt nur das Wellenbewusstsein zurück, das aber auch unabhängig von der materiellen Basis existiert. Pim van Lommel hat hier ein schlichtes Gleichnis auf-gegriffen, das ich aus meinen Gedanken heraus auch immer wie-der verwendet habe. Da wir gleichsam unabhängig voneinander die Dinge identisch auszudrücken versuchen, mag man dabei vielleicht wirklich an eine Wahrheit stoßen.

Unser Bewusstsein verhält sich zum Körper wie ein Programm zum Fernsehempfänger. Beides kann unabhängig voneinander existieren, kann sich aber im irdischen Bereich nur *miteinander* manifestieren. Was diesen Vergleich besonders stimmig macht, ist die Tatsache, dass man in einem Empfänger nie das Programm selber finden wird, zumal nicht im defekten Zustand.

Hier kommt nun der Trugschluss mancher moderner Hirn-forscher zum Tragen:

Sie werden natürlich in keinem Gehirn eine Seele als solche finden, sondern immer nur ihre materiellen Spuren, während sie gleichsam dort ihre Funktionen ausübt. Auch einen Nachrichten-sprecher findet man nicht hinter dem Bildschirm und trotzdem existiert er. Wenn sich diese neue Ansicht in den kommenden Jahrzehnten durchsetzen kann, leitet Pim van Lommel mit ei-nigen anderen Wissenschaftlern auch aus den USA hier einen regelrechten Paradigmenwechsel ein. Denn hier eröffnen sich damit ganz neue Erkenntnismöglichkeiten, die den Forschern bei einer Untersuchung, die letztlich nur auf Atomen beruht, verwehrt bleiben. Das käme einer wissenschaftlichen Horizont-erweiterung gleich.

Dennoch ist das alles auch nur ein kleiner, vielleicht sogar der uninteressanteste Aspekt in der Erforschung der Nahtod-erfahrungen.

Man kann es vielleicht damit vergleichen: Wenn wir die Prismentechnik des Auges untersuchen und die elektrischen Nervenimpulse, die beinahe in Lichtgeschwindigkeit das Gehirn erreichen und dort weiter rasante Vorgänge auslösen, hat das am Ende fast nichts mehr mit dem Sehvorgang als solchen zu tun im Vergleich zu dem, was wir wahrnehmen.

Wenn ich zum Beispiel einen Sonnenaufgang betrachte oder ein sich im Sturm bewegende Baumwipfel, einen Schmetterling auf einer Blume oder ein Bild von van Gogh, berührt das eine völlig andere Ebene der Wirklichkeit.

Das gleiche könnte man mit dem Gehör oder dem Geschmackssinn, ja sogar mit dem Phänomen der Liebe durchspielen. Bestimmte Gefühle, ästhetische Empfindungen und Wertungen bestimmen nun den Vorgang. Woher kommen sie? Sie sind bestimmt nicht identisch mit mikrophysikalischen Vorgängen in Auge und Gehirn. Das sind wahrscheinlich nur die Instrumente, die mir ein Fenster zum Sein öffnen, das mein Selbst, mein Ich dann wahrnehmen und deuten kann.

Gerade das, was ich dabei wahrnehme und erlebe, ist ja das Eigentliche meines Lebens, meiner persönlichen Welt und hat nichts mehr mit naturwissenschaftlicher Analyse zu tun.

Es ist wieder das, was ich gegenüber der messbaren und analysierbaren *harten* Wirklichkeit, die genauso oder noch wichtigere *weiche* Wirklichkeit nenne. Beiden Seiten lässt sich ihre je eigene Realität nicht absprechen.

Denn wenn wir diese tiefergehende Seite ausschließen wollten, vollzögen wir ein Paradox: Dann wären jegliche ästhetischen, moralischen, ethischen, juristischen und schließlich auch religiösen Werte und Grundsätze hinfällig, weil sie nicht real wären. Es gebe sie in dann gar nicht und niemand könnte zur Verantwortung gezogen werden.

Spätestens hier, wenn wir den Gedanken konsequent bis zu Ende denken, spüren wir, wie bedeutend diese sogenannte weiche Wirklichkeit eigentlich ist. Es ist diese weiche Wirklichkeit, die auch mit der ganz persönlichen Erfahrung des Sterbens zu tun hat und darum noch wichtiger ist als die Analyse von Mikrotubuli und Quantenvorgängen im Gehirn.

Letztlich haben physiologische Vorgänge nichts mit der Zunahme tiefer Spiritualität oder dem Verlust der Angst vor dem Tod zu tun.

Natürlich wird man gegenüber solchen Gegebenheiten nicht mit Verifizierungsmöglichkeiten rechnen können, die sozusagen eine Nahtoderfahrung als einen Beweis für ein Weiterleben nach dem Tod im konservativ wissenschaftlichen Sinn möglich machen. Aber es gibt inzwischen genügend Hinweise, die zumindest klar in diese Richtung zeigen.

Es ist gleichnishaft vielleicht so auszudrücken: Die Schönheit und das Bewegende eines Musikstückes lässt sich wissenschaftlich weder ausdrücken noch beweisen. Dennoch wissen wir genau, dass es da noch etwas ganz Reales, Anderes gibt als die Aneinanderreihung von bloßen Frequenzen.

Ein Weiteres spricht aus meiner Sicht für eine tiefe Realität von Nahtoderfahrungen: Es sind die ethischen und moralischen Impulse durch die Lebensreflexion, die oft sogar im Widerspruch zu den eigenen persönlichen Vorstellungen liegen. Sie können im Grunde nur von außen kommen. Das sind geistige und keine materiellen Vorgänge. Auch die spätere Angstfreiheit vor dem Tod, entspricht einer Transformation durch diese intensive Grenzerfahrung. Ebenso wie die starke Sinnempfindung gegenüber dem eigenen Leben, das eine Aufgabe zu erfüllen hat, oft die Folge eines solchen Erlebnisses sein kann.

So lässt sich diese andere Realität bei Nahtoderfahrung immer mehr indirekt herausarbeiten. Abschließend möchte ich noch einige solcher Wahrnehmungen in der Forschung nennen: Man hat festgestellt, dass Halluzinationen, die ja Sterbeerfahrungen sein könnten, intakte Sinnesorgane voraussetzen. Aber gerade das fehlt oft bei klinisch Toten. Außerdem widersprechen die universellen Grundmuster von Nahtoderfahrungen Halluzinationen, die viel mehr persönliche, subjektive Anteile haben.

Die früheren Theorien von Sauerstoffmangel und ähnlichen Voraussetzungen sind inzwischen als grundlegende Ursache von Nahtoderfahrungen widerlegt worden.

Über die sogenannten OBE-Erfahrungen (Außerkörperlichkeitswahrnehmungen) ist inzwischen so viel Material gesammelt worden, das für ihre Objektivität spricht (korrekte Widergabe von Gesprächen während des klinisch toten Zustandes sowie Wahrnehmungen von Dingen, die für die oft liegende Person unmöglich wären. Es gibt inzwischen auch seriöse Berichte von Blinden oder Tauben, die durch so ein Geschehen, zum Teil erstmals, die für sie sonst fehlenden Sinneseindrücke erleben konnten.)

Eine der relevantesten Ergebnisse in der jahrzehntelangen Nahtodforschung ist immer noch die psychologische Analyse der Betroffenen, da es kaum ein anderes Geschehen gibt, durch das der Mensch eine derartig tiefe Sinnerfahrung für sein Leben erfährt. Das betrifft im besonderen Maß auch suizidgefährdete oder schwer depressive Personen, die oft einer monatelangen Therapie bedürfen. Wenn sie eine Nahtoderfahrung durchlebt haben, ist das oft nicht mehr nötig.

Alle durchgeführten Studien bestätigen übereinstimmend den fast völligen Verlust der Angst vor dem Tod und die innere Gewissheit, dass ihr Leben eine tiefe Bedeutung hat. So etwas Tiefgehendes kann der Mensch sich nicht selber ausdenken.

Auch Wunschbilder konnte man inzwischen ausschließen, da selbst agnostisch denkende Menschen diese, ihrem Weltbild völlig zuwiderlaufende Erfahrung, machen konnten (Das zeigte u. a. die Konstanzer Studie des Soziologen Prof. Hubert Knobloch und des Mediziners Prof Walter van Laack).

Die mystische Seite

*W*enn wir davon ausgehen, dass Nahtoderfahrungen nicht nur neurobiologische Gehirnexzesse sind, bevor das biologische System Mensch und Gehirn völlig zusammenbricht, dann wäre die mystische Seite dieses Vorgangs ihre eigentlich wichtige.

Ich persönlich bin davon überzeugt, dass alle anderen Deutungen bei dem Material, das uns bis heute vorliegt, ihrer inneren Logik entbehren würden. Allein die Tatsache, dass das Gehirn dem Menschen hier vernünftige und keineswegs chaotische Erfahrungen ermöglicht, die aber aus der Sicht des Kritikers keinerlei Bedeutung mehr hätten, da sie ja in der Regel ins Nichts führen. Das wäre ein Widerspruch in sich.

Jeder Tod wäre sinnvoller und naturgerechter, wenn einfach das Bewusstsein schmerzfrei abgeschaltet würde, wie bei einer Ohnmacht oder auch im Tiefschlaf.

Warum – wenn es sowieso nicht weitergeht – dieser riesige Aufwand an hochkomplizierter Lebensenergie, wie sie sonst nirgendwo in dieser Ballung auftaucht? Wenn man an dieser Stelle die mystischen Facetten ablehnt, bleibt nur noch eine äußerst ungewöhnliche innere Logistik der Natur, die in anderen Bereichen stets energiesparend und effizient den Menschen durch sein Leben steuert. Hier, am äußersten Rande des Lebens, wäre ihr Einsatz bei den beschädigten Organen lebensrettender, als für diesen, rein virtuellen Totentanz einer letztlich nicht existierenden Seele.

An dieser Stelle wäre die Ablehnung eines mystischen Hintergrunds meines Erachtens eher ideologischer als wissenschaftliche Natur. Also halten wir es doch lieber mit Einstein, der meinte: „Das tiefste und erhabenste Gefühl, dessen wir fähig sind, ist das des Mystischen. Wem dieses Gefühl fremd ist, wer sich nicht mehr wundern kann oder in Ehrfurcht verliert, ist seelisch schon tot."

Versuchen wir uns dem Phänomen der Nahtoderfahrung ohne Vorurteile zu nähern. Wenn wir uns ganz sachlich, mit allen gegenwärtigen wissenschaftlichen Erkenntnissen im Hinterkopf, unserem bewusstseinserweiternden Phänomen nähern, könnte man den Schluss ziehen, dass es im Hirn Areale gibt, die dem Menschen unter bestimmten Bedingungen die Möglichkeit geben, sich ihm sonst verschlossenen Dimensionen zu nähern oder sie wenigstens zu berühren. Das Gehirn hätte an dieser Stelle die Funktion, zwischen unserer Wirklichkeit und einer transzendenten Realität zu vermitteln.

Der Facharzt für Psychiatrie und ein Pionier der deutschen Nahtodforschung Michael Schröter-Kunhardt, vertritt die Meinung, der Mensch sei von Natur aus so angelegt, wenn er zu solchen Erfahrungen fähig ist. Gleich einer Matrix, ein Programm des Gehirns, das uns unter bestimmten Bedingungen so etwas ermöglicht. Das ist vergleichbar mit einem Mikrochip für HD-Empfang im Fernsehgerät.

Diese Anlage verweist uns dann auf andere Dimensionen und dazu dienen, sich auf diese einzustellen. Ferner sollten wir beim Phänomen der Nahtoderfahrung beachten, dass es sich um die häufigste, am tiefsten gehende spirituelle Erfahrung weltweit handelt. Besonders spannend daran ist, dass es sich zugleich um eine transkulturelle Erscheinung handelt. Lediglich die Ausgestaltung der Landschaften, des Tunnelerlebnisses und der persönlichen Deutung unterscheiden sich zwischen den Kulturen und Religionen – aber eben auch nur in ihrer besonderen subjektiven Wahrnehmung und persönlichen Deutung.

Was erleben die Betroffenen? Das in Worte zu fassen ist ein Grundproblem der Mystik. Eine Frau brachte das in einem Interview auf den Punkt: „Das, was jenseits des Todes sich ereignet, ist so unaussprechlich großartig, das unser Vorstellen und unsere Gefühle nicht ausreichen, um es im Nachhinein auch nur einigermaßen aufzufassen, geschweige denn zu beschreiben."

Oder ein jüngerer Kollege, der als Jugendlicher eine Nahtoderfahrung durchlebte und mir auf einer Tagung folgendes zu berichten wusste: „Nirgendwo habe ich bisher eine tiefere Wahrheit empfunden als in diesen Minuten oder besser dieser kleinen Ewigkeit. Die hat alle Vorurteile gesprengt und mich total neugierig gemacht auf das, was kommt. Vielleicht habe ich auch nur deswegen Theologie studiert." Ein weiteres Beispiel sei genannt: Ein Arzt, der während eines Unfalls in Afrika ein Nahtoderfahrung hatte, schilderte seine dabei erlebte Lichterfahrung: „Man müsste es vergleichen mit der schönsten Musik, die man je gehört hat, mit den phantastischsten Farben die man sich gar nicht mehr vorstellen kann, mit dem Geschmack eines Pfirsichs, den man sich in Griechenland vom Baum pflückte ... Man kriegt sofort wieder Heimweh, wenn man darüber redet."

Wir merken – es geht um eine sehr persönliche, und kaum in Worte zu fassende Erfahrung, die nur ansatzweise in Metaphern und durch Symbole zu beschreiben ist. Ein letztes Beispiel, jene mystische Erfahrung in Worte zu fassen, kommt von einer jungen Frau, die mit einem Blinddarmdurchbruch ins Krankenhaus eingeliefert wurde und beinahe daran gestorben wäre. „Ich empfand mich noch nie so angenommen und geliebt wie in diesen Augenblicken – eben mit allem, was ich bin. Und in dieser Geborgenheit habe ich auf einmal alles verstanden – ich kann allerdings heute nicht mehr wiedergeben, was es war und wie es war, nur noch, dass alles gut ist und Sinn gibt. Es war wohl auch so, als ob man selber mit allem und allen in Verbindung stand. Aber das wichtigste war das Geliebt- und Angenommensein, als wenn man unter einem Großen Baum der Liebe stehen würde." Ich habe bewusst diese Zitate gewählt, weil jene Erfahrungen in ziemlich ähnlicher Form immer wieder von den verschiedensten Menschen so zum Ausdruck gebracht werden.

Wenden wir uns nun am Schluss dieses Kapitels noch einem Bereich jener Erfahrungen zu, der auf viele Menschen verstörend wirkt: Das sind die geschauten Landschaften oder akustisch wahrgenommene Dinge oder Begegnungen mit Menschen, die, wie im irdischen Alltag, bekleidet waren wie früher. Alles vollzieht sich sozusagen körperlich. Aber gerade in solchen Beschreibungen mag ein wichtiger Hinweis verborgen sein, dass es sich eben nicht nur um Träume handelt. Vielleicht sagt uns das Folgendes: Was der Mensch bei seiner kleinen Grenzüberschreitung berührt und erlebt, entzieht sich letztlich all unseren Denk-, Sprach- und Vorstellungsmöglichkeiten. Das Geschehen kann nur in einer verarbeiteten, transformierten, gleichsam auf das irdische Maß heruntergebrochenen Weise erkannt, erinnert und widergegeben werden.

Denn jene andere Seite ist eine völlig andere Welt als die Unsrige. All das dort Geschaute kann nur in Metaphern und Gleichnissen wiedergegeben werden, die oft durch archaische Symbole erlebt werden: Wie zum Beispiel ein Fluss oder eine Mauer eine scheinbar unüberwindbare Grenze zur Transzendenz darstellt. Wunderbare Landschaften oder das „himmlische Jerusalem" symbolisieren die Schönheit und Kostbarkeit jener anderen Welt, in der sicher weder Blumen wachsen noch Häuser gebaut werden. Denn auch unsere diesseitige Welt nehmen wir anders wahr, als physikalische Untersuchungen sie zeigen. Darum ist die Begegnung mit Verstorbenen auch nur möglich, wenn sie den Betroffenen nicht so irritiert, dass ein Wiedererkennen unmöglich gemacht würde. Gerade diese immer wiederkehrenden, sehr ähnlichen Beschreibungen sind das Gegenteil eines subjektiven, individuellen Traumes und sprechen für einen objektivierbaren Wahrheitsgehalt der Nahtoderfahrungen.

Nahtoderfahrung und Gott

Im abschließenden Kapitel möchte ich ganz konkret zum theologischen Aspekt unseres Phänomens kommen, das auch für mich persönlich eine wichtige Frage darstellt:

Können wir Nahtoderfahrungen mit Gott in ganz besonderer Weise in Verbindung bringen und sind solche Erfahrungen mit dem christlichen Glauben zu harmonisieren? Dann bekäme eine Nahtoderfahrung auch noch einen tiefen spirituellen Wert.

In den zahlreichen Interviews mit Betroffenen wird immer wieder das tiefe Gefühl einer göttlichen Nähe zum Ausdruck gebracht, das bestärkt mich in der Annahme, dass eine Nahtoderfahrung zugleich eine Gotteserfahrung sein kann.

Das setzt voraus, dass der Mensch in sich eine Empfindung spürt, die ihm sagt: Hier bin ich in der Nähe Gottes oder in besonderer Weise mit dieser Größe verbunden. Das geschieht unabhängig von seinem persönlichen Gottesbild oder einer, meist vorher noch gar nicht so ausgeprägten, Gottesbeziehung. Auch mit Kirchengebundenheit hat das nichts zu tun.

Es ist kaum möglich, den Betroffenen diese Empfindung als Einbildung zu degradieren. Für die Betroffenen handelt es sich praktisch durchweg um eine tiefe persönliche Wahrheitserfahrung. Gott ist ja im Grunde auch nur durch unser Bewusstsein zu erfahren und nicht durch wissenschaftliche Methoden.

Eine akademisch gebildete Frau sagte in einem Gespräch mit Joachim Nicolay, Diplompsychologe und promovierter Philosoph: „Ich habe durch dieses Erlebnis einen Glauben bekommen, den ich vorher so nicht hatte. Es ist der Glaube an Gott, der Glaube an die allumfassende Liebe Gottes, an seine Boten und das Gute, das jeder Mensch essenziell in sich trägt. Diese Überzeugung wurde in mir regelrecht aufgeweckt. Heute glaube ich, dass es den meisten Menschen auf der Erde schwer fällt, wirklich zu lieben. Ich kenne jetzt das Gefühl wirklich geliebt zu werden. Das ist etwas, das die Welt heute am meisten braucht."

Natürlich wird die Nähe Gottes unterschiedlich und wohl auch sehr individuell wahrgenommen. Beeindruckend beschreibt eine betroffene Amerikanerin, die im Licht ihrer Großmutter begegnet war, ihre Empfindung. Sie fragte sie, ob das

Licht Gott sei und erhielt zur Antwort: „Nein, das Licht ist nicht Gott selbst, es ist aber der Atem Gottes!"

Eine weitere Person erzählte mir von ihrer Nahtoderfahrung: „Am stärksten im Kopf geblieben ist mir das Gefühl einer ungeheuren Präsenz. Dabei ist mir ganz bewusst, dass mein Bild von Gott wirklich nur ein Bild war. Jetzt wurde ich mit der Wirklichkeit konfrontiert, die alle Bilder sprengt. Darum ist für mich Gott keine Glaubensfrage mehr, sondern ein inneres Wissen um ihn."

Sehr viel konkreter sind die Beschreibungen in einem Buch, das vor einigen Jahren ein Bestseller in den USA wurde und hier im Hänssler-Verlag unter dem Titel „Den Himmel gibt's echt" erschien. Es ist die Schilderung eines kleinen Jungen, der eine intensive Nahtoderfahrung gemacht hat. Der Vater ist Theologe und hat gemeinsam mit einer Journalistin das Buch geschrieben. Da genaue Angaben und Namensnennungen von renommierten Kliniken und Ärzten darin vorkommen, spricht viel für die Authentizität des Beschriebenen.

Der Junge beschreibt darin sehr ausführlich seine unmittelbare Begegnung mit Jesus – natürlich aus einer kindlichen Sicht, aber sehr liebevoll und selbstverständlich. Auch wenn das ganze sehr phantastisch klingt, fällt es einem doch schwer, alles gleich mit irgendwelchen Begründungen unter den Tisch zu kehren, denn in manchem Gesagten steckt so viel Tiefe und Sinnhaftigkeit, die sich ein so kleiner Junge nicht unbedingt ausdenken kann. Von einer Begegnung mit Jesus an der Grenze des Todes wusste auch der Lehrer des amerikanischen Medizinprofessors Raymond Moody zu berichten. Zu der Zeit galten solche Erfahrungen als wissenschaftlich unseriös, umso stärker war das Interesse Moodys. Mit seinen Forschungen im Grenzbereich zwischen Leben und Tod wurde er zu einem der größten Pioniere des 20. Jahrhundert auf diesem Gebiet.

Zusammenfassend kann man sagen, dass Gotteserfahrungen fast durchgehend mit Licht in Verbindung gebracht werden. Es ist vermutlich dieses Licht, dass im Menschen solche Gefühle erweckt. Licht gilt weltweit als ein tiefes religiöses Symbol, davon zeugt auch die Bibel.

Hier noch einige Aussagen von Personen, die solche Licht-Erfahrungen gemacht haben: „Ich dachte sofort, dass ich mich in diesem Licht in der Gegenwart Gottes, meines Schöpfers befand. Ich spürte regelrecht, dass mich Gott mit seiner Liebe umschloss. Sie ist größer als jede Liebe, die ich bisher auf der Erde kennenlernte und empfand" und „Mir war so, als ob ich den Saum Gottes berührte."

Solche Aussagen sind tatsächlich ernstzunehmen, da sie von verschiedenen Menschen überall auf der Welt gemacht werden – unabhängig von ihrer Herkunft und ihrer Bildung.

Für mich ist auffällig, dass hier in der Interpretation, die Menschen gegenüber Gott machen, ein Unterschied deutlich wird: Es ist eben etwas ganz anderes mit Worten, Bibellesen oder Predigten, durch Erziehung oder im Religionsunterricht mit der Frage nach Gott konfrontiert zu werden – hier mit einem durch den Verstand *gedachten* Gott – dort aber mit einem persönlich *erfahrenen* Gott.

Das drückt sich einerseits sprachlich aus, andererseits durch die tiefe Nichthinterfragbarkeit solcher Erlebnisse, wie zum Beispiel: „Ich spürte eine ungeheure Präsenz, die als solche schon eine Wahrheit ist, die noch realer auf mich wirkte als jede Begegnung mit einem Menschen im normalen Leben."

Die logische Folge ist – die ich auch bei persönlichen Gesprächen feststellte: Menschen mit einer solchen Erfahrung interessieren sich gar nicht mehr dafür, was dahinter stecken könnte oder welche tiefere Bedeutung diese Erfahrung haben kann. Dieses einmalige Erlebnis ersetzt jegliche Erklärungsversuche.

Das überzeugt mich fast am meisten von dem tiefen Wahrheitsgehalt jener Empfindungen, die subjektiv und intim sind, aber so stark, dass man glauben kann, jene Menschen haben den Saum vom Gottes Mantel wirklich berührt.

Dazu schreibt im Neuen Testament der Apostel Paulus in seinem zweiten Brief an die Korinther: „Wir wissen, wenn das Zelt in dem wir jetzt leben, nämlich unser Körper, abgebrochen wird, hat Gott eine andere Umhüllung für uns bereit. Es ist ein Haus, das nicht von Menschen gebaut ist und ewig bestehen bleibt. Was an uns vergänglich ist, soll vom Leben verschlungen werden." (5,17–18)

„... weil das, was ist, nicht alles ist!"

Nachwort

Die Zeiten sind unruhig, ja beunruhigend. „Die Welt scheint aus den Fugen geraten" – sagte der heutige Bundespräsident schon vor einigen Jahren. Die globalen Krisen und Konflikte lassen sich nicht einmal mehr an zwei Händen abzählen, es gibt nicht wenige, die am Sinn von Demokratie und Rechtsstaat zweifeln und die die Welt mit Lüge und Anstandslosigkeit gefährden. Kein Wunder, dass die einen nach „dem" starken Mann rufen, andere dagegen in der Religion eine letzte, feste Orientierungsgröße sehen – manche verbinden beide Sicherheitsfantasien. Wenn nichts mehr eindeutig zu sein scheint, dann soll man doch wenigstens in Gott, im Glauben, in einer festen Glaubensgemeinschaft oder in religiösen Riten einen festen Halt finden. Fundamentalisten werden solche Krisenbewältigungsagenten genannt – von anderen, aber auch sie selbst nennen sich so. Und das Fundament soll nicht nur den Füßen Halt geben, sondern auch den Boden für eine feste Mauer bereiten, die andere ausschließt. Fundamentalisten wollen exklusiv und nicht inklusiv sein. Sie glauben zu wissen, wo Wahrheit und wo die Lüge herrscht und wo sie selbst stehen – selbstverständlich auf der Seite der Wahrheit. Die Lüge dagegen müsse bekämpft werden, notfalls blutig, notfalls mit dem eigenen Leben oder dem Leben derer, die vermeintlich die Lüge verbreiten.

Nun lässt sich nicht leugnen, dass bspw. in der christlichen Religionskultur so manche Äußerungen den Verdacht nähren, dass es sich so verhalte: „Wer nicht mit mir ist, der ist gegen mich; und wer nicht mit mir sammelt, der zerstreut." (Matthäus 12,30) Andere Religionen stehen mit teils harschen Äußerungen in den jeweils als maßgeblich geglaubten Texten kaum nach.

Aber muss Religion denn wirklich als exklusives, sprich: ausschließliches und ausschließendes Fundament dienen? Kann nicht der Gläubige Zeugnis von seiner ernsthaften Gewissheit abgeben, ohne anderen dieses gleiche Recht absprechen zu müssen? Muss der, der seine Frau oder der seinen Partner liebt, damit alle anderen Menschen als minderwertig oder nicht-liebenswürdig einschätzen? Niemand käme ernsthaft auf die Idee, dass dem so sein solle.

Wie lässt sich Orientierung finden, ohne beliebig, aber auch ohne hartherzig zu werden? Mit dem Doppelgebot der Liebe bekennt die christliche Tradition – wieder nicht ausschließlich, weil andere Religionen Ähnliches predigen –, dass das geglaubte Geschenk der Liebe Gottes an andere weitergegeben werden soll, nein, darf. Aber in diesem Liebeszeugnis, das Augustinus einmal prägnant mit dem Satz „Liebe, und tu, was du magst", zusammengefasst hat, geht Religion nicht auf, so wichtig es ist. Religion bringt Sehnsucht nach Sinn auf den Punkt, will feiern, soll trösten – im Leben wie im Tod. Religion spricht deshalb immer auch von dem, was mich „unbedingt angeht" (Paul Tillich) und ist ein „Gefühl schlechthinniger Abhängigkeit" (Friedrich Schleiermacher). Allerdings eignet diesen Sehnsuchts- und Sinnsuche-Umschreibungen der berühmten Theologen Paul Tillich und Friedrich Schleiermacher noch eine offene Flanke für fundamentalistische Verwendungen. Es könnte ja wohl sein, dass das, was mich unbedingt angeht, verlangt, ihm ausschließlich zu dienen und die, die das nicht so sehen, mit Gewalt dahin zu bekämpfen.

Um das Glaubenszeugnis nicht in Wahrheitsfanatismus untergehen lassen zu müssen, vielmehr den Geist der Liebe in der Wahrheitssuche wach zu halten, hat mich schon lange eine Umschreibung von Religion fasziniert, die der Bochumer Theologe Jürgen Ebach einmal geprägt hat. Er nannte eines seiner Bücher einmal „Weil das, was ist, nicht alles ist!" Im Unterschied zu den Entschiedenheitsassoziationen, die Tillichs und Schleiermachers

Bestimmungen von Religion mitliefern, kommt hier ein Zug von Uneindeutigkeit in die Charakterisierung von Glaube, von Sinnsuche, von Endlichkeitsbewältigung, von Religion hinein: Gerade weil man entschieden an den je größeren Gott glaubt, stellt sich ein Gefühl ein, dass das eigene Zeugnis eben nicht alles ist oder dass in dem, was und wie andere ihren Glauben bezeugen, auch ein Körnchen oder sogar mehr als ein Körnchen Wahrheit stecken könnte – ohne dass deshalb der eigene Zugang im Umkehrschluss falsch würde. So eine Einstellung macht einen selbstkritisch und zugleich neugierig auf andere(s). Gegenüber der exklusiven Wahrheitsgewissheit schafft das Verständnis von Religion als sehnsuchtsvoller Ahnung, dass das, was ist, nicht alles ist, eine Sensibilität, sich nicht selbstherrlich absolut zu setzen, vielmehr auf eigene blinde Flecken und Zweideutigkeiten im Lebens- und Glaubenszeugnis zu achten, diese eigenen Begrenztheiten und Fehler auch getrost anzuerkennen und aus dem Geist der – ja, man darf es so nennen – Demut auch dankbar auf andere zuzugehen, auf sie zu hören und von ihnen zu lernen und vielleicht mit ihnen gemeinsam – egal woher sie kommen und egal, woran sie glauben – eine bessere Welt verantwortlich mitgestalten zu können. Im Geiste des „Weil das, was ist, nicht alles ist" gewinnt man ein Gespür dafür, dass Glaube ohne Traditionen das Zeugnisnetz der Liebe nicht weiterspinnen kann. Denn in den überlieferten Geschichten werden Vorbilder zur Kraftquelle für die Zukunft. Umgekehrt spürt man auch, dass Religion und Glaube nicht einfach unkritisches Wiederkäuen des Vergangenen sind. Nur was weitergelebt wird, wird wirklich überliefert, und nur, wo Überliefertes in seiner Sperrigkeit gewürdigt wird, wird es angeeignet. Individuelles Zeugnis und Gemeinschaft, Tradition und Veränderung sind in diesem Geiste des Gespürs für Größeres und darin eingeschlossen für Uneindeutigkeit keine Gegensätze.

Religion sollte keine Politik machen, auch nicht in unruhigen, überreizten und aggressiven Zeiten. Religion, so hat es Richard von Weizsäcker einmal trefflich formuliert, soll aber Politik möglich machen. Wenn es Religion gelingt, oder vielleicht muss man vorsichtiger formulieren: gelänge, nicht nur ein „Gefühl schlechthinniger Abhängigkeit" oder ein Gespür von dem, was mich „unbedingt angeht", zu vermitteln, wenn sie vielmehr die Ahnung atmet, dass „das, was ist, nicht alles ist", dann kann sie zwei Dinge – eher nebenher, als absichtlich – in diesen aufgewühlten Tagen erreichen: Zum einen: Menschen dürfen Trost finden und etwas ersehnen, was nicht in der Politik und Gesellschaft aufgeht. Zum anderen: Genau indem sie so Abstand gewinnen, können sie eine Lebens- und Sehnsuchtspraxis einüben, die ihnen umgekehrt hilft, mit anderen nicht so unbarmherzig und verächtlich umzugehen, wie es sich in unseren Erregungsdebatten eingebürgert hat.

Volker Zuber nimmt die Leser auf eine persönliche Glaubensreise mit und lädt sie ein, Antworten auf die großen Sinnfragen zu suchen. Dabei tun sich in den in diesem Buch versammelten Beiträgen oft überraschende Deutungen auf – bisweilen eigenwillig, aber durchweg im Geiste des „weil das, was ist, nicht alles ist" sind seine Gedankengänge stets bereit und fähig, ganz unterschiedliche Traditionen mit Gegenwartsfragen zu verbinden. Seine Lebens- und Glaubensdeutungen lassen sich nicht auf ein Schema fixieren, seine eigene Tradition leugnet er umgekehrt nicht. Im Gegeneinander-laufen-Lassen unterschiedlichster Zugänge zu grundlegenden Themen des Menschseins gelingt es ihm, Zweideutigkeiten auszuhalten und dieses Aushalten als Gewinn, nicht als Verlust zu begreifen: Angst nicht zu verleugnen, Achtsamkeit einzuüben und Dankbarkeit dankbar zu erreichen, sind nur einige der meditierend erschlossenen Themen. Das alles kann Mut machen – und was will man von einem Buch mehr erwarten, als dass es Mut macht.

Professor Dr. Peter Dabrock, Vorsitzender des Deutschen Ethikrates, im Juli 2018

Weiterführende Literatur

Stefan Klein, ZEIT. Der Stoff, aus dem das Leben ist. Fischer Taschenbuch 2015, 6. Auflage ISBN 978-3-596-16955-9

Frido Mann / Christine Mann, Es werde Licht. Die Einheit von Geist und Materie in der Quantenphysik. S. Fischer 2017 2. Auflage ISBN 978-3-10-397245-0

Hans-Peter Dürr, Geist, Kosmos und Physik – Gedanken über die Einheit des Lebens. Crotona 2013, 7. Auflage ISBN 978-3-86191-003-9

Ernst Peter Fischer, Die Verzauberung der Welt – eine andere Geschichte der Naturwissenschaften. Pantheon 2014 ISBN 978-3-570-55292-6

Anselm Grün, Mystik – den inneren Raum entdecken. Herder 2009 ISBN 978-3-451-06060-1

Tjeu van den Berk, Aufbruch zur Mystik – den Reichtum spirituellen Lebens entdecken. Gütersloher Verlagshaus 2004 ISBN 3-579-05420-1

Francis Mac Nutt, Die Kraft zu heilen – durch Gebet und Meditation. Topos Taschenbuch 2000 ISBN 3-7876-8333-0

Joachim Faulstich, Das heilende Bewusstsein. Knaur 2008 ISBN 978-3-426-87330-4

Hans Goller, Das Rätsel der Seele – Was sagt uns die Wissenschaft? Butzon & Bercker 2017 ISBN 978-3-7666-2411-6

Harald Wiesendanger, Wiedergeburt – Herausforderung für das westliche Denken. Sachbuch Fischer 1991 ISBN 3-596-10031-3

Pim van Lommel Endloses Bewusstsein – neue medizinische Fakten zur Nahtoderfahrung. Patmos 2009 ISBN 978-3-491-36022-8

Wolfgang Hermann Moissl, Jenseits und Bewusstsein – Welche Antworten geben uns Religion, Philosophie und Nahtoderfahrung? Basilides 2015 ISBN 978-3-9817668-0-6